マックス・ヴェーバー講義

小林純
Jun kobayashi

唯学書房

はしがき

多岐にわたるヴェーバーの研究成果をどのように受けとめたらよいか。学問の細分化が進み、ヴェーバー研究の水準も高度化してきたため、なかなか全体像をつかむのが困難となっている。いっそ全体的な把握を諦めて、なにか自分の関心によくかなう分野ないし論点にこだわることで、ヴェーバーの学問的遺産のごく一部だけでも批判的に継受することのほうが有益なのではないか。個人が限られた時間と能力で歴史に名を残した巨人の相手をせざるをえないとしたら、そう感じるのもやむをえないであろう。また実際にもそうならざるをえないのではないか。研究者としては筆者もそうしているつもりである。

そうであれば、当該分野ないし論点については、ヴェーバーのテキストそのものに取り組む作業とともに、水準の高い研究史の成果について学ぶことがどうしても必要になってくる。そのさい、高度な研究書は、当該分野にかかわる重厚な研究史を前提としているのは当然として、ヴェーバーの他領域における業績(作品)との関連をもある程度は前提として書かれている。こうして話は最初に戻る。やはり一定の全体像を捕まえておかねばならない。とくに教員としてはそうした全体像提示という課題をかかえることになる。

筆者は経済学部で「社会思想史」の講義をながらく担当してきた。その間に、いくどかヴェーバーを軸として一年間の講義を試みた経験をもつ。わが国では、一九七〇年代半ばころまでは経済学の領域でヴェーバーが論じられてきたが、それ以降、ヴェーバーのプレゼンスは圧倒的に低下した。ヴェーバーが扱われるのは、おもに社会学の領域に移った。したがって、こうした時代の趨勢のなかで経済学部生にヴェーバーを紹介することがどんな効用をもつかを考えざるをえなかった。

以前、前期に「ヴェーバーとドイツ資本主義」の枠組みで、近現代経済史・政治史を背景にヴェーバーの活動を扱い、後期に「ヴェーバー宗教社会学の世界」の枠組みで、宗教社会学の諸作品を素材にヴェーバーの社会・歴史観と社会科学の方法に関する議論を扱ってみた。それほど整然としてはいなくとも、この二部構成ならなんとか形になることを確信した。

経済畑では、大塚久雄氏以来の「資本主義の精神」に関する議論があり、これに同調することで「宗教と経済」の枠を設定すれば一応の形は整うだろう。ただし筆者は宗教音痴であり、この方向では実行不可能である。ヴェーバーの基本的問題関心を西洋合理化過程と見定めて、彼の歴史・社会観を、いわば社会・歴史科学方法論として説くことにした。そのさいマルクスの「経済的社会構成」との相補関係にも触れた。また山之内靖氏らのニーチェ・インパクトに関する議論が出されると、以前からの「中間考察」議論と重なって意味問題が一つの焦点となっていた。この論点には「職業としての学問」で(いわば手軽に)触れることができるので、授業には取り込みやすかった。

ただし社会思想史「講義」には、通史的な側面も求められる。それが経済学部カリキュラムでは教職用科目となっているため、そのことをも考慮すべきだと考えた。「資本主義の精神」の説明の中で、ルネサンスと宗教改革やアダム・スミスの倫理学までは容易に繋がるが、社会契約説あたりは難しかった。現代の意味問題に関して「公共性」をとりあげ、前提として契約説の説明を入れることも試みたことがある。結論としては、非経済的価値の存在根拠や市場経済の倫理といった経済学部用の衣装は成り立つし、最後に自覚的生き方を求める作法について論じることで学部講義としての存在理由をもちうるだろう、としておく。

いま問われているのは、ヴェーバーの業績をどう批判的に受け継ぐか、ということだ。これに応えようと多くの方が努力を重ねている。そして若い方々にもこの営為に加わってほしいと思う。そのさいに必要となるのが、水準の高いヴェーバー全体像の描写と研究のフロンティアまでの地図である。本書がそうであるとは言わないが、非力を承知で筆者がそうしたものを提供しようとした試みの成果である。ヴェーバーにほとんど馴染みがない方には、付論の小伝をまずお読みいただくとしよう。

研究書ではない本書には講義の痕跡が付着しているが、外さないことにした。そうした箇所では、思想史上では常識的に知っておくべきことや、最近の思想史研究で議論され、新たな知見として共有されていることに触れた。これからのヴェーバー研究は、五〇年まえのパースペクティヴと同じであっていいはずがなかろう。積極的にではないが、適当な関連箇所ではそう心がけた。また講義で必ず脇道にそれるような箇所では、それなりの素材を適当に選んで織り交ぜてみた。

各章の叙述は、読んで分かるものとなるよう工夫した。章ごとに【テキスト】でその章の理解に必要なヴェーバーの翻訳文献を指示している。数種の訳書を参照した場合でも特定の一冊の頁数を記入した。訳文は適宜変更したが、統一がとれていない箇所も残った。【参考】にはその章の執筆にあたり直接に引用したり間接に示唆を得たものを挙げた。【註】では当該論点の研究状況に触れて説明を加えたり、拡張論点を紹介したりした。研究史上および現在の重要文献を挙げ、次のステップ用とした。

本書の出版は立教大学経済学部叢書出版助成による。この企画のおかげで、ヴェーバー生誕一五〇周年の年に本書を執筆できたことを幸運と感じている。関係各位に感謝したい。

目　次

第1章　自覚的に生きる

1　出発にあたって

ヴェーバーの学問的遺産は多岐にわたるが、それは現在の私たちにどんなメッセージを伝えてくれるだろうか。個々の学問分野の成果は、研究の進展によって乗り越えられていくのが運命であり、ヴェーバーの作品にもこのことは妥当する。そうした検証と同時に、私たちは、これらを産出したヴェーバーの問題関心や研究の手続きそのものを正確に理解することにより、それをも武器として、さらに先へと歩み出すことも可能だと考える。そこで本書では、ヴェーバーから学ぶにあたって、後述するいわば二段階の学習プランを考えてみた。作業の主な対象はヴェーバーの宗教社会学領域の著作である。

あらかじめことわっておくと、この考え方は、ヴェーバーの提出した問題や、彼の研究手続き、つまり科学的方法のなかには、現在の私たちにもいまだ学ぶべきものが潜んでいるはずだという「予断」が前提となっている。ややこしいのはこの「予断」が正しいか否かの判断が、作業をひととおりやってみた結果として可能となる、ということである。理屈としてはそうなるだろう。したがって、これからの叙述につき合った読者が納得できるなら、学問的継承の歴史のうちにヴェーバーが位置を与えられることになる。

もう一つ。形式論理的には以上のように言えるのだが、私たちはみな無前提の白紙の状態でヴェーバーを読むなどということはなかろう。みな、学問の批判的継承の歴史の上につくられている「場」に生きている。だから歴史に名を残すほどの人物の作品にはそれなりの敬意をもって臨み、有名なフレーズや論旨展開を自分の眼で確認しようとする態度があって当然である。それでも、深い理解にまで達したとして、そこに示された問題設定が例えば読み手の現実感覚からズレているとしたら、読み手はその作品には以前とは異なる評価を下すこととなろう。そういうところまで想定しておくことが批判的学習のさいの態度であろうし、また学習を超えた「研究」の条件なのである。

ここで二段階の学習プランとしたのは以下のようなことを考えてみたからである。第一段階というのは、「プロテスタンティズムの倫理と資本主義の精神」論文（以下「倫理」論文とする）をヴェーバーの経験科学的研究の成果として受けとめることである。「資本主義の精神」とは、ある歴史的時代に見られた人々の生き方を支える観念ないし生活態度に付けられたラベルみたいなものだ。その中味を理解するために、ヴェーバー以外の人物の著作ものぞいておく。そのような形で、いわば社会経済思想史の学習も兼ねておこう。やや遠回りになるが、この途を経ておけば、「倫理」論文が研究史上で様々に論じられてきたことの一端が分かりやすくなるだろう。

経験科学の成果なら、新たな研究によって乗り越えられる運命にあるはずだ。とはいえ「乗り越えられた」という場合の判定基準が難しいので、この言い方はそれほど簡単に適用できるものではない。まず、その成果が「反証可能」な命題の形、すなわち「Aの条件があれば必ずBという結果になる。B以外の結果はいまのところ存在していない」という形を成しているなら、BではないCという反証事例を見つけてくることで命題の誤りが言えるだろう。そもそも「倫理」論文は反証可能な命題を提出したものと言えるだろうか。これを理解するために、歴史研究とはいかなる論理で成果を提出するものなのか、ということを知っておこう。ヴェーバーが歴史研究の意味や方法について残した論稿を検討することにより、歴史研究に必要とされる手続きや歴史研究の意義についての理解が深まること請け合いだが、このことは、ヴェーバーの歴史学方法論に触れることで得られる効果として経験的にすでに定評がある。残念ながら本書では歴史的実証研究の中味に立ち入ることはできないので、「倫理」論文の理解と方法をめぐる形式論理的な問題を、やや立ち入って扱うことになるにとどまる。

反証可能性とは異なる「乗り越え」のあり方としては、ヴェーバーが一定の成果を生み出すために抱いた問題関心やそれを経験科学的に具体化した問題設定が、時代と研究の進展の中で意味を持たなくなったとしたら、その成果は「乗り越えられた」と言えよう、というものが考えられる。ここまでくると、第一段階を少し踏み越えることになりそうだ。この論点は、「倫理」論文の中味や宗教社会学全体を検討するときまで残しておこう。それは次の第二段階の学習に重なってくる。

第二段階では、ヴェーバーはなんのために宗教社会学的研究を行なったのか、ということを考えてみたい[★1]。これは決して漠然とした問いではない。正攻法は『宗教社会学論集』全三巻の内容を追う作業を通じて答を得ることである。論集冒頭の「序言」には、基本的な問題設定がきちんと書かれているから、それを正しく理解して、通読すればよいはずである。とはいえ「儒教と道教」「ヒンドゥー教と仏教」「古代ユダヤ教」と展開されてゆく大部な内容をあらまし理解することは、いやひととおり目を通すことすら、容易ではない。やや安直かもしれぬが、ヴェーバーが「そもそも何のために学問をするのか」について記した諸論稿をのぞくことによって、いわば近道を通る策もありえよう。この作戦を採るなら、ただちに浮かんでくるのは『職業としての学問』を理解するという手である。この作戦の有利な点は、テキストが短くてすぐに読める、ということ。不利な点は、それがヴェーバー晩年のものだから、宗教社会学の諸論稿の内容に通じていないと内容が充分に理解できそうにない、ということ。そこで、宗教社会学研究のうち『職業としての学問』の理解に資する部分に注目してみたらどうか。それなら宗教社会学の具体的内容すべてを詳細に追うという正攻法よりは少し近道になるかもしれぬ。とはいえ近道も険しそうだ。手抜きはやはり手抜きでしかない。

ヴェーバーのメッセージを『職業としての学問』のみで受けとめるわけにいかないのは当然だが、それでも、手がかりとして少しばかりのことは見えてくるだろう。やや先取りになるが、それをここでは次のように受けとめてみた。ヴェーバーは、直接そう表現してはいないが、私たちに「自覚的に生きること」の大切さを伝えているのではないか。

2　自覚的に生きる

私たちは、自覚しようがしまいが、それぞれ個性的な生き方をしている。好き勝手に振舞えるとき、私たちは「自由だ」という感覚にとらわれる。制約がないことが自由だと感じる。だが、いくら自由に振る舞っていようと、他人の眼には「あの人らしいね」と映るであろう。「あなたらしさ」というものがあり、その枠を超えると、「あの人、わけ分かんない」と思われることになる。いろんな場面でいろんな態度をとることは当然だが、そこに「らしさ」が表われる。これは何だろうか。一般にはその人の個性とよばれるものだ。それは当人からすれば、「私が私である証《あかし》」であって、アイデンティティとも称されるが、これは邦語で「自己同一性」とされていた。さすがに分かりにくいので、最近では英語のカタカナ表記の「アイデンティティ」がそのまま使われている。

もう一歩踏み込んでみよう。「わけ分かんない」と見られるときがあるとしたら、それはなぜか。単純に「らしさ」を逸脱したからだ、と答えることができる。自由に振る舞うことで「らしさ」が表現される。だがそこに「らしさ」を逸脱する自由はないらしい。こうして問題の糸口は、自由と「らしさ」の関係に絞り込むことで見出されそうだ。

自由にふるまっていいとなれば、人は「好きなこと」をするし、「好きなもの」を追求するだろう。

様々な目標が考えられるが、あなたらしさが発揮できるのは、無限とも思える多様な目標の中から一定のものを選び取るという「選択」においてであろう。欲張りなあなたは五つ六つと目標を掲げる。時間と資源(能力や財力)が限られているだろうから、二〇も三〇も、というわけにはいくまい。いくつかの目標を選ぶと、こんどはあなたの行為はその目標実現に向かってゆく。

目標の選択と、目標実現の行為との二つの次元に分けて考えてみる。まず後者から。自分の好きな目標を設定したのだから、必死に目標実現に向かう、つまり行為をその目標に徹底的に指向させるとしたら、周りは「アイツらしいよね、自分の好きなことに邁進した生き方じゃないか」と思うだろう――これは幸福な場合だ。不幸な場合の例を。目標実現に向けて努力を始めてはみたが、それは容易なことではなかったと本人が気づいてしまったときだ。めげてしまった。そこで周りは「アイツらしいねぇ。実力も考えずに無茶なことばっかりやって、すぐイヤになって投げ出すところはずっと変わってないよ」などと評す。以前からこの人には、気まぐれで、一時的にすぐ熱くなるが冷めやすい、という評価があったようだ。周りはともかく、本人からすると、この目標は、しょせんすぐに投げ出してもかまわないほどのものだったのか、ということが問題になろう。

前者の選択を考えてみる。五つ六つと目標を掲げるにしても、ギリギリのところ優先順位というものがそこにないだろうか。また、あなたが具体的な三つの目標を挙げるとしても、じつはその三つに共通したあなたにとっての大切な価値が潜んでいる、ということはないだろうか。周りは、そこに共通した価値を見て取るからこそ、あなたが掲げた複数の目標を知って、「あなたらしい」と思うのではないか。その価値が一つである必要はなく、複数あってもかまわないが、それでもそこに価値序列があるのではないか。おそらく人は、それまで生きてきた経験から、自己の内面になんらかの価値秩序を抱き、それを、無意識のうちにであれ本人にとってかけがえのないものとしているだろう。

この価値の選択や価値秩序の生成には、あなたの家族環境や教育、育った社会環境などによって刷り込まれたであろう諸条件が大きくものをいっているに違いない。それでも、あなたはそうした与件をうけとめながら自分の自由意志によって価値観や価値秩序を作り上げてきたはずである。学生がよく「私がそういう考え方をするのは、うちの両親が××だったからなんです」などと（ちょっぴり言い訳っぽく）言うことがある。でも、この学生は、すでに環境要因をきちんと相対化できているのだ。家庭環境をポジにもネガにも評価できるから、それをふまえて自己の選択を行なえるほどには成熟して（オトナになって）いる。

さて自由とは、まず自分の意志で特定の価値を選択すること、そして次にその価値を明確に意識すること、ここに始まると言ってよい。だから自由な行為とは、この意識性の高い行為のこととなる。この意識性が欠けている場合、たとえば精神的疾患に冒されて身体が自覚的に統御できなくなって、いわば「勝手に」動いてしまう場合、これを自由とは呼ばない。先述の「らしさ」の枠を完全にはみ出している。あなたらしさは、あなたの価値意識が高い行為、自ら選んだ価値を自覚的に実現しようとする行為にこそ現われる。こうして〈自由―不自由〉という二極は、〈価値を自覚的に追求する行為―価値を意識しない行為〉と表記できそうである。

いま行為を、そうすること自体が大切なのだからそうする、という充足的行為と、そうやれば（目的実現が）うまくいく、という手段的行為の二種類に分けておこう。どちらにも自由な、つまり意識性の高いものと、不自由で意識性の低いものとがある。充足的行為はやや分かりにくいので少し説明を加えよう。座禅を組んで瞑想にふけるのはなぜか。この作法に熟達することが悟りへの王道である、という答もあろう。これだと手段的行為になろう。だが私のような凡人が悟りに達するなどとは想像しえぬことだ。むしろ、瞑想によって安寧の心境を（疑似でもいい、一瞬でもいいから）体験することが大事なのだ。目を閉じて無心の境地のなかで宇宙の摂理に身体を一体化できた（かもしれない）という体験それ自体に価値を認めるのである。これは高度に意識的な行為である。

別の例を。労働組合が使用者側に出した要求が通らずストライキを決行することになった。客観的情勢判断からすると、このストは敗北すると予想される。それでもストを行なうという。なぜか。この状況で要求貫徹が無理なのは分かっている。だが、いま重要なことは、劣勢の労働側に残された最後のなすべきこととして「連帯感情」をこの場で確認することなのだ。ストを行なうことの意味は、連帯感情の炎を燃え上がらせ、それを組合員が感じることにある。予想される敗北やそこから生じる金銭的負担への配慮は、ここでは二の次とされる。結果責任という観点からはおおいに問題を孕むけれども、このスト決行はきわめて意識的な行為である。

瞑想の場合には一種の宗教的な救済状態の獲得が価値とされている。ストライキの場合には連帯感情の高揚が価値とされていた。こうした価値を自覚的に追求し、行為自体の中でその価値意識を充足しようとする行為を「価値合理的行為」と呼んでおこう。ここで「合理的」というのは、自由な価値選択を前提に、その価値を明確に自覚し、価値実現にむけて意識的な行為をとっているからである。合理的とは、自由と同じで、ここにみられる意識性の程度に裏づけられた理解可能性の程度をさす言葉と考えてよかろう。当事者が自分の価値を明確に意識して、その実現のために様々な配慮をかさねて選んだ行為ならば、他人である観察者にも、その価値意識を共有できるか否かは別として、その行為を理解できる。この、観察者にとって理解可能性の高い行為を合理的行為としておこう。手段的行為については説明の必要もなかろう。観察者が目的・手段関係についての知識をもってさえいれば、理解は容易であり、これを「目的合理的行為」と呼んでおく。日常語のレベルで分かる話だが、観察者が目的・手段関係についての規則的な知識を持たなければ理解できない。

自覚的に生きる人は、自己の究極的な価値との関係から一つ一つの行為に対して意味を付与している。だから周りの人が「そんなことしてなんの意味があるのか」といぶかしがっても、本人にはきちんとした意味づけがなされている。そのことを周りの人たちが分かってくれれば、「らしさ」は明瞭なものとなる。けれども私たちは、日常的にそれほど自覚的に生きているわけではない。究極的価値との関係で個々の行為に意味を付与している、などとはおよそ言えないだろう。そのことは、ひっくり返してみれば、私たちは個々の行為の結果について無自覚になっているとは言えないだろうか。あなたが何気なく行なったことは、他人に対して大きな影響、マイナスの場合には損害、を与えているかもしれない。そうした行為の連続によって日常生活は成り立っている[★2]。

そしてこのような個別的な行為の全体があなたの「人格＝パーソナリティ」となっていることは言うまでもない。「私ってナニ？」と思う以前に、あなたの行為一つ一つに付与された意味が他人の目で解釈されることで、「あなたってXな人だ」というあなたの人格についての評価が固まってきている。「私はホントウはXじゃなくて、Yなんです」と胸の中で叫んでも、その価値意識から行為に意味が付与されていなければ、それは妄想とされるし、多分、実際にも妄想の域を出ないものだ。なぜなら、そこから行為に意味付与できるだけの高い意識性があなたにはないのだから。生き方を変えるのは容易ではない。けれど、行為一つの意味付けの変化がそれを可能にすることだってありうる。上述の意味付与の構図が了解できるなら、言うほどに簡単ではもちろんないが、可能であることは理解できるだろう。

この論点を表現する極限形態とでもいえるものは、「あなたは何のために生きているのですか」という問いの答であろう。人生それ自体が生きる意味を知るための旅である、などという答え方もあるから、極限形態としては適切な例のようだ。読者に答をせかすつもりなど毛頭ない。ここでは、自覚的に生きると言うことはこうした問いを不断に念頭に置く生き方らしい、と実感していただければ充分である。

いま意味問題の方向にやや先走りしたが、この問題を抱えている私たち人間は、この意味問題を、具体的には生活のどんな場面で感じるだろうか。もっと現実的な、いわば素材のところで問題を説く方が分かりやすい。そしてヴェーバーも実際には具体的な素材に即して論点を提起していた。その素材とは「宗教と経済」である。旧中国やインド、古代イスラエルに関する各論稿は「世界宗教の経済倫理」と題された連作のパーツとして書かれたものである。本書で宗教社会学を対象に据えたのは、ヴェーバーの用意してくれた土俵に乗っかってみよう、という覚悟の表明である。

さらに、この土俵設定自体が一つの論点を提起している。具体的にいうとそれは、社会科学的に「宗教と経済」という二つの領域をどのように関連させるか、ということになろう。ヴェーバーの宗教社会学を扱う場合、そうした対象に固有の方法的な問題が出てくるのは、いわば当然だろう。もちろんそれはヴェーバーに限ったことではない。ただヴェーバーの場合、こうした問題に極めて意識的に取り組んでいたという事情があり、それは私たちには有利な材料となっている。これを理解することがヴェーバー社会科学方法論の世界という豊かな知の土壌の耕作への接近回路（アクセス）となっている、ということを付言しておきたい。具体的には第8・9章で取り上げよう。

だがこの方法論の世界は、意味問題とどう関連するのか。社会科学とは、社会現象を説明することを課題とする。主観的な願望や想いではどうすることもできない客観的な現象をよく観察し、多面的な分析をほどこして説明する。だから事象の客観的認識にかかわる科学や科学方法論の世界は、一見すると人間の意味問題とは疎遠なようである。生きる意味を求める人間にとって社会科学はなんの役に立つのか。これが先述した『職業としての学問』の中心テーマをなしていることは有名だが、じつはヴェーバーの社会科学方法論の世界自体が、この意味問題を考えさせる構成になっている。第7章でそれを扱うさいには、いささか精緻な論理や概念が登場することになるが、ここでは単純な表現で先取り的にヒントを示そう。人はなぜ社会科学的認識をもとめるのか。「あなたはなぜその事態の説明をもとめるのか」という問いを掲げよう。答、「知りたいから」。なぜ？「分からないままだと気持ちが悪いから」「知っておく方が便利だから」「理由が分かれば対処もできるだろうから」……。実際、様々に答えることができる。その答にさらに「それはなぜ？」と問いかけてゆくと、すこしずつ社会科学の効用や存在根拠に迫ってゆくことになる。と同時に、はじめに説明を求めた人の意味問題に入り込んでゆくことになる。

具体的にこの思考実験を続けてみよう。

3 法人企業

私たちの生きる場について考えてみよう。現在の日本は、イラクや中国とはかなり異なっていて、「経済的には自由な市場経済、政治的には民主主義」だと言われている。自由な市場経済とは何を意味するか。個人が自由に自己の能力と資源を用いて経済活動を営み、自己の経済的便益を高めることが可能な状態、ひとまずはそう言えよう。いま便益としたが、貨幣経済の現実では、これは貨幣額で表わされる収益の大きさということになろう。個人の能力と資源は極めて限られているから、ヨリ大きな便益＝収益を得るためには、利害の一致する人びとが協力しあって自分たちを組織して団体を形成し、個人を超えた力を発揮すればよい。この団体が、例えば二〇人なら、個人で可能な収益の二〇倍以上を獲得できれば、団体を組織した目的は達成されたことになる。株式会社なら、資金を提供する社員(＝株主)の利益を目的として、収益を合理的に予測・計算した行為が、株式会社という団体形成に導いた。先人たちはそうした工夫を積み上げてきたし、それに見合った法の整備も行われた。そうしてこの団体、つまり営利追求のために組織された法人企業が現在の経済活動の主役となっている。

もちろん私たちはいまも個人で起業できるし、現にそうした活動は続けられている。だが限られた能力と資源しか持たない個人は、一般には既存の企業に雇用されることで経済活動に参加するだろう。またビジネスチャンスの獲得や起業に必要とされる元手が、現在では通例個人の資産額を大きく超えた水準にあるということは常識であろう。こうして個人の経済活動の主要形態は、企業の被雇用者というものになる。彼・彼女の自由な経済活動は、被雇用者つまり企業人として営まれることとなる。

近代の合理的な経営組織である法人企業のなかで働くとなれば、個人は、その組織目的にそった組織に独自な様々な規則に従わなければならない。「会社ごとにやり方が違う」という話はよく耳にするが、被雇用者(俗称「社員」)として守るべき服務規程があるのは共通している。常識的に言って、新人の被雇用者に服務規程を変えさせる能力や権限はない。だからこの段階で、個人が自由な経済活動を行なうにせよ、被雇用者の場合には企業組織の規則に許される範囲で、正確に言えば服務規程に従った形でのみ、可能とされるものだということが分かる。組織は大規模になるにつれて組織目的の遂行のために意思・命令系統のヨリ合理的な編成を必要とする。そのためには一般に階統制(ヒエラルヒー)が敷かれる。この階統制を一つの特色とする、大量の業務を効率よく処理できる組織原理として生まれたのが官僚制である。この官僚制は、民間の法人企業であれ、官公庁・行政組織や非営利法人であれ、およそ現代の大規模組織のすべてに行き渡っている。軍隊・学校・病院、どこをとってもみな同じだ。現代人の多くは、この官僚制のなかに生きる組織人という性格を持たざるを得ない。そうしてここに意味問題との明示的接点が現われる。

最近の事例を新聞から拾ってみる。経営環境の悪化したR社は希望退職に応じなかった約百人に出向や配置命令を下した。そのさい当人には不本意な部署などに移動させて退職を促す「追い出し部屋」への異動命令が問題となり、七名が裁判所に訴えた。裁判所は、会社に業績悪化に伴う人減らしの必要性のあったこと否定しなかったが、「自主退職を期待」しての措置が二名について無効であるとの判決を下した。R社は控訴したが、控訴審でも無効との判決が変わらない見通しとなり、R社は出向・配置転換命令を取り消す方針を固めたとのことである(朝日新聞二〇一四年七月一九日)。

さて問題はこの先にある。記事はこう記されていた。「リストラのため、働き手を不本意な部署に異動させたり、子会社に出向させたりする『追い出し部屋』の存在は、リーマン・ショック後、急速に業績が悪化したメーカーを中心に相次ぎ発覚した。厚生労働省は一三年、P社やS社、N社など計一三社について調査したが、実態は明らかになっていない」と。調査は実態を明らかにできなかった、とのことである。なぜか。

世の「経営学者」の書く論文には、企業の成功事例を扱ったものが多い。技術革新のパターンや資金調達の手法、工程管理などについて微に入り細に入った分析がなされている。研究の手法は様々だが、社内での聞き取り調査も多く用いられる。被雇用者たちは経営学者の質問に対し「社外秘」事項でなければ情報提供するのである。だが厚生労働省の調査は、おそらく事実関係すら明らかにできなかったであろう。裁判で違法とされるかもしれぬ事柄にかかわる事実については、被雇用者の口は堅いことが想像される。「よけいなこと(=会社に都合の悪いこと)はしゃべるな」などという上司の命令など必要としない。監督省庁にたいして情報提供者になることは、自分の社内の立場に影響することを知っているからである。つまり組織人だからである。

ならば組織人であればみなそうした態度をとるのか。ときに組織内部の問題が世に知られることがある。情報提供者がいるからだ。その行為は「内部告発」と呼ばれる。その問題が違法なものであればその人は英雄視すらされることがある。違法なことを告発するのは市民としていわば当然であり、場合によっては違法行為を無視した人が罪に問われることすらある。だが組織人による「内部告発」となるとかなり状況は異なる。「社員」が会社の構成員という意識をもち、たとえ違法なことがあったと知っても、遵法意識よりは会社の利益を優先する意識が身に付いているならば、告発はしないであろう。

材料はとりあえず以上で充分だろう。「R社はなぜ出向・配置転換を取り消したのか」と問う人は、その理由を知ることにより、自らがよく知る自分の雇い主企業の措置が裁判になったときにどう判断されるかを予測できるようになる。そのさい、併せて労働基準法を読み直して自社のあり方を自分で評価できるようになろうとするかもしれない。法や判例を知って理解した人は、監督官庁の調査にたいしてどんな情報提供者になるだろうか。事実を正確に伝える／違法でないと判断できる事実のみ伝える／会社に不利になる可能性がある限りは当該問題にかかわる情報は伝えない／「一切知らない」で貫き通す……。どうするかは本人の判断に任せられている。あなたならどうするか。

4 「らしさ」について

法は守らなければならない。この常識は企業に属する組織人には当てはまらないのだろうか。わが国の経済活動の主役をなしている法人企業が無法地帯であるわけはなかろう。日本社会の遵法意識は、企業の外でなら、それほど低いとも思えない。しかし上述したようなケースでは、組織の利害と遵法意識が対立することだってあるだろう。厚労省が日本を代表する製造業企業一三社を調査して実態を明らかにできなかったという不思議な現象は、なぜ起こるのか[★3]。「経営学者」はこうした不思議な現象を決して解明しようとはしないだろう。彼らは違法行為を「グレーゾーン」と呼び、グレーゾーンの現象を「法の範囲内」と呼ぶに違いないし、違法だという声に対しては「それは解釈の相違である」と、裁判官的立場の発言をしてきたし、これからもするだろう。

さて、この話にはおかしなところがある。営利活動を担う企業が法を遵守しないとしたら、日本経済は法律に違反することによって成り立っていることになってしまう。たしかにそういう側面は存在する。現行の消費税を導入するさい、中小事業者の反対を抑え込むためになされた諸措置を知ると、「合法的脱法」などという穏当でない日本語を思い浮かべてしまう。漏れのないインボイス方式は手続きがめんどうだという理由で忌避された。消費税法など法律は国会で定められるのであり、国会議員は国民の選挙で選出される。だから営利活動を含む国民の様々な活動の便宜が考慮されるのは当然である。法は国民の意思を反映することになっている。国民の利害が一義的でないのは当然としても、法が国民の諸活動のなかで守られることによって、それらの活動が相互に支障なくまっとうされる、というのが筋である。支障がなくはないとしても、優先順位や程度問題の判断基準をあたえるのが法律であろう。憲法が政府の従うべきルールであるのとは違って、法律は具体的事例についての判断基準を権力的に提供するものである。

私たち国民の利害は決して一義的なものではない。例えば、安全で安価な食材を入手したいという消費者であり、親や自分の年金が堅固な制度であってほしいと願う家庭人であり、仕事が順調にいってほしいと思う職業人であり、というように、一人一人がそれぞれいろんな立場を一身にまとう存在である。様々な利害や立場をまとっているからこそ、複数の機能を果たすなかで各人は「らしさ」を表現できるのだ。各人は、親や兄弟姉妹との関係（家族倫理）や仕事関係（職業倫理）、ドライバーや歩行者としての公道の利用（公共マナー）といった場面で、それぞれにふさわしい規範を身につけている。こうした規範相互のうちに矛盾・葛藤が生じることは少なくないから、それがストレスとなって心に重くのしかかる。そのとき人は、耐えていこうとする。あるいは優先順位をつけて割り切ろうとする。だがそれでは長くはもたない。

いささか理想論に響くかもしれないが、持続可能な生き方とはこんなところではないか。すなわち、まずは諸局面それぞれに通用してきた規範を見直すことである。複数の規範の間に矛盾があるのはなぜかを問う。生活の諸場面を振り返って、それらの奥底にある「私の生きる意味」とのつながりを考えてみる。そうしてそれらの局面に共通して潜む価値を見つけ出すのである。ここで言う価値とは、「あることをする」のが私の生きてゆく上で本当に必要だという意味づけの基礎になるようなもののことだ。それはすでに分かっていたことかもしれないし、意識せずにきたものかもしれない。ただ、いったん明確に意識したら、いままでやってきたことへの意味づけが大きく変わることもあるのだ。統一的な価値から新たに意味付けされることにより、それまでの葛藤は解消されるだろう。私らしく生きてゆける私に生まれ変わったのだ。

それならば、それまでの規範意識が問違っていたというのか。そうではなかろう。ただし、その規範を支えているはずの価値の自覚という点では問題が残るように思われる。私は、そうするのが正しいと教わってきた。実際にもそうすることでうまくやれた。だからこれまで通りにやってゆくことが一番正しいはずだ——ということになってはいなかったか。いわば経験的に身につけたものについては、人はあまり自覚的に考えることはない。経験の重みはたしかにある。だがいつのまにか、過去が現在を規定し、未来の指針にまでなってしまうと、「規範＝べきこと」ではなく「これまで通りにすればいい」という極めて意識性の低い行為を正当化する理屈が勝ってしまう。こうした行為をヴェーバーは「伝統的行為」と名付けた。それは「らしさ」からは遠い行為である。

いまの世の中の生きにくさや、生まれ変わることについて考えてきた。「らしさ」をもって生きるとは、自覚的に生きることでもあった。ところで、その「らしさ」は世間で通用するものなのか。「らしさ」の表現が法律で禁じられてはいないか。だとしたら、選挙でその法律の改訂を訴える人に投票することが「あなたらしい」ことになるだろう。「らしさ」を導く意識性とは、心の持ちようなどという一人の人間の内部で完結できるものではない。社会をなして生きる私たちは、自分にとって自由な生き方が、つまり特定の価値を選び取り、その価値に指向した行為を重ねていくという生き方がとても大切であるように、他人もその人の自由な生き方を大切にしている、ということをわきまえなければならない。そうだとすると、人―人関係を律する倫理や規範、公共性のルールというものを考えておくことは必須となる。社会的な合意をどうやって作り上げるか。合意形成には様々な難しさがつきまとい、うまくやるためには高度な技法も必要になってこよう。それでも社会に生きるかぎりは必要なことである。そしてさきに見た法律、つまり権力的な基準は国民の意思を表現するものであった。法律は人が定め、改善してゆくものだ。「らしさ」の話が投票行動にまでつながることは唐突ではない。

5 社会人として

私たちは自発的・非自発的にいろいろな団体に所属している。筆者は自発的に日本国に属したわけではないが、「日本国民」ではある。団体が構成員に要求するものには様々ある。企業なら営利追求組織への帰属意識、学校なら学習成果や勉学意欲と規律、そしてチョッピリ愛校心。国家ならナショナリズム、アスリート・クラブなら勝利への意思、学会なら真理探究心と特定分野への偏愛、といったところか。多くの人はこうした複数の団体のメンバーになっている。ここに魂の争奪戦が展開される。大学の体育会のなかには、学期の授業日が公式戦の日程に当てられていることすらある。授業をサボってサークル活動などという話は日常的だ。「どっちが大事か?」という問いに行為をもって答えている。日々の行ないは、それほど自覚的ではないとしても、主体的選択の連続なのである。

団体は特定の意識の涵養・促進のエージェントとして機能する。ところが公共心にはそれを促進すべきエージェントや組織がない。公共心とはみんなにかかわるものであるのに、全員にかかわるものの保持が組織化されない。いわば育成機関では一番の弱者という構図なのだ。パブリック(public)を手元の小型英語辞典COD(一九六九年版)でみると、名詞に、全体としての共同体(community as a whole)とか、形容詞に、人びと一般の(people in general)などと出ている。プライベート(private)の方は、パブリックないし公式ではない、個人の(not public or official, personal, individual)と記されている。みんなにかかわるパブリックなものが弱い位置にあって、これをプライベートな利害関心が競って食い合うのが今の世の中である。私的な個人が公共的なものを食いちぎることによって自らの利益を大きくしようとする。私化(privatization)による利益追求の常態化、地に堕ちた公共心。

こんな光景をよく目にする。電車内でのイヤホンの音もれである。本人だけが楽しむなら自室で、大音響で聞けばいい。なのに電車内でこれをやる。いまどこ(=公共空間)にいて、何(私的便益の享受)をしているかの自覚がなく、周りの人をいらつかせていることには無頓着。筆者はあのシャカシャカ音にひどく悩まされ続けてきた。あの音が、電車のブレーキ音やアナウンス、乗客の大声での談笑といった生活自然音とはおよそ異質のものだということすら当人には理解できない。そうした貧弱な頭脳と隣人の立場でものを感じることのできない貧弱なハートを狙って発売された「ウォークマン」は、公共空間の私化で利益をあげる商売・ビジネスモデルが蔓延する口火を切った——いまにしてそう思う。いま公道や駅の階段、電車で周囲への配慮なしに手元のスマホを見ながら歩く人のなんと多いことか。

公共心の涵養を主体的に担う組織がない。そのため、帰属団体の締め付けが弱い人びとがその任に当たっているように見受けられる。ただ主婦層・老人層や子供たちから発せられる声を大きくする仕掛けはない。大切なことは難しいのだ。

公共心を挙げたのは、諸価値の中に、これも含めておいてほしいからである。

参考

中野敏男『マックス・ウェーバーと現代』初版一九八三年、三一書房／増補版二〇一三年、青弓社。

R・ベラーほか『心の習慣』一九九一年、みすず書房。

註

★1――ヴェーバーは、基本的問題として「西洋合理化過程」の歴史と意味を問うことを掲げた社会学者と受けとめられ、彼の業績もそれを軸としたものと解されてきた。包括的にはベンディクス『マックス・ヴェーバー』(折原浩訳、一九六六年、中央公論社／同(上)・(下)、一九八六・八七年、三一書房)、平板にはアブラモフスキー『マックス・ウェーバー入門――西洋の合理化過程を手引とする世界史』(松代和郎訳、一九八三年、創文社)、など。異説として生活態度論を軸におくヘニス『マックス・ヴェーバーの問題設定』(雀部・豊田他訳、一九九一年、恒星社厚生閣)。ヘニス説を敷衍した形で社会学的論理に整理したLawrence Scaff, *Weber and the Weberians*, 2014, Palgrave Macmillanが最近出された。

★2――自由に関わる議論は【参考】に挙げた中野の整理を利用してその延長上に、ヴェーバーが「自由はいかにして可能か」を描いていたと受けとめ、小林純『ヴェーバー経済社会学への接近』(二〇一〇年、日本経済評論社)で少々論じてみた。

★3――事例紹介の連載記事が単行本となった。朝日新聞「働く人の法律相談」弁護士チーム『会社で起きている事の7割は法律違反』二〇一四年、朝日新聞出版(新書)。

第2章

資本主義の精神

論文「プロテスタンティズムの倫理と資本主義の『精神』」は、雑誌『社会科学・社会政策アルヒーフ』に一九〇四〜五年に二回に分けて掲載された。これを「倫理」原論文と称することがある。ヴェーバーは死の直前に原論文に加筆修正をほどこし、「プロテスタンティズムの倫理と資本主義の精神」というタイトルで『宗教社会学論集』第1巻（一九二〇年）に収録した。ヴェーバー自身は論旨を変える必要などおよそなかったと記しているが、原論文から一五年たつ間に彼の用語や問題意識にはそれなりの変化や拡張があっただろう。そうしたことを理解するためにも、本章では、まずはヴェーバーがこの論文でなにを問題にしたのかという基本的なことをしっかりと把握しておこう［★1］。

1　エートスとしての「資本主義の精神」

これからヴェーバーのテキストに入ってゆく。まずは「プロテスタンティズムの倫理と資本主義の精神」を材料にする。宗教と経済の関係を論じた代表作と目されているものだ。以下では「倫理」論文と略記する。簡単に言うとそれは「禁欲的プロテスタンティズムの職業倫理があったからこそ、のちに資本主義の精神が誕生した」と主張したもので、これをヴェーバー命題とかプロ倫命題などと呼ぶこともある。

なぜヴェーバーはこんなものを書いたのかという問いは、内容を少し理解してから発する方が意味を持った問いになるので、本章後半にまわそう。また答も一つの要因で語れるものではなかろう。ヴェーバー自身は、同時代の工業化社会におけるプロテスタントの実業生活に対する態度がカトリック教徒と比較して相対的に積極的だというところから問題の所在を説き起こしているが、そのことには後に立ち返ることとし、まずは命題の主内容の理解に資するキーワードの説明から始める。

エートス

まず、資本主義の精神とはなにか。それは一つのエートスだ、とされる。エートスの説明から始めよう。エートスとは精神的態度、精神的雰囲気などとも言い表されてきたもので、倫理的な規範意識を核にもち、人が「そうするのがあたりまえで、そうすることは良いことなのだ」と、空気みたいに意識せずに身につけ、実践しているもの、としておこう。かつて大塚久雄は「経済人ロビンソン・クルーソー」(『社会科学の方法』岩波書店、一九六六年)という論稿で、ダニエル・デフォー著『ロビンソン・クルーソー漂流記』に描かれたロビンソンの孤島における合理的な行動様式を、近代市場経済を構成する「経済人」の典型として説明したことがあった。船が難破して一人生き残ったロビンソンが、まさにサバイバルゲームよろしく無人島で三十年を超える歳月を送るパートが有名な物語である。そこに描かれた生き残るための生活を構築する彼の行動は、大塚によれば、イングランドの中産的生産者の行動様式そのものだった、というのである。「経済人」云々の件は別にして、ロビンソンが、一人になっても環境が全く変わっても、すでに身につけた生き方をそこで再現していたことに注目しよう。人は社会をなして生きる過程で、社会生活を円滑に営むのに必要な一定の規範性を学んでいる。それが身に付いてしまえば、そうすべきなのだ、それがいいことなのだという自覚もとくにせずに、そうするのがあたり前だし、そうすればうまくいく、という意識になるだろう。こうしてできあがる精神的態度、これをエートスと呼んでおこう。したがってエートスには様々な内容のものが存在することになる。

その一つである資本主義の精神とはどんな内容か。ヴェーバーは近代資本主義の精神とも表現している。

営利欲と解放説

ヴェーバーは「資本主義の精神」を体現するものとしてベンジャミン・フランクリンを例に挙げる。フランクリンの著作からうかがえるのは、時間を無駄にせず、日々労働に打ち込み、浪費を抑えて節約し、友人たちの信用を得て投資を行い、必死に向上に努める小営業者の姿である。彼らは、成功して余生を安楽に暮らそうという気持ちをもたず、営利活動をあたかも自己目的であるかのように生きるのである。小営業者層から上昇して資本家になったものも、没落して労働者になったものも、ともに、合理的な職業生活をおくろうとする。彼らは、そうするのがあたりまえであり、また倫理的にもよいことなのだ、と考えた。前項でこのような行為を推し進める規範性をもった精神的態度のことを「エートス」と名付けたが、「資本主義の精神」はまさにこのエートスである。資本主義の形成期には、このエートスが多くの経済行為者に担われていた。つまりこのエートスは、資本家だけでなく、労働者にも担われていたとされるのである。

「資本主義の精神」は、単なる営利欲とは違う。歴史上、古今東西に営利活動は存在した。だがそれらの活動は、それ自体として人生の目標ではなかった。通例は稼いだ金を元手に、余生を地代や利子で暮らそうとした。商売で一発当てて大金持ちになった人が、土地など不動産を購入して、そのあがり(家賃や地代)でのんびり暮らすことにして商売から足を洗う、ということはあっただろう。危険を顧みずに取引した結果として莫大な産をなし、それをこんどは贅沢三昧の生活に充てることもあった。今日、スペインやフランスの歴史書や観光案内に載せられた写真で目にする宮殿・邸宅などはそうした生き方を記録している。強い営利心による活動が成功をもたらした証しかもしれない。

だがそうした生き方は「資本主義の精神」とは異質のものである。近代資本主義は、西ヨーロッパの地に近代になって成立したものだ。そしてここでは永続的な緊張した営利活動が自己目的になっており、またそれが強いられもする。すこしでも楽をしていい暮らしをしたい、という人から見れば、「資本主義の精神」というエートスは極めて非合理的な、特異なものである。だが近代資本主義は、まさにこの特異なエートスを担った人びとの活動のおかげで作り出された、極めて歴史的な産物なのであった。

カトリシズムが支配した西洋中世では、教会が利子取得を禁じており、営利活動には大きな制約があった。しかし、カルヴィニズムが利子取得を許したように、宗教改革の中で厳しかった戒律が緩んだことによって、制約を解かれた営利欲は順調に経済活動に浸透し、資本主義の形成を導いた。つまり資本主義は、人間が本来もっている営利欲が充全に解放されることによって成立したのである――という、漠然としたイメージをもたれるかもしれない。これは資本主義の精神の成立についての「解放説」と呼ばれる説明である。だが、もし人間のもつ自然な営利欲が支えとなって営利活動が活発になり、そうして資本主義が成立したのだとしたら、古代の西洋や東洋、インドにではなく、近代西洋に初めて資本主義が成立したのはなぜか、という問題が生じてくる。華僑や印僑の古くからの営利活動は有名であり、古代西洋にも商業や徴税請負の営利事業は存在した。これらが発展して、経済活動全般の仕組みを大きく変え、今日につながる資本主義経済をつくり出した、ということが歴史的に確認されたことはない。なぜそうならなかったのか。人類史上に古くから見られた営利活動と、一七世紀以降の西洋に出現して産業革命に導き、その圧倒的な生産力によって地球規模の構造転換を迫った営利活動との間には、何か根本的な違いがあるのではないか。後者を近代資本主義と呼べば、それは特定の時と所に成立した、歴史的に個性ある現象なのであり、営利活動一般に解消できないものだ、と見た方が歴史的には正しいのではないだろうか。

マルクスはこれを、原始蓄積過程と産業資本の価値増殖過程の分析によって説明した。ヴェーバーはその過程に人間的基礎から、それも営利欲の在り方から接近した。つまり「近代資本主義の精神」を問題にし、解放説を批判したのである。もちろん資本主義の成立には、法や国家制度、経営形態、簿記技術等、様々な要因が関わるのであるが、その点は後に触れよう。

資本主義という経済「制度」といえども社会的行為から成り立っている[★2]。制度が自己に適合的な行為を生み出すという面はあるが、制度に適合的な行為が制度を支えるという面を忘れてはならない。前者は、制度の移植後の社会変容過程(強固なカースト制が支配する社会に議会制民主主義制度が導入された戦後のインドの例など)では重要な問題となるが、後者は、とりわけ一定の制度の自生的な成立過程では重視されるべき局面である。さて、資本を用いて営利追求を目的とする経済活動が持続的に営まれるためには、営利を自己目的とし資本を合理的に計算するという態度が、多数の人間に浸透して、彼らが合理的に経済行為を行っていることが必要である。ヴェーバーは、この合理的な経済行為を内面的に支えている精神的態度を「資本主義の精神」と捉えたのである。資本主義の成立を説明するときには、なぜ、多数の人間ないし重要な社会層によって「資本主義の精神」が担われることになったのか、という問題を解く必要があろう。言うなれば経済活動の人間的基礎の転換の説明である。

伝統主義との対抗

ヴェーバーは、収穫期に出来高賃銀率を引き上げて大量の労働投入で利潤を上げようとした農業経営者の例を出す。彼は自分なりに「合理的」な計算を行なっていた。ところが近隣の農業労働者たちは、「できるだけ多く労働すれば一日にどれだけの報酬が得られるか」ではなく、「これまでと同じだけの報酬を得て伝統的な必要を充たすには、どれだけの労働をしなければならないか」と考えた。賃銀率が二倍になれば、従来二日働きに出ていたところを一日だけにする、という対応である。その結果、経営者は収穫に必要な労働量が調達できなくなり、収穫や出荷の計算が狂ってしまった。経営者はこう思う。「ここの住人たちは根っからの怠け者で、まじめに働こうと考えたことのない連中だ」と。この労働者の精神的態度は「資本主義の精神」の最大の敵である「伝統主義」であった。

ここでいう伝統主義とは、「かつてそうであったし、今もそうしており、これからもそうすべきである」という、伝統を聖化し規範とした態度様式のことである。そしてこれも一つのエートスなのであった。この例では「資本主義の精神」と「伝統主義」がぶつかりあっている。経営者からみると、労働者たちは非合理的な態度である。労働者の中には高い賃銀を求めて働きに出るものがいるかもしれない。そのような人は、周りからは、今の生活状態を狂わせるような貨幣収入を追求する倫理的に正しくない人、と受け取られて、非難の目が注がれることになろう。つまり、どちらの精神的態度にも一定の規範が含まれており、そのため規範の逸脱には周囲から強弱なんらかの倫理的非難が起ることになる。二つのうち一方を善、一方を悪、と見なすことはできない。

では伝統主義は営利活動を本来的に敵視し、排斥するものなのか。そんなことはない。伝統主義の支配した前近代の社会に営利活動はいくらでも存在した。伝統主義と営利活動の関係は以下のように説明できるだろう。人間の行為には、親しい関係にある人を相手とする場合と、全くの他人を相手とする場合では、異なってくることがある。これは現在でもそうだ。いわば「身内《みうち》と他所《よそ》もの」の二分法である。そして一定の人格的関係の枠内で人間の行為を規制する倫理は、その枠の外部での行為まては拘束しない、という事実も知られている。シェイクスピアの戯曲『ヴェニスの商人』では、兄弟(同じキリスト教徒)の間で利子取得が禁止されているから、商人アントニオは資金調達のためにユダヤ教徒の金融業者シャイロックの客となった。信仰や血縁、地縁などの共同態的関係に支えられた前近代社会では、その関係の内部の倫理が行為を強く規定したのであるが、その「身内」にしか妥当しない倫理は共同態的関係の外までは及ばない。伝統主義とはその内部の倫理、対内倫理なのであって、それは外側での行為には適応されない。そして外側は、何をしてもかまわないという、いわば無倫理の状態に放置された。外側でのむき出しの営利追求は、伝統主義からすれば倫理と無関係なものとして黙認された。このように伝統主義は対内・対外の二重倫理を併存させたのであり、外部での営利活動を倫理的規制外に置いた。

無倫理の、際限の無い営利欲は「えげつない」ものにもなりうる。一度の取引で可能なかぎりの利益をあげようとするから、足元をみた値段の吹っかけや売り惜しみ、詐欺まがいの取引条件など何でもありの様相となりやすい。商業とは誰が誰をだますかの競争である、といった観念も強かったのであり、極端に言うと、一方の利益は他方の損失という見方にすらなった。

だが、近代の市場経済は無数の他者との経済的関係を生み、継続的な取引が必要になるから、経済活動の円滑な遂行のためには一義的な価格設定(一物一価)や取引条件が要請される。二重倫理の解消は近代的市場経済にとって必要条件となったのである。歴史的には「伝統主義」というエートスの駆逐こそが近代資本主義形成の決定的な主体的契機なのであった。

2 職業人の合理的生活態度

一九〇四~五年に「倫理」論文が発表されてから、これに批判が続けて出された。いくつかの論点があったが、一番大きい問題はやはり「資本主義の精神」とは何かをめぐるものであった。前項でみたこの概念が理解されなかったのである。営利欲は古来より知られており、また財産を営利目的に運用することも従来から資本として捉えられていたので、ヴェーバーがなにを問題としているのかが理解されなかった。それに資本主義の成立の原因を宗教に由来する観念に求めることへの反対も強かった。もちろんヴェーバー自身、自分の論文が歴史の一面的な説明であって、経済的制度的諸条件をも見なければならないということをきちんと述べておいたにしても、であるが。またとくに、西洋ではユダヤ人の金融業者が中世以来各地で活躍しており、それが享楽のための金稼ぎではなかったため、持続的な営利追求の典型としてユダヤ人の経済活動をまず思い浮かべる、という事情もあった。

職業人

「倫理」原論文に出された批判に対してヴェーバーは『社会科学・社会政策アルヒーフ』に三度にわたり反論を掲載した。反論では、批判を受けたヴェーバーが読み手の誤解を解くことに主眼が置かれたが、自らの問題としたことをヨリ鮮明に定式化する必要性を感じて書いたはずなので、これを見ることにより私たちもヴェーバーの問題関心を深く理解することができるだろう。三度目の最後の反批判論文から、彼の意図が鮮明に描かれた箇所を見ておこう。

……あの論文で、本質的には初めて「職業」思想の歴史的発展の一部分と、その、営利自体への広がりが叙述された。あの論文はそれ以上のことを意図しなかったし、また意図しえなかった。……結局、私が特に分析した近代資本主義の「精神」のあの構成要素――自己に関連する全てのことがらに対する「職業義務」の思想——は一方で、(語の一般的な意味での)資本主義の「精神」によって担われている経済の内部では、ただある特定の歴史的時期にのみ見出されるものであり、そしてそれは他方、経済の領域を越えて全く異質な人間行動の領域に(まで)突出している。資本主義の「精神」の構成要素としての意義における「職業人」の発展——このテーマにまず私の論述は明白かつ意図的に限定されている。だらしのない読み手がこの点を無視してよいと考えることに私は断固として反対する。(住谷・山田訳「資本主義の『精神』に関する反批判」(一九一〇年)『思想』一九八〇年八月、一〇二〜三頁)

この引用を読んだものならだれでもすぐに理解できるのは、ヴェーバーが「職業」思想・「職業人」・「職業義務」という語で考えている「何ものか」こそが問題関心の核心をなしている、ということだ。ただこの引用の中には、まだ残念ながらその「何ものか」のうまい定式化が与えられていないように思われる。それでも内容的にはかなりはっきりしてきた。職業を義務として意識する「職業人」という人間のあり方・生き方が、「資本主義の精神」というエートスを構成する重要な要素である、ということ。そしてヴェーバーは、これを歴史の特定の時期に見られたユニークな現象だ、と考えている。さらには、「職業人」という人間のあり方が経済領域での営利観念に強く影響を与えたというにとどまらず、それを越えた経済以外の領域にまで影響を与えている、とも考えている。

前項で見た二つのエートスの対立という話は、どうしても次のような文脈で理解されてしまう傾向にあった。すなわち、営利を持続的に追求する「資本主義の精神」というエートスをまとった人たちは、伝統主義の二重倫理を駆逐することにより、市場経済に適合的な経済行為を支配的なものとした。こうして近代経済形成の人間的基礎が形成されれば、あとは資本蓄積や市場制度・取引制度などの条件が整ってくることにより、そこに資本主義という経済制度が形成されることになる。つまり資本主義形成に関する経済史の叙述なのだ――という文脈である。

筆者はヴェーバーの問題関心をこの文脈で捉えることを間違いとは考えていない。彼は経済学教授として講義を行っていたし、経済発展段階論にも通じていたので、資本主義の形成をどう説明するかについては強く関心を寄せていたはずである。経済史研究の諸文献にも通じていた。それゆえ私たちが彼の関心およびその研究成果を経済史研究の文脈で受けとめることは、こちらの問題設定によって充分に可能な策、つまり研究プログラムとなるのである。

ただし、引用文中に強烈に記されているように、ヴェーバーの関心は、もっと狭く、しかも同時にもっと広いものであった。テーマは「職業人」という観念の発展に限定されていたのであり、「このテーマにまず私の論述は明白かつ意図的に限定されている」と強調されている。したがって、この限定的テーマを「資本主義の発展」にまで広げることはヴェーバーの本来的意図に反している。だが同時に、職業義務の思想が「経済の領域を越えて全く異質な人間行動の領域に〔まで〕突出して」いるものであることを問題としていた。経済史、いや経済という領域にとどまらない、人間のあり方それ自体に対する関心がここに現れている。

こうしてヴェーバーの基本的問題関心を知った私たちは、これを手がかりに「倫理」論文をのぞいて、その関心がどのような素材で表現されているかを見ることができるだろう。

倫理的規律

「資本主義の精神」というエートスの担い手については、さきにベンジャミン・フランクリンの例に触れた。フランクリンは一八世紀半ばのアメリカで印刷工場を経営した人物、つまり資本主義以前の人物である。ヴェーバーは彼の工場を手工業経営と変わるところがなかったと評し、つづけてこう記した。「……近世初頭に、われわれが本書で『資本主義の精神』とよんできた心情の担い手たちは、もっぱら都市貴族の資本主義的企業家だったとか、また彼らの間にとくに多かったというわけではなかった。むしろ、向上しようと努力しつつあった産業的中産者身分のなかにかえって遥かに多く見られたのだ」(大塚訳七三頁)。こうした中小の経営者層がこのエートスの担い手であったことをヴェーバーは強調する。このことは、彼らを出自とする近代的資本家経営と、昔から存在した資本家的経営との峻別という主張につながっている。

ここにヴェーバーの資本主義類型論という構想が浮かび上がる。一方には「三〇〇〇年来世界の各地にみられた高利貸、軍需品調達業者、官職＝徴税の請負業者、大商人や大金融業者たちの資本主義」、他方には中世から近世にかけて登場した「近代資本家的企業」という構図(大塚訳七二〜三頁)である。それゆえ問題となるのは、正確には「近代資本主義の精神」というエートスの特質である。フランクリン『自伝』には自らの生活を律するための一三徳が掲げられている。もっとも、節制・沈黙・規律・決断・節約・勤勉・誠実・正義・中庸・清潔・平静・純潔・謙譲(松本・西川訳、一九九五年、岩波文庫、一三八〜九頁)、と並べられても、今の私たちには自慢話くらいにしか受けとめられないだろうし、この項目の抽出方法にケチを付けてみたくもなる。ただ重要なのは、こうした徳目を実践する生き方が当時現実にあった、ということだ。フランクリンに限らず、新興の新しい経営様式・事業を展開する企業家たちが乏しい資力で成り上がってゆくのは容易ではなかった。伝統主義のエートスに満たされた周囲からの圧力に耐える強さが必要とされた。そして、

……明確な観察力と実行力とともに、とりわけ決然とした顕著な「倫理的」資質をそなえていなければ、この革新に必要な顧客と労働者からの信頼を得ることはできないし、また、無数の抵抗に打ち勝つ緊張力をたもちつづけ、企業家に必要な、とくに安易な生活とは両立しがたいおそろしく強度な労働に堪えることもできないが、そのような事情を公平に観察することは誰人にも決して容易ではなかったのだ。というのもただただそうした倫理的資質が、過去の伝統主義に適合的なものとは異なった、独自なものであるためだった。(大塚訳七八頁)

さきに見た解放説にしたがえば、古くからの営利活動にたけた人びとの活動が広まって伝統主義を

徐々に後退させてゆく、という構図が描けるだろう。しかし実際に伝統主義を打ち破って新たな精神を経済活動に浸透させたのは投機屋や大富豪ではなく、「厳格な生活のしつけのもとで成長し、厳密に市民的な物の見方と『原則』を身につけて熟慮と断行を兼ねそなえ、とりわけ醒めた目でまたたみなく綿密に、また徹底的に物事に打ちこんでいくような人びと」(大塚訳七八頁)だった、というのがヴェーバーの見立てである。

ここには自らを倫理的に規律づけて飽くことなく事業活動に邁進する姿が描かれている。生活の隅々まで自己管理を徹底し、生活を目的にむけて方法的に組み立てる生き方は、周りには――ヴェーバーは「独自な」と言うが――奇異なものと映ったに違いない。ここまで見てくると、ヴェーバーがフランクリンに着目したのもうなずける。この「方法的に」の語だが、目的を実現する方法のように、全ての要素を目的・手段関係で捉え直して効率よく編成し直すこと、くらいの意味で用いてみた。目的・手段の関係となっているのであれば、それは極めて合理的な生き方だと言わねばなるまい。さて、これまで倫理性を強調してきたけれども、まだ「倫理と営利」の関係には触れてこなかった。

倫理と営利

まず、人類とともに古いといわれる営利欲と「資本主義の精神」とではどこが違うのか。ヴェーバーは、貨幣渇望の衝動の強弱といったものに資本主義とそれ以前とで差があるわけではない、としている。けれども、「金銭欲への衝動にかられて一切をなげうった連中は決して、近代独自の資本主義の『精神』が大量現象として出現する、その源泉となった心情の持ち主ではなかった」(大塚訳五四頁)としている。彼は、さきに示した資本主義類型論に符合した形で、近代資本主義を担った人間の内面的基礎としてのエートスと、それ以外の衝動に駆られもするような営利欲とを峻別するのである。

古代ローマの時代には、富裕層は基本的に大土地所有者であり、その土地所有からの「あがり」つまり地代を収入源としていた。そして同じ収入を得るとしても、商取引にのりだすことは身分にふさわしくないとして嫌われ、倫理的に非難されるべきことという観念すらあったのである。近世初頭のフィレンツェにあってすら、利潤追求は道徳上危険と考えられ、「寛容されるにすぎぬ」ものであったという。営利を自己目的とする行為は恥ずべきことであり、それは社会秩序がやむなく寛容しているにすぎぬ、という感覚は長く続いていた。だから倫理学説の主流派も営利の精神を醜いこととして排斥するか、「そうでない場合にも、少なくともそれに倫理上の積極的な評価を与えることはできなかった」のである。だから裕福な人が死んだとき、多額の金が「良心のための貨幣」として教会に寄進された。たしかに教会の伝統から内面的に解放されていた都市貴族層は、そうした営利観に囚われることが少なかったようである。とはいえ死後の救いを確実にするためには、教会に対して外面的には服従の姿勢を示して金を払っていたという。つまりは、営利を建前としては道徳的ではない、ないし道徳外の行為と認めていた、ということである。(大塚訳八三～四頁)

これに対してフランクリンの場合はどうであったか。彼は営利活動に全身全霊をもって打ちこむことを道徳的な、善き生き方と考えていた。利潤追求は道徳的に賞賛されるべきこととなっている。そればかりではない、そうした生き方を義務として生きたのである。仕事にうちこむこと、職業生活をまっとうして営利にはげむことは善き生き方なのであり、倫理的非難の対象などではなく、むしろ義務と感じられている。

両者の対比を確認した上でヴェーバーの問題設定を引用しておく。そこに彼の基本的問題関心をみることはもはや容易であろう。

> 外面的には利潤の獲得を指向するにすぎない活動が、個々人に義務として意識されるような、そうした〈Beruf〉（職業、天職）という範疇にまで構成されるにいたったという事実は、どのような思想世界にその源泉をもったのだろうか。けだし、ほかならぬそうした思想こそが「新しいスタイル」の企業家の生活態度に倫理的下部構造と支柱を与えることになったのだからだ。（大塚訳八五頁）

本章の始めに触れたことだが、ヴェーバーは、同時代のプロテスタントがカトリック教徒にくらべて実業生活に積極的姿勢であるという事実から問題を説き起こしていった。そこに挙げられたいくつかの例のなかに、敬虔派の少女たちというのがある。「資本主義の精神」なるものを理解する上でじつに適切な例になっているので、最後にこれを紹介したい。

義務としての職業（Beruf）

機械制大工場の仕事のリズムや機械操作に適する労働者を調達するのは、かつては困難だったが、今日では比較的容易となった、という事情がまず語られる。だが、今でも伝統主義的な労働の形式を示すものがあって、その代表は女性労働者、とくに未婚女性だ。雇主が言うには、彼女たちは、いったん身につけた働き方を捨てるのが困難で、新たな仕事に適応する意欲にすら欠けているそうだ。出来高賃銀率を上げても効果がない。こうした事情が広く了解されている工業地帯で、宗教教育を受けた、とくに敬虔派の信仰を持つ地域で育てられた少女たちの場合には事情が違っている、ということが知られている。

この種の少女たちの場合、経済教育が効果を上げる可能性が格段に大きいことはしばしば聞かれるところだし、また、時おりの数字的な調査もそれを裏書きしている。思考の集中能力と、「労働を義務とする」この上なくひたむきな態度、しかも、これに結びついてこの場合しばしば見出されるのは、賃銀とその額を勘定する厳しい経済性、および労働能力のいちじるしい向上をもたらす冷静な克己心と節約だ。労働を自己目的、すなわち〈Beruf〉（天職、職業）と考えるべきだという、あの資本主義の要求にまさしく合致するところの考え方は、この場合いちばん受け容れられやすく、伝統主義的慣習を克服する可能性も宗教的教育の結果最大となる。(大塚訳六八頁)

彼女たちは工場で、しかも未熟練労働者として職業生活を始める。現在の日本のように彼女たちの中から起業するものが現れることは、まずなかろう。それゆえ、営利を自己目的とする生活などとは縁がない存在であり、せいぜい少しでも賃銀を多く得るために仕事に習熟しようと努める。その結果、賃銀率の高い職種への移動のチャンスも生まれる。それでも彼女たちの所得が所得税を払う水準に達することは、まずない。

「資本主義の精神」とは「資本家の精神」ではなかった。資本家・労働者双方に担われるエートスであることはこの例で明白となろう。だがここまで見てくると、最初の「資本主義の精神」の説明では不都合が生じていることにも気がつく。営利を自己目的とすることになるのは、せいぜい資本家および資本家予備軍であり、労働者の地位を運命づけられた者たちには当てはまらないのではないか。おそらく、この例の時代状況(二〇世紀初頭のドイツ)からすれば、そういうことになろう。ならば、営利それ自体が事柄の中心論点ではないのではないか。もっともヴェーバーは、まずは「産業的中産者層身分」を担い手と考えていた。だからその時代、つまり資本主義形成期でなら、営利を追求することの身分の両極分解の中から将来の資本家と労働者の両階級が生まれるとすれば、両階級が同じエートスの担い手として近代資本主義の形成にむかう経済主体である、というストーリーが描けるかもしれない――やや脇道にそれた。

整理しよう。敬虔派宗教教育をうけた少女たちは、工場女工として仕事に打ちこみ、賃銀の勘定においてもめざとい。仕事を天職として受入れ、その成果が貨幣額で現れるから、より多額の賃銀獲得を目指す。彼女たちのあり方をこう表現し直してみると、資本主義の精神の核心は天職の倫理的遂行にある、と思えてくる。そうするとここに、〈仕事を天職と観念して、その遂行のために生活全体を規律づけて生き、仕事の成果である貨幣所得がより大きくなればそれは自己の倫理的実践の成果として評価する〉、そんな生き方が見えてきた。生活の規律化を担うものを倫理と呼ぶならば、徹底した倫理的・合理的な生き方である。ただし目的・手段関係からする合理性が高いということであって、第1章の2で見たように、現実には様々な合理性が考慮されねばならない。端的に言うと「楽をしていい生活を」という享楽的観点からすれば、この天職思想に侵された人の生き方ほど非合理なものはないだろう。

以上でここに説明すべき用語と素材が出そろった。この知識をもって「倫理」論文でのヴェーバー自身の問題設定を読めば、彼が読者をどこへ導こうとしているのかが見えてくる。

「合理主義」は一つの歴史的概念であり、そのなかに無数の矛盾を包含しているのであって、われわれの究明すべき点は、過去および現在において資本主義文化のもっとも特徴的な構成要素となっている〈Beruf〉天職（職業）思想と――前にもみたとおり純粋に幸福主義的な利己心の立場からすればはなはだ非合理な——職業労働への献身とを生み出すに至った、あの「合理的」な思考と生活の具体的形態は、いったい、どんな精神的系譜に連なるものだったのか、という問題でなければならない。それも、この場合、とくにわれわれの興味を惹くのは、この〈Beruf〉概念のうちに、（すべての〈Beruf〉概念の場合と同様に）存在する、この非合理的要素はどこからきたのか、ということなのだ。（大塚訳九四頁）

この続きは第4章で。その前に次章に目を通していただきたい。

テキスト

大塚久雄訳『プロテスタンティズムの倫理と資本主義の精神』岩波文庫。（大塚訳）
梶山力訳・安藤英治編『プロテスタンティズムの倫理と資本主義の〈精神〉』一九九四年、未來社。

参考

大塚久雄『社会科学における人間』一九七七年、岩波新書。
『フランクリン自伝』松本・西川訳、一九九五年、岩波文庫。
W・シュルフター「市民的生活態度の成立」田中豊治他編『近代世界の変容』一九九一年、リブロポート。

Neurath, Wilhelm. Der Kapitalismus. In: *Jahrbücher für Nationalökonomie und Statistik*, 24–3 (1902) : 167–184.
小林純「ドイツ機械制綿工業における労働力の編成と選択について」『立教経済学研究』三五–三、一九八一年。

註

★1――日本では、大塚久雄「マックス・ヴェーバーの資本主義の『精神』」(『大塚久雄著作集第八巻』岩波書店、一九六九年)を始点とする。途中の議論は、恒木健太郎『「思想」としての大塚史学』(新泉社、二〇一三年)の終章および註に挙げられた文献でカバーできる。

★2――この行為分析から始めて社会制度までを説明するヴェーバーのテキストには『理解社会学のカテゴリー』と『社会学の基礎概念』がある。この二つについては、折原浩の精力的な研究により、両者がそれぞれ、現在『経済と社会』の名で知られる著作が一九一三年前後と一九二〇年頃の新旧二期にそれぞれまとまった構想で準備された際の、冒頭におかれるべき基礎概念論として書かれた、ということが明らかとなっている。

第3章

ルネサンスと宗教改革

ヴェーバーの小径から、いったん社会思想史の表通りに出よう。通例、思想史の近代は「ルネサンスと宗教改革」をもって始まる、とされる。まずはこの二つの思想運動の概略をつかんでおきたい。両者の関連を示す人物としてのエラスムスにも登場してもらう。こうした動きのなかで禁欲的プロテスタンティズムがどんな位置にあったのかを知っておこう。

1　イタリアのルネサンス文化

古代文化の再生

時代状況としては、ローマ教会が長年にわたる分裂からその権威を低下させ、また自身も俗界勢力化を進めていったこと、中世後期に確立をみたスコラ哲学の解体、そして中世的世界秩序の崩壊などがまずイメージされる。またそうした中にイタリアの特殊事情があった。スペインやフランスの国家統一進行に比べてイタリアでは都市国家の覇権争いが続き、統一は進まなかった。ドイツ(神聖ローマ帝国)のイタリアにおける覇権追求(イタリア政策)も続いていた。特殊イタリア的国際関係ともいうべき事態が生じていたのである。一般にルネサンスと言えば、有力商人の都市国家支配とその下での才能ある人々の活躍、というイメージが浮かぶが、そこには、いわばイタリア・ナショナリズムとでも言える理念も働いていたのではないか。それは、政治的なネイションが欠けている以上、形をなすものとしては認識しづらいが、その分だけ観念レベルでは浸透しやすいものではなかったか。

諸都市の有力者や聖界権力をパトロンとして、才能ある人びとが学問・芸術領域で力を発揮する機会を得た。彼らの能力の開花は、神や富のためでなく、自らの人間性を野蛮なものから区別して価値あるものとして示す活動、つまり個人的力能に対する「名誉」のための活動であった。それは宗教や経済よりも人間性(humanitas)の尊重を意味した。長きにわたるキリスト教支配を脱してキリスト教以前の古典古代文化の再生(ルネサンス)をはかろうとする思想運動は、原罪観念から生身の人間を評価することへのシフトを「アダムからヘラクレスへ」と表現することもあった。そこには人間の自然的能力とそれによる世俗的活動に対する楽観主義があった。現世生活の肯定、死の賛美(「メメント・モリ」、死を思え)の否定である。

古代ローマでは、人間の多様な欲求の発露としての現世の活動が文化的形象をなしていた。キリスト教的な制約のない古代ローマの美術作品や文章表現を介して人はその精神に触れることができる。

このような古代文化「ローマ」はイタリアが誇るべきものであった。また古典文献研究の隆盛には、オスマン朝に圧迫されたビザンツ帝国を逃れてきた人びとが携えてきた大量のギリシア文献の流入という有利な条件があった。このなかでプラトン哲学やその関連の文書も多くもたらされた。フィレンツェのメディチ家のコジモはプラトン哲学に強い関心を示し、別荘を有能な人物の活動用に提供した。これが「プラトン・アカデミア」と称された。これは、アリストテレス哲学に基づく自然主義的科学とは流れを異にする学問的系譜の研究の育成に貢献したとされる。

しかし、「人間の既成秩序からの解放と倫理的退廃とは表裏一体」(ブルクハルト)なのであって、人間と神的秩序との一体化が進むと人間の情念が神の名の下に肯定される危険性がある、という危うい状況でもあった。人と神の関係は様々に考えられ、論じられたにせよ、この時代にあっても神の絶対性は聖界でも俗界にあっても容易に揺らぐものではなかった。そのなかで、強力な人間中心主義も神の名の下に肯定される、ということの危うさには止目しておきたい。

ピコ・デラ・ミランドラ

ローマ共和制末期の雄弁家キケロによると、人間の尊厳(dignitas)とは人間と動物を区別するものであった。もともとディグニタスとは社会的政治的な高い地位、その地位にふさわしい道徳的品性を指す言葉である。この尊厳が、古典の研究を通じて得られる真に人間的な性質のことを指す人間教養

(humanitas, 現在の「人文学」につながる)と同一視されるようになった。人間精神の自由、自由な意志と活動で人間をつくる、という自由意志こそが「人間の尊厳」である、と説いたジョヴァンニ・ピコ・デラ・ミランドラは、この思想世界を代表する存在といえよう。

ピコ(一四六三〜九四年)は、イタリアのミランドラに生まれ、フィレンツェで、サヴォナローラの前で息をひきとったとされる。各地を巡って様々な思想を学んでいる。アリストテレス哲学にはじまり、のちプラトン派の思想に親しんだが、ペルシアの宗教やユダヤの神秘主義にも関心をむけ、様々な宗教や哲学の間にある対立を宥和させようと試みた。ローマで討論会の開催を企画し、そこで提起すべき内容を九〇〇の「提題」にまとめて印刷に付したが、これが異端的だとのうわさが立ち、教皇により討論会は中止させられた。ピコは弁明書を出版したが、逆に有罪とされた。逃亡、逮捕・幽閉、解放のすえフィレンツェに戻り、プラトン・アカデミア周辺の人たちと交流した。宗教的に敬虔なピコは、ドミニコ会修道士サヴォナローラに接近し、彼をフィレンツェに呼ぶため尽力した。ピコの死後のサヴォナローラの話は有名である。彼はフランスの侵攻の予言があたったとして信望を高め、メディチ家追放後のフィレンツェに神権政治を敷いたが、一四九八年、拘束・拷問のすえ裁判で絞首刑に処され、死体まで火刑とされた。

ピコが討論会で読む予定だった文書が彼の死後公表された。それが有名な「人間の尊厳について」である。時代精神を体現した一節を丸ごと示しておこう。神は人間を他の被造物と区別されない姿の作品として世界の中央に置いて、以下のように話しかけた、としてピコはこう記している。

アダムよ、われわれは、おまえに定まった席も、固有な相貌も、特有な贈り物も与えなかったが、それは、いかなる席、いかなる相貌、いかなる贈り物をおまえ自身が望んだとしても、おまえの望み通りにおまえの考えに従って、おまえがそれを手に入れ所有するためである。他のものどもの限定された本性は、われわれが予め定めたもろもろの法の範囲内に制限されている。おまえは、いかなる束縛によっても制限されず、私がおまえをその手中に委ねたおまえの自由意志に従っておまえの本性を決定すべきである。私はおまえを世界の中心に置いたが、それは、世界の中に存在するいかなるものをも、おまえが中心からうまく見回しうるためである。われわれは、おまえを天上的なものとしても、地上的なものとしても、死すべきものとしても、不死なるものとしても造らなかったが、それは、おまえ自身のいわば「自由意志を備えた名誉ある造形者・形成者」として、おまえが選び取る形をおまえ自身が造り出すためである。おまえは、下位のものどもである獣へと退化することもできるだろうし、また上位のものどもである神的なものへと、おまえの決心によっては生まれ変わることもできるだろう。(『人間の尊厳について』大出・阿部・伊藤訳、国文社、一九八五年、一六~一七頁)

創造主が人間に対して、お前だけはなんの制限にも縛られていない、私が汝に任せた汝自身の意志により自分の本性を形づくっていい、汝は堕落して鳥獣になれるし神の国に再生することもできる……と、人間の尊厳が「内なる無限の創造力」に求められることを説いている。ピコは、こうした人間像をもとに、ギリシア的精神、キリスト教、イスラム教等の宗教思想を友愛の精神で一つに結ぼうとしたのである。彼がルネサンス人文主義の代表者とされるのもうなずける。

ここに見られるように、人間の肉体や感覚をも含めた自然は、それ自体が思考の対象(目的)として存在し、神の摂理の表現(手段)として尊重されるだけではない。人間の持つ多様な能力が多様な現実の中で発揮されることこそ重視されたのである。こうして自己の能力を自由に発揮する「万能人」がルネサンスの理想となる。レオナルド・ダ・ヴィンチは「万能人」を象徴する人物といえよう。

とはいえ、たしかに人間の能力は神聖であるにしても、その能力が実際の場で万能だいうことはありえない。能力の自由な発揮が、その結果において意図どおりに実現されることはむずかしく、そこに人は運命を受入れなければならない。まさにこの意味で「自由対運命」が時代の一つのモチーフとされた。

マキアヴェッリ(一四六九～一五二七年)

フィレンツェで古典研究に秀でた若者として注目されたニッコロ・マキアヴェッリは、国の行政に深くかかわり、外交交渉の必要から諸外国政府の実情と外交関係を現場で学んだ。祖国フィレンツェが大国では外交ゲームのコマとして扱われていることも知った。こうしてみるとマキアヴェッリの思想がフィレンツェ（イタリア）の事情と不可分であることが納得できる。教皇庁・都市国家・大国（フランス・スペイン）の権謀術策の中、外交能力と強力な統治が求められている、という自覚を強くした彼は、支配の技術（アルテ・デッロ・スタート）を基本テーマとする著作を残した。実践的教訓を秘めたテーマとして歴史物も著したが、なによりも、法王アレクサンデル六世の子で時代の風雲児ともいうべきチェーザレ・ボルジアをイタリアの指導者にみたてて彼のとるべき行動指針をまとめたものと思われる『君主論』が有名である。これは死後出版である。

❖特異な政治思考　スタート・ヴィルトゥ・フォルトゥナ

彼は人間を「野心と貪欲に満ちた生き物」とみた。その人間が物事に成功するためには、行動様式を状況ごとに変更する必要がある。だがそれは無理というものだ。この世界の運行は運命の女神にあやつられ、地上に永続的なものはなにもない。それでも人間は、実践生活への積極性、実践的行為を放棄することはない。このような見方は、人文主義の思想と対立する要素を示すと同時に、親和的な、つまり人間の高貴さを肯定的に捉える面をも備えていた。とはいえ、「人間世界とは、野心と貪欲という情念と運命の支配する場である」とみて、この現実に秩序をもたらそうとするとき、そこには彼の特異な政治思考が現れていた。

スタート（stato）とは、事実上の力、支配権、支配者を意味する語であった。彼はまず、君主がこれをいかに獲得し、いかに保持するか、その技のみこそが問題である、とした。『君主論』の中でもとくに有名になった一節に、「君主は、ときに獣の役を演ずるすべを心得ておく必要があるので、シシとキツネとをその模範とすべきである」というものがある。また彼は「……しかしながら邪悪な行為を行うことなしに、支配権を救うことが困難なばあいにはその悪徳の評判を気にするには及ばない」とも述べる。それまでの統治の思想といえば、正しい権力行使、良き統治、正統な支配を論じたものであった。しかしマキアヴェッリのものには正邪・善悪を議論する余地はない。野心・貪欲でうごく人間を支配するためには恐怖に訴えるしかない。恐怖を端的に担保するものは武力である。理念や説得ではなく、外的・物理的強制こそ統制手段たりうるのである。ここには強烈な軍事優位思考がみられるが、なによりも手段を選ばぬ戦術選択を推奨する「マキャヴェリズム」が目を引く。「君主論」においては、君主の義務・道徳的規定などはない。あるのは支配権を打ち建てる技についての議論だ。

古代ギリシアのアリストテレスの「ポリス的動物」観においては、第一に、人間はポリスという共同体形成に向かう性向をもつ、そして第二に、人間は自らの本能をポリスにおいて実現する動物である、という見方が基本にあった。だがマキアヴェッリにあっては、ポリスと人間の自然(本性)は反発している。非ポリス的な動物を、諸手段を用いて教育し、社会関係(共和国)を可能とさせることが必要なのであり、その技が求められている。また、都市国家は政治的軍事的効果の観点から構成されるため、宗教や倫理と政治的共同体は分裂している。これが現実である。ここに必要なのは、良き統治よりも強力な支配である。正義の実現よりも治者・被治者の安全である。人間の本性は政治生活で完成されるのではない。自由とか幸福といったことは私的領域において秘めやかに享受する(=私化)ほかないだろう。そして、この「私化」が本当に大切なことであるなら、政治的強制は「私化」の代償（コスト）である。またこの世界では政治的有効性と倫理的妥当性は相互に交わることのない平行線のようなものだ。政治はそれに固有の理屈が働く自律した領域である。このように考えるマキアヴェッリにとっては、「政治と倫理」という観点や「政治の倫理」という議論は居場所を持たないのである。これが彼の愛されない理由であろう。

マキアヴェッリは何冊かの歴史書を書いた。君主にとって歴史における先例を無視することより大きな危険はない。歴史は政治に対する手がかりである。しかし、経験則ではうまくゆかないのも事実である。われわれは、計算と予測を一切拒む不安定で不規則な、気まぐれな世界に生きている。人の世には理性を越えた、気まぐれな力が支配している。これが運命（fortuna）である。人がこれを逃れるすべはないのである。しかしながら、自己の強いエネルギーで運命を利用したり制圧したりすることもできる。この肉体的・精神的な行動のエネルギーがヴィルトゥー（virtu，能力・手腕・力量）であり、その尋常ならざる所有者が君主である。個人のみならず民族や国家にもこの能力が働くことがある。「運命は転変する。……私の判断によれば慎重であるよりも果敢であるほうがよい。なぜなら運命は女神であり、彼女を征服しようと思うなら打ちのめしたり突いたりせねばならぬから」（佐々木訳『君主論』一九四頁）。

✣武装自弁の市民軍

この同じ『君主論』の一節には「経験によれば自ら軍事を処理する君主と、自ら武器をとる共和国のみが非常な隆盛を達成し、これに対して傭兵隊は損害以外の何物ももたらさなかった。そして自らの軍隊を備えている共和国は外国人からなる軍隊で武装している場合よりも、一人の市民に従属することは少ない」(同一〇八頁)とある。同時代の経験からマキアヴェッリは、傭兵による国防の危うさを自覚した。傭兵隊長による国権簒奪の例は少なくなかった。いきつくところ、古典古代の理念、すなわち武装自弁の市民による軍隊が推奨された。市民が自らの命をかけて国を守るのである。市民の国政参加の極みとも言えるこの形態は、ギリシアのアリストテレスの人間観である「ポリス的動物」という捉え方に最も良く適合する。

この兵制についての考え方は、古典古代以来、西洋の政治思想の歴史に脈々と流れる共和制思想を受け継ぐものである[★1]。古典文献研究に優れていたことが彼の出世の道を容易にしてくれたことを思えば、彼がこの考え方に馴染んでいたのもうなずける。市民全体の公的活動への参加によって秩序を保持することが市民の自由を保障すると考えられた。これを「善き統治」の形態としたのが共和制の思想である。だがこれは、さきに記した「私化」のコストとしての政治という見方と両立するであろうか。――正直に記そう。そもそもマキアヴェッリの思想を以上のように整理することが正しいのかどうか、筆者に確たる答はまだない。

2　北方ルネサンス

エラスムス（一五六六〈六九？〉〜一五三六年）

人文学復興の運動の高まりによって人文主義思想がアルプスの北へと伝播・拡大していった。北方とはこの場合アルプスの北を意味する。北方ルネサンスを代表するのが、ロッテルダム生まれのオランダの人、エラスムスである。はじめ聖界に入ったが古典研究を深め、人文学の目で聖書を解読する聖書文献学の流れに棹さして活躍した。彼は抜きん出たラテン語能力を発揮し、おりからの印刷技術の普及の波に乗ってヨーロッパ知識層の寵児といえるほどの名声を勝ち得た。知識人の共通語はラテン語だったから、ローマ帝国没落以来の広い範囲での知的交流が深まる中で彼の著作はひろく求められた。一五〇〇〜二年にはギリシア語も学び、聖書の理解を深めた。『格言集』『名言集』『語彙表現法』など多くのベストセラーがあった。

彼の立場は哲学と神学の結びつきを目指したものとされる。知恵と信仰の関係で言えば、まず知恵とは自己をよく知ることであり、理性は情念を克服して正しい方向に導いてくれるものだ。だからここでは良き学問が役に立つ。そうして得られた知識は、聖書の理解を助けてキリスト教をよく知ることを可能にしてくれる。そして儀礼としてではなくキリストに真の祈りを捧げることによって、聖書の知恵を身に帯びることができる、とした。

人文主義者の彼は人間理性を信頼した。野心に満ちた君主がキリスト教という愛の共同体に混乱を起こす。戦争はそのように起こされる。しかし、人間が誠意を尽くして平和を望めば平和を得ることは可能である。このように説くエラスムスは、君主に対して善き意志と賢明さを求めたのである。彼は、スペイン王カルロス一世(神聖ローマ皇帝カール五世)の顧問官という名誉称号を得た。マキアヴェッリのまさに対極をいったのである。

とはいえ彼は、現実のローマ教皇庁のあり方をそのまま肯定してはいなかった。たしかにヨーロッパ文化世界の統一性と隆盛の保護者としての「ローマ」という面はあった。だが、人間完成の哲学の眼で聖書を直接に読むことは、儀礼と権威に頼る現実の姿への批判姿勢(反ローマ)を強めることにもなった。

トマス・モア(一四七八〜一五三五年)

モアはエラスムスと既知であった。エラスムスの有名な戯作『痴愚神礼賛』はモア宅で執筆され、モアに捧げられたものである。モアはロンドンに生まれ、法律を学び、議員や官吏の職を経て、最高位の大法官にまで登りつめた。国王ヘンリ八世の離婚問題にからんで大逆罪とされ、ロンドン塔で斬首刑に処せられた。国王の離婚を認めぬローマ教皇を敵に回すことで、国王を首長とする英国国教会が成立する(首長令、一五三四年)のだが、モアはこれに反対であった。彼はカトリック的信仰によるヨーロッパ世界の連帯を求めたのである。

彼の代表作『ユートピア』は一五一五年にフランドルでまず第二部が先に、おそらくはエラスムス宅で書かれた。出版は一五一六年である。一五一五年にモアが外交使節としてベルギーへ来たときのこと、アントワープ滞在中にジャイルズ氏と知り合って、彼の友人ラファエル・ヒスロディを紹介され、彼の話を聴いた、という書き出しである。このように作品は現実から虚構へといつの間にか滑り込んでいる。話に現実味をもたせながらもヒスロディという「無駄話の達人」なる造語の人名を用いて茶化している。そうする必要があったのは、「第一部　国家の最善の状態についてのヒスロディの物語」と「第二部　(ヒスロディがユートピアを語る)」の二部からなるこの作品が、第一部でイギリスの現状を手厳しく批判しているからだ。羊毛エンクロージャの展開が大量の流民を生み、貴族の家臣団の解雇とあいまって雇用口のない彼らが窃盗を犯して大量に絞首刑にされているといった現実の事態が、無駄話の達人の口を借りて語られる。

ユートピアという語もギリシア語による造語で、「どこにも無い場所」(no place)を意味するらしい。構成は、大航海時代の余波のなか、船乗りのみやげ話の体裁をとっている。その国では財産の共有制がしかれ、住居[★2]は一〇年ごとのくじで決められ、一日六時間の労働であるなど、生活諸部面にわたる叙述がある。トピックとして一番有名になったのは、金銀が便器や恥ずべきもののシンボルとして用いられていることだろう。貨幣も、人間生活の諸目的を実現するための手段が私有化されると、その手段が自己目的となる。私たちの世界では、手段に人間が従属するという転倒が起こっている。

だから〈人間の生活そのものを目的とする〉ユートピア国では、金を便器に用い、貨幣や私有財産が廃止されている……これは一つの読み方である。文人・思想家の作品史においては、このトピックは、シェイクスピア「アテナイのタイモン」やマルクス『経済学・哲学草稿』で再現する。またレーニン『国家と革命』では金は公衆便所に使われ、井上ひさし『吉里吉里人』では「キンカクシ」に加工して隠された、というオチまでそろっている。

パロディ化されたトピックは他にもあるが、なによりも「ユートピア」なる言葉がこれで確立したことは大きい。いまでは日本語でも通じる。語の意味も「理想社会」を指すものとなり、ユートピア文学というジャンルもあるようだ。モアのほぼ一世紀後、彼に次ぐ二人目の哲学者大法官となったフランシス・ベーコン(一五六一～一六二六年)もまた、科学知識の新たな体系化に乗り出して大規模な著作を準備する中で、モアの作品に触発されて自らの夢を語った断章を残した。それが「ニュー・アトランティス」である。

3 宗教改革

「エラスムスが卵を産み、ルターがこれをかえした」とは、法王庁のスパイ(?)アレアンデルの言葉だとされている。エラスムスはギリシア語新約聖書のラテン語訳である『新原典』(一五一六年)を著して神学者の名を確立した。彼は純粋な福音の把握、教会の浄化、教義の純化を求めたのである。

「信じ給え、キリストは実際には虚ろの声にはあらず。愛、純朴、忍耐、純潔、要するにこれこそ彼が教えしすべてのものに他ならぬことを」として、単純なキリストの哲学を示し、また、キケロやセネカなどギリシア・ローマの高貴な人々には啓示が現れていたとして、プラトンの哲学とキリストの哲学の一致を説いた。人文学者による聖書文献学はこうして源泉への呼びかけを、つまり原典と人間の良識や理性へと戻ることを訴えることとなった。源泉への回帰は現実世界では現状の改革の訴えにつながるものである。エラスムスの人文主義は伝統的なローマ教皇庁の教えとは相容れない。だが彼の姿勢がカトリック体制およびその信仰のうちに留まろうとするものであるのは明白であった。

ルターと宗教改革

✣贖宥状批判——発端

ドイツのザクセン地方に生まれ、若き日に強烈な回心体験を経て修道生活をおくった後、大学で神学と哲学を講じていたマルティン・ルター(一四八三〜一五四六年)は、一五一七年一〇月三一日、ヴィッテンベルクの教会(シュロスキルヘ)の扉に「九五ヶ条の論題」を貼った。それは神学者としての彼がローマ教会の贖宥状(免罪符)販売を批判するためにラテン語で書いた教義論争文である。「真の悔い改めがあればキリスト者は罪と罰から救われており、贖宥状なしにそれがなされる」、「聖ペテロ教会建設費用になぜ貧しい信者の金銭を使うのか」と。これが宗教改革の発端となった。

贖宥状販売による金あつめには、当時のローマ教皇選挙制度とドイツ領邦体制(皇帝と七選帝侯)のあり方、それに、フッガー家の利害も絡んだ世俗的な力学の背景があった。また贖宥状には、神聖ローマ帝国の一定地域内でミョウバン取引に携わるものには効果がない、ということまで書かれていた。つまりフッガー家の独占的扱いの保護を狙っていた。神学論争は世俗体制への批判にもなっていたのである。教皇庁が「ルターを異端とする」ために用意した討論会でも一歩も退かず、教皇の破門警告も拒絶したルターは身の危険を感じて、一五二一年、庇護者であったザクセン選帝侯フリードリヒ三世の下に身を隠した。このときに新約聖書をドイツ語に訳している。ギリシア語原典のエラスムスによるテキストによった。

ルターは改革運動を開始したとき、エラスムスに支持を求めようとした。彼の出発点は「義《ただ》しき人は信仰によって生きる」(ローマの信徒への手紙一-一七)、つまり善行を積むことではなく、聖書に記されたキリストの福音を信じること(=信仰)によってのみ救われる、であった。だが主知主義的に平和を望むエラスムスと、宗教的に魂の安らぎを求めるためには一戦をも辞さぬルターという、いわば臆病な知識人と激情型生活・運動者の気質の違いもあって、二人は決裂することとなる。

✣自由意志と神の恩寵の関係

エラスムスはルター神学批判を求める教皇庁にせかされて一五二四年に「自由意志論」を発表した。彼はこう説いた。人は、万人に与えられた「自然的恩寵」である自然の光(理性)の働きで善きことを知る。この第一原因に第二原因たる人間の自由意志が作用することによって善き業がなされる。この善行が第三原因としての恩寵によって聖化がなされる。恩寵の必然論と自由意志論の中道をゆくエラスムスであった。

翌一五二五年にルターは「不自由意志論」(奴隷意志論)でこれに反論した。神の予定と人間の無力ということを明確にせぬ者は懐疑論者にすぎない。人間の救いが自由意志によって達せられるというなら、人間の罪をあがなってくれたキリストの十字架は無意味だったことになる。逆に自由意志で救いが得られないとしたら、自由意志とは何なのか。こう論じるルターは、自由意志を否定してあくまでも恩寵の必然を主張する。彼の立場は、自由意志を認めることは業によって救われることとなってしまう、信仰によって救われるというのが正しい道である、というものであった。

❖『キリスト者の自由』(一五二〇年)

ルターの基本的思考を知るのに適した文書が『キリスト者の自由』である。三〇章からなり、第一章「キリスト者はすべてのものの上に立つ自由な君主であって何人にも従属しない。キリスト者はすべてのものに奉仕するしもべであって、何人にも従属する」から始まる。この表見的矛盾を解決するという構成である。キリスト者はみな霊的と身体的の両性質をもっている。これを内なる人と外なる人と言おう。前者、つまり魂に関しては信仰によって義とされる。後者は、地上で身体的生活にとどまっており他人と交わって生きる。ここから上の矛盾が出てくる。

人間を救い、真に自由にするものは行いではなく、神の言葉、聖なる福音のみである。なぜ信仰のみが人間を義とし、自由にするか。聖書全体は、神の戒め（おきて）と、契約つまり神の約束とに分けられる。おきてが与えられるのは、その厳しい内容によって人間が自己の無力を悟り、自己に絶望することを学ぶためである。おきてによって打ちのめされ、自己に絶望した人間は真に謙虚となって、おきてを満たすために、自分以外に助けを求め、神の約束の言葉であるキリストを信じるにいたる。こうして魂は信仰のみによって義とされ、真理と平和と自由を与えられ、霊的には万物の支配者（君主）となるから、あらゆる罪と災い、死に対してまでも打ち勝つことができる。

では外なる人の世俗の生活はどうか。恩寵により、信仰により救われたキリスト者は、神と隣人への奉仕のためにすすんであらゆることを為すべきである。それは神の救いの恩寵に対する感謝と、隣人への自由な愛からなされるべきものである。行為による救済を求めるといった誤った考えでなされてはいけない。

こうして最終第三〇章で「……キリスト者は、自分自身に生きないで、愛によってキリストと隣人のうちに生きる……。彼は信仰によって自分を超えて神へと登り、愛によって再び自分へと下るが、つねに神と神の愛のうちにとどまる。……見よ、これが真の霊的なキリスト者の自由であって、それはあらゆる罪やおきてや戒めから心を自由にする……」と、当初の矛盾が解かれる。

聖書の翻訳

ルターは「信仰のみ」の立場を堅持した。中世以来の基本問題「救いの確かさ」に「信仰のみ」で答えたのである。これは、善き業によって救われる(Werkheilichkeit, 行為救済論)とか、儀式によって善とされる、ということはないことを意味する。また「万人祭司主義」という万人の平等性を説いた。『キリスト者の自由』第一七章では「キリスト者はみな祭司である」としている。聖書は「神の言葉」であるが、信徒一人ひとりが神の言葉を知ることができなくてはならない。かくして教皇庁の独占的聖書解釈を批判し、聖書のドイツ語訳を行った。ちなみに、よく近代英語の基はシェイクスピアが作ったと言われるが、同様にルター訳聖書が近代ドイツ語の礎となったことも広く認められている。

さて万人祭司主義という考え方からすれば、世俗的職業と聖職とは無差別となる、つまり救いの観点からそこに貴賤の区別はなくなる。その結果、修道院制度による禁欲の在り方も否定されることになろう。「私たちはことごとく洗礼によって祭司として聖別されたのである」(ドイツのキリスト者貴族に与える書、一五二〇年)。人は善行で義となるのではなく、信仰で義となる人はその行為も義である、ということになると、そこから、万人の日常生活、世俗の行為を、義なることを証明する場とする見方はいわば必然的に導き出せるであろう。世俗生活は、『キリスト者の自由』第三〇章で言われるように、神への感謝と隣人愛の実践の場という意味づけを得たのである。

✤トマス・ミュンツァー

ドイツ農民戦争(一五二四〜五年)の思想的指導者とされるミュンツァーは、当初ルターを支持していたが、救済の方法を聖霊信仰に見定めるとルター批判を展開した。革命の神学とも称される彼の神学では、真の救いはカトリックの「善き業」でもルターの「文字信仰」によるものでもない。聖霊が選ばれた人に啓示を与えるのである。こうして彼は、聖霊による啓示を受けた指導者に導かれた信徒が「地上における神の国」建設に向かうというヴィジョンを示した。農民戦争はドイツの領邦国家体制を揺るがす動きとなった。

ルターはこの領邦体制の権力バランスのおかげで生き延びることができたと言えるし、また自らの信仰のあり方を支えてくれるのがこの体制であることも知っていたから、宗教政策的にみてもこの農民戦争を抑え込む必要を感じていただろう。彼は、人間は霊においては霊的統治の下に、身体と財産においては世俗的統治の下にある、という「二つの王国」論を展開して、現存階層秩序の是認の立場を明らかにし、農民戦争の鎮圧を支持した。

このあとの宗教改革の展開は次章ですこしだけ触れることになる。ルターによって始められた運動を継いだカルヴァンとカルヴィニズムの展開がヴェーバーの「倫理」論文の主内容をなすので、ヴェーバー命題の説明の限りで、ということになるのだが。こうして私たちはまたヴェーバーの小径に戻ることにする。ただその前に、ルネサンスと宗教改革という二つの大きな思想運動について、ここでの筋を理解するのに都合のよい整理をしてくれた文献について触れておく。

4　小括――トレルチ

ヴェーバーの友人であった高名な神学者エルンスト・トレルチ（一八六五〜一九二三年）は、「ルネサンスと宗教改革」（一九一三年）という論文で近代初頭のこの二つの運動を興味深い仕方で特徴づけた。彼は「万能人対職業人」という対比を提起する。

万能人とは、個人的能力の多面的教養への欲求を満たす人間であり、教養人・文化人と呼ばれる存在だ。彼らは無職業たることを求める自由人である。そのため経済的よりどころを求めて支配権力に結び付かざるをえない。したがって社会学的には権力寄生的存在である。彼らに抱かれたルネサンス的生活理想は、現実には封建的貴族・騎士に親近してゆくこととなる。それゆえルネサンス人の現世肯定の精神は近代文化の現世肯定精神に直結しない。

これに対して職業人とは、現世で過ごす人生を天国のための試練とみなす人である。世俗の生活は義なる人の自己確証の場である、というのがプロテスタンティズムの強調するところであった。そこには、罪多き現世を神の摂理に従ったものにする、つまりは造り変える、という意味での現世肯定が認められる。旧職業身分体制は解体されて、自由な愛、健全な規律の実行の手段へと再編された。彼らは現世の意味づけを変えたのである。

トレルチは「社会学的造形力」という視点を設定して、そこから以上のような評価を下している。視点を限定してのルネサンスのネガティヴ評価であることに注意しよう。先がある。一八世紀の啓蒙主義にまで目をやれば、啓蒙主義が此岸的・楽天的精神であり、ルネサンスが創造した新たな自然科学と結びついていることが分かる。

人間のまさに人間たる領域内（ヒューマニティ）に終始せんとするルネサンス精神は、このように啓蒙主義が形成されてゆく過程のなかで、周知のように結局プロテスタンティズムを自己の見方にひきいれつつこれを克服してしまった。（内田芳明訳『ルネサンスと宗教改革』岩波文庫、七〇頁）

トレルチはヨーロッパ史に「預言者的・キリスト教的な宗教世界」と「古代の精神文化」との根元的な対立が貫徹している（内田訳七四頁）と見て、この両者の融合と反発という緊張の様相を近代精神史のうちに描いたのであった。私たちのヨーロッパ史像を形作る要素としての「ルネサンスと宗教改革」は、いずれも源泉への呼びかけが現状批判の動きとなったものである。歴史像のイメージづくりには、長い時間スパンの観察が必要なようだ。

参考

マキアヴェッリ『君主論』佐々木毅全訳注、二〇〇四年、講談社文庫。
ルター『キリスト者の自由・聖書への序言』石原謙訳、一九五五年、岩波文庫。
野田又夫『ルネサンスの思想家たち』一九六三年、岩波新書。
ホイジンガ『エラスムス』宮崎信彦訳、一九六五年、筑摩書房。

註

★1――この三〇年以上にわたって議論されてきたシヴィックの思想(civic humanism paradigm)とは、一九七五年に出されたJ・G・A・ポーコック『マキァヴェリアン・モーメント――フィレンツェの政治思想と大西洋圏の共和主義の伝統』(田中秀夫・奥田敬・森岡邦泰訳、名古屋大学出版会、二〇〇八年)で提起されたものである。波紋は大きく、テキストの読み方に始まる思想史の研究方法から、一七世紀初頭以降のスコットランド啓蒙の内容理解にまでおよぶ。

★2――モアのこの住居の具体的イメージはどこからきたのか。諸田實『フッガー家の遺産』(一九八九年、有斐閣)ではフランドルのベギンホーフを想定している。この書と諸田『フッガー家の時代』(一九九八年、有斐閣)は、アルプスの南北にまたがるフッガー・コネクションを描く。南北の宗教・技術・政治・経済等諸々の関係を一体として伝えてくれる叙述は貴重である。

第4章

プロテスタンティズムの倫理

この章では、宗教改革のなかに生まれた「禁欲的プロテスタンティズムの天職倫理」を知ることを課題とする。これはヴェーバーの「倫理」論文の第二章のタイトルでもある。この論文では、ルター訳聖書の歴史的意義の検討に始まり、諸教派・諸信団の具体的な叙述がなされているが、ここでは割り切って「命題」を支えている内容を要約的に整理する。第1節は、前章末尾のトレルチの整理を人間観のレベルで受けとめておくことが宗教改革の理解を助けるのではないかとの老婆心から、蛇足的に記したものである。

1 人間観

古代アテネのソクラテス（BC四七〇？～三九九年）の話。彼は「無知の知」という言い方で、無知を自覚して知を探る方法を教えた。これは産婆術とも言われる。今日のメソッド（方法）という語は元来「メタ＋ホドス＝知に到る道」を意味していた。ソフィストたちが徳の教育者として弁論術（レトリケー）を重視する風潮にあり、その彼らから嫌われていたソクラテスは、彼らが「ピュシス＞ノモス」という形で、自然（本性）が人為（法・規範＝真ならざるもの）にまさる、と論じたのを逆転させた。ソクラテスは、市民とポリスの約束である法をまもり「善く生きること」こそが正義である、と説いた。ソクラテスは周囲の奸計にあって裁判にかけられた。積極的な弁明もおこなわずに彼は死罪の宣告をうけたが、アテネを去って生き延びるという選択肢も事実上認められていた。ところが彼は死を選ぶ。法に従って下された判決に服する途をあえて選び取り、自殺したのである。彼の自殺は同時代人に衝撃を与えた。衝撃を受けた一人であるプラトンの手による『ソクラテスの弁明』で私たちはことの顚末を知ることができる。自然ではなく人為、つまり人間が定めた法に従ったのだ。法とは、ポリスの秩序を守る規範として市民の合意により成ったもののだということは受入れておこう。それにしても「悪法も法なり」的なところがあって、どうも釈然としない何かを感じる。とはいえこの「自然」性を克服した善き生き方を選択するという話には考えさせられるところが多い。善き生とは人間の本性を克服したところに求められるものなのか。

キリスト教といえば、まず「汝悔い改めよ」を想起するような宗教音痴の筆者だが、あながち見当外れとも思えないのだ。人はその存在自体が罪深いものだから、そのことを自覚し反省して悔い改め、神の言葉に従って生きよ、と教えているのではないか。ここには、人は欲深いもので、放っておくと欲望のままに悪事をなす生き物だ、という人間観が見られる。つまり悪に至る欲を克服して、人を倫理的に正しく導こうとする姿勢が見られるのだ。そう考えること自体、人間の小賢しい知恵のなせるわざである、と批判されそうだが、しばらく小賢しいままで推論してみよう。

悔い改めの要請は「性悪説」を前提にしているように見える。しかし、それなら本性が悪とされる罪深き人間が、なぜ悔い改めて「善き」生を営むことは可能だとされるのか。どうも性悪説・性善説のような発想自体が拒まれているようだ。人の悪の部分、罪深さについては、ナザレのイエスが自らの死ですべてあがなってくれたのだから、人はみな、そのことをきちんと知り、感謝して神の言葉に従うことができるようになったのだ――ということか。ならば、私は正しく生きてきたし、イエスにあがなってもらう必要などない、という人はどうか。そういう人は信仰に遠い存在となろう。自らのうちに信仰への欲求が乏しいからだ。逆に言えば、自己の正しくないことを自覚した者は、それだけ神の言葉への欲求が強いことになる。だから善き道を生きてこなかった、つまりは貧しい心で生きてきた人の方がそれだけ信仰による救いにあずかる可能性が高いわけだ。聖書にも「こころ貧しき人は幸いなり」(マタイ書五章三節)とある。

ここまでくると、「私は正しく生きてきた」という人の自覚についても、その根拠が問われることになりそうだ。それは人間の小賢しさがそう判断しているだけではないのか。倫理的な正しさを人は自分を根拠に主張できるだろうか。悔い改めよという要請は、性悪説・性善説を超えた、人のあり方を丸ごと請け負ってくれる神への帰依を説いているのではないか。悔い改めた人は神の言葉によって生まれ変わる、つまり再生する――。ここで止めておこう。この構図には徹底した人間の「自然」

性克服が説かれているように思われる。
ルネサンスでは人間の本性＝自然そのものが評価された。だが自由に自らを形作るという主張には危うさが付きまとった。放縦に歯止めがかけられる保証がない。ここに、ヨリ良く生きることを選び取ろうという指向性が、信仰への回帰という形で現われた。前章に見たトレルチの論稿は、宗教改革にみられるこうした側面をうまく捉えていたのではないか。再生した者たちの活動の場は職業とされていた。これで話が終わるわけではない。

2　ルター訳聖書

第3章を読んだ人に第2章の続きを説明する場となった。ヴェーバーの「倫理」論文では、ルター訳聖書についての考証が注の中でながながと行なわれている。ギリシア語やヘブライ語まで出てくるから素人では歯が立たない。結論的に述べられていることを、一つの注の中から引用しておこう。

ルッターの聖書翻訳以前には、ドイツ語のBeruf、オランダ語のBeroep、英語のcalling、デンマーク語のkald、スウェーデン語のkallelseなどの語は、どの国でも、現在のような世俗的な意味には決して使用されていない。（大塚訳一〇一頁）

ルッターは、さしあたって、まったく異なった二つの概念を〈Beruf〉と翻訳している。第一はパウロの用いているクレーシス（κλησις）で、神によって永遠の救いに召されるという意味だ。『コリント人への第一の手紙』一章二六節、『エペソ人への手紙』一章一八節、四章一節および四節、『テサロニケ人への第二の手紙』一章一一節、『ヘブル人への手紙』三章一節、『ペテロの第二の手紙』一章一〇節などがそれだ。これらの場合のクレーシスは純粋に宗教的な概念で、使徒の宣布した福音を通じて神のなし給う招きを指すに過ぎず、今日の意味における世俗的な『職業』とは、いささかの関係もない。ルッター以前のドイツ語訳聖書には、こうした場合〈ruffunge〉とあり、また、たとえば〈von Gott geruffen〉とする代わりに〈von Gott gefordert〉ともされている。——第二に、ルッターは〔先述した〕『ベン・シラの知恵』の一句として七〇人訳には ἐν τῳ ἐργῳ σου παλαι ωθητι および και εμμενε τῳ πονῳ σου とある箇所を、〈bliebe bei deiner Arbeit〉ではなくて、〈beharre in deinem Beruf〉および〈bliebe in deinem Beruf〉と翻訳し、その後のカトリックの（公認された）翻訳聖書も、この箇所では端的にルッターに追随している。ルッターによる『ベン・シラの知恵』のこの箇所の翻訳は、私の知るかぎりでは、ドイツ語の〈Beruf〉が今日の純粋に世俗的な意味に用いられた最初の場合だ。（大塚訳一〇二～三頁）

手元の聖書をみると、旧約外典シラ書（ベンシラの智慧）には、「自分の**つとめ**を果たしながら年老いていけ」「主を信じておまえの**労働**を続けよ」といった表現が出てくる。仕事や労働という世俗のことば＝観念（Werk, Arbeit/work, job）に対して、ルターは、正確にはルターら翻訳者たちは、それまで聖職者に召命（神に呼ばれること）の意味で使われていたことばを充てた。そしてこのことによって、世俗の職業がそれ自体で、神から与えられたこの世の務めすなわち天職であり、この職業が自らの正しい生き方を証明する場である、という観念が生まれたのである［★1］。

ヴェーバーはルターを以下のように描いている。宗教改革を始めた頃の彼は、職業は救済とは関係のない被造物のことがらと見ていた。だからどんな職業でも身分でも救いに達することができるし、職業のあり方を重視するなど無意味だと考えていた。だが現実の活動を進める過程で職業労働の意義を重視し始めたばかりか、彼は「ますます、各人の具体的な職業は神の導きによって与えられたものであり、この具体的な地位を充たせというのが神の特別な命令だ、と考えるように」なっていった。さらに再洗礼派との抗争やドイツ農民戦争ののち、各人に与えられた地位によって成り立つ現世の秩序自体が神の意志の発現だと考えるようになり、伝統主義的な見方を強めていった。そしてルターは、「各人は原則としてひとたび神から与えられれば、その職業と身分のうちに止まるべきであり、各人の地上における努力はこの与えられた生活上の地位の枠を越えてはならない」という「聖慮（みこころ、Schickung）」の思想に応じた伝統主義的な態度に傾いていった（大塚訳一二二頁）。

宗教改革を始めた人物、聖書独訳により天職観念を生んだ人物として、ルターの名はヴェーバー命題のストーリー構成上欠かせないものだが、その後の展開の中では、ルター派は禁欲的プロテスタンティズムには含まれない。いま記した伝統主義的な職業観念が、その後のカルヴァン派を中心として進められた宗教と職業労働との結びつきの新たな原理的基礎づけの方向には向かなかった、ということがその理由である。

3 カルヴィニズム――禁欲的プロテスタンティズムの職業倫理

先述したように、ヴェーバーはルター派を禁欲的プロテスタンティズムには含めず、以下の4つを挙げた。①カルヴィニズム、②敬虔派、③メソジスト派、そして④再洗礼派から生まれた諸信団（セクト）、である。なかでも資本主義の発展が高度だった地域に浸透したカルヴィニズムが主要な検討対象となる。実際にはそれぞれが影響しあっていたし、名前が同じでも現実の具体的な姿はじつに多様だった。そこでヴェーバーは、現実に対して思惟の暴力をふるい、対象をいわば論理的に加工して整合的な「型」を作って説明する、というやり方をとった。上記①〜④はそうした型の名称と受けとっておこう。

ここで問題とされることは、神学で扱われるような各派の宗教的教理それ自体ではない。特定の教理をもとにした場合、それが信徒の生活態度にどのような方向性を与えたか、ということが問題とされる。いわば行為の心理的起動力をつかもうとするのだ。それゆえ教理が信仰生活をどう規定したか、またその信仰生活が生活全体とどう関連したかを見なければならないので、ある程度は教理につきあう必要がでてくる。なお、教理は宗教的な理屈だて、教説は教理を基にした教えの体系というほどの意味で用いる。

予定説

カルヴィニズムといえば「予定説」となるのだが、カルヴァン(一五〇九〜一五六四年)が予定説を充分に展開したのは『キリスト教綱要』第三版(一五四三年)であり、これが教説の中心と認められたのはカルヴァンの死後の宗教会議でのことだった。予定とは、創造主が人間の死後の運命を、その人が生まれるまえにすでに決めている、というものだ。「恩恵による選び」の教説とも言われる。ヴェーバーが一六四七年の「ウェストミンスター信仰告白」から引用した、そのまた一部を引用する。

神はその栄光顕彰のために、その決定により、ある人々……を永遠の生命に予定し、他の人々を永遠の死に予定した。/神は、全人類のなかで、永遠の生命に予定したこの人々を、世界の基礎がおかれるに先立って、神の永遠にして不変なる目的と、測るべからざる、かつ最善なる意志にもとづき、キリストにおいて永遠の栄光へと選定した。これはすべて神の自由なる恩恵と愛とによるのであり、決して信仰、または善行、あるいはそのいずれかが持続することや、さらにまた、その他のいかなるものをも、(予定へと)神を動かす条件または理由として、被造物のなかに予見したのではなく、神の恩恵が賛美されるために選んだのである。(大塚訳一四六頁)

一人の信徒が祈りにおいて宗教的な救いの感情を得た(と確信した)としよう。そのとき、その人はそれが自力で可能になったとは思わない。それを神の測りえぬ決断によるものだと感じるのが宗教的達人（エリート）のありうる姿であり、ルターも自らが恩恵の状態に達した（と確信した）ときには、神の決断のゆえと意識したそうである。このように、古くより、恩恵をうけることはいかにして可能か、またその状態は喪失するのか、再獲得はどうか、といった一連の議論と論争が存在した。諸々の解釈は自己の教理としての整合性を整えて主張しあうことになる。ここでは、教理の固有な論理の展開のなかで、このようなカルヴィニズムの教説が成立した、と受けとめておこう。一方に永遠の生命を、他方に死を予定したので、二重予定説というのが正しい。それにしても、私たちにはあまりに恐ろしく、また非人間的なものと映る。この時代には、この恐ろしいまでに人間と隔絶した神のイメージを分かりやすく描いた旧約聖書のヨブ記が好まれたという。

宗教改革の時代に生きる人びとにとって永遠の救いは重要な関心事だった。そこにこの非人間的な教説である。インパクトは絶大だった。その結果、個々人の内面に恐ろしいまでの孤独感情が生じた。だれも、何も助けてくれない。説教者も、聖礼典も、教会も。そして最後に神さえも。教会や教会の執り行う聖礼典による救いを否定したことは、カトリックと決定的に異なる。洗礼や聖餐、告解などの聖礼典はその呪術の力で信徒の救いを保証してきたが、人間の造りだしたそのようなものの意味は剥ぎ取られた。ヴェーバーは、「古代ユダヤの預言者とともに始まり、ギリシアの科学的思考と結合しつつ、救いのためのあらゆる呪術的方法を迷信とし邪悪として排斥した」宗教史上の偉大なる「世界の脱呪術化過程」がここに完結をみた、としている（大塚訳一五七頁）。ちなみに「倫理」原論文にこの一節はない。ヴェーバーの関心が広がり、当初の問題関心にはなかった、カルヴィニズムを頂点とする「世界の脱呪術化過程」という長い歴史の捉え方がここに表現されている。

エリートと大衆

ルターやカルヴァンの場合、自分が選ばれて救いの状態にあることの確信を微塵も疑わぬところが宗教的達人の達人たる所以であろう。ルターはこの思想を捨てることはなかったが、活動の過程でこの思想は後継に退いてゆく。ルター派の聖職者たちは、恩恵は喪失可能で、「悔い改めによる謙遜と信仰による神の言への信頼と聖礼典とによって」(大塚訳一五二頁)再獲得される、と考えた。時間が前後するが、こうした教義上の議論のなかでカルヴァンは予定説を体系化し、それを受け継いだカルヴィニストたちが先の引用のような定式を行なったのである。

カルヴァンも自らの救われていることには確信をもち、「神が決定し給うたのだという知識と、真の信仰から生じるキリストへの堅忍な信頼をもって満足しなければならない」とした。そして「人々が選ばれているか捨てられているかは彼らの行動によって知りうるとの臆見に対しては、これを神の秘密に立ち入ろうとする不遜な試みだ」として斥けていた。

だが大衆(平信徒)はそれでは済まない。またカルヴァンの後継者、平信徒を指導する牧師たちも、現場ではそれで済まされない。大衆は、救われているかどうかが知りたいのだ。自分では救われていると信じてはいても、それを知りうる「救いの確信」がなんとしてもほしい。こうしてカルヴィニズムの予定説を受け容れた地方ではどこでも「『選ばれた者』に属しているか否かを知ることのできる確かな標識があるかどうかという問題」がかならず生じ、それが議論の中心的意義をもつこととなった（大塚訳一七三〜四頁）。

牧会活動においては、堅い信仰だけが確証するとして済ますわけにはいかない。予定説が信徒の内面に呼び起こした不安や苦悩を相手としたとき、いわばカルヴァンからカルヴィニズムへの変質が起こったのである。

カルヴァンの言ったことを繰り返すのではなく、「恩恵による選び」の解釈をアレンジして穏健化し、結局は放棄するという道もあっただろう。だがその方向は取らない、いや取りえないカルヴィニズムでは、信徒に以下のような二つの勧告を行なうことが特徴だったという。

職業労働の意味づけ

まず一つは、あくまでも選ばれていると考えることで疑惑を悪魔の誘惑として斥けることを義務づけた。確信のなさは信仰不足の結果であり、恩恵の働きが不足しているからだ、とされた。この勧告を主体的に受けとめるなら、信徒は「日ごとの闘いによって自己の選びと義認の主観的確信を獲得する」義務を負っている、と解釈できる。その実践は信徒を自己確信に満ちた「聖徒（聖人）」に鍛え育てることにつながった。

もう一つは、「そうした自己確信を獲得するための最もすぐれた方法として、絶えまない職業労働をきびしく教えこむということだった。それが、それだけが、宗教上の疑惑を追放し、恩恵の状態にあることの確信をあたえてくれる」(大塚訳一七九頁)というのである。世俗の職業労働が不安の解消手段として薦められたことには背景がある。ヴェーバーの説明を追ってみよう。

ルター派では最高の宗教的体験として神との「神秘的合一(ウニオ・ミスティカ)」が追求された。これは信仰者の霊魂に神性が現実に入りこむという感覚であり、神秘主義と呼ばれるもので、中世のドイツにも見られたものだ。その特徴をヴェーバーは「神における憩いへの渇望の充足を求める受動的な性格と純粋に感情的な内面性」(大塚訳一八二頁)と記している。この神秘主義の現世にたいする態度は、当然外面的な活動への積極的評価を欠くことになる。さらにルター派の場合には、これに「原罪による人間の無価値」という観念が結びついて、世俗生活における謙譲と単純さを保つものとなっている。カルヴィニズムの確信に満ちた「聖徒」とは対照的だ。

カルヴィニズムを含む改革派の見方からすると、神的なものが人間の霊魂に入りこむなど、神の絶対的超越性からしてありえないことである。「有限は無限を包容しえず」である。この立場からすれば神と信徒の関係は以下のようなことになる。「神が彼らのうちに働き、それが彼らの意識にのぼる、つまり彼らの行為が神の恩恵の働きによる信仰から生まれ、さらにその行為の正しさによって信仰がまた神の働きであることが証しされる」(大塚訳一八三頁)というわけだ。

両者の対比は宗教意識の類型論として、以下のように概念化された。達人が救いを確信するパターンとしては、自分を「神の容器」と感じるか、「神の道具」と感じるかのいずれかだ、というものである。ルターは前者、つまり神秘的感情を育む方向であり、カルヴィニズムは後者、つまり禁欲的な行為に傾く。カルヴァンは自らを神の「武器」と感じたという。

神の道具として、職業労働に邁進する聖徒たち。彼らにとって善き業とは、救済手段としては無価値だが、選びを見分ける印としては不可欠となる。救いについての不安を取り除く手段として実践的に必要とされる。職業労働にいそしむことは、(教理上)神の意にかなうことであり、(心理的に)必要なことである。こうしてカルヴァン派信徒たちは救いの確証を自分で造りだす道を進んだのである。彼らは自らの生を「不断の組織的な自己審査」にかけることによって、いわば自ら救いを造りだすのであった。

そうしたあり方は他派の目には独善的と映ったであろう。さらには行為救済論だとの非難も浴びせられた。当然、反論がなされた。教理的に「業による救い」でないことは確かだが、善き行ないが救いの確信と、ついでに救いの状態までを造りだしているように、たしかに映った[★2]。

世俗内的禁欲

カルヴィニズムの神は、個々の善き業を求めたのではない。信徒は内面的緊張を弛緩させることのない生活を運命づけられた。こうして「日常的な倫理的実践から無計画性と無組織性がとりのぞかれ、生活態度の全体にわたって、一貫した方法が形づくられることになった」（大塚訳一九七頁）。彼らは生活の意味づけを変えることにより、自らを「自然の地位」から「恩恵の地位」に解放してくれる神の恩恵の働きを知ることになる。地上の行為はすべて天上の神への想いに規定され、この世は神の栄光を現わす場と捉えられて、徹底的に合理化されることとなった。この合理化はカルヴィニストの信仰に独特な禁欲的性格を付与した。さて、キリスト教的禁欲は、じつはカトリック世界ですでに完成の域にまで達していたのだった。「倫理」論文への批判者にもこの点を指摘したものがあった。

「祈りかつ働け」で知られる中世カトリック修道院の生活は、きわめて組織的な生活の方法論を作り上げていた。クリューニー派からシトー派、そしてイエズス会へと続く修道院改革の歴史のなかで、カトリックの禁欲は生活方法論として完成されたものになっていた。

それは、自然の地位を克服し、人間を非合理的な衝動の力と現世および自然への依存から引き離して計画的意志の支配に服させ、彼の行為を不断の自己審査と倫理的意義の熟慮のもとにおくことを目的とする、そうした合理的生活態度の組織的に完成された方法として、すでにでき上がっていた。そして、修道士たちを――客観的には――神の国の労働者として訓育するとともに、それによってさらに――主観的には――彼らの霊魂の救いを確実にするものとなっていたのだった。（大塚訳二〇一頁）

禁欲の目的とは「意識的な、覚醒しかつ明敏な生活」の遂行であり、本能的享受を抑えることを当面の課題とするから、信奉者の「生活態度を秩序あるものにすること」が重要な手段となった。この基本的特質は、カトリックの修道士生活の規律でも、カルヴィニストの生活上の原則でも、等しく表われている。問題はその先にある両者の違いだ。

カトリシズムが方法的生活を修道院内に限ったということはないが、宗教的な意味で方法的な生活をおくるのは修道士に限られる。彼らの生活は、カトリック世界では宗教倫理・信仰生活指針が最小限の要求である日常道徳より一層高きものとの観念があった。「世俗内的道徳を凌駕することこそが独自な聖《きよ》い生活」だとされていた。かくして禁欲的になればなるほどその人は日常生活から離れざるをえない、ということになる。

世俗内的道徳の過小評価を最初に取り除いたのがルターだとすれば、カルヴィニストはこれを彼から受け継いだにすぎなかったのである。結果としての差は明瞭にして決定的だ。「禁欲は純粋に世俗内的なものに造りかえられた」（大塚訳二〇五頁）のである。以上の説明で、世俗内的禁欲の実践として職業にうちこむ聖徒が登場する宗教的背景が明らかとなっただろう。

4　クウェイカー派

洗礼派

はじめに挙げた禁欲的プロテスタンティズム4類型のうち、敬虔派とメソジスト派は二次的現象とされたが、禁欲のもう一つの担い手が洗礼派およびその運動から生まれた諸セクト（信団）で、とくにクウェイカー派はカルヴァン派と並ぶ禁欲の独自な担い手とされた。これは改革派とは異なる教理を基礎にしたものであるから、ここで見ておこう。

洗礼派という言葉は、「みずから内面的に信仰を獲得し告白した宗教上の成人だけに洗礼をほどこす」ことを原理としたからである。この形式的な性質は、しかし、きわめて独特な教理に支えられており、人の信仰を義なるものと認める方法がカルヴァン派などとは全く異なっていた。彼らのいう義認は、個人的な啓示、つまり各人の内面における聖霊の働きにより、しかもそれによってのみ、キリストの業績を内面的に自己のものとすることであった。ならば啓示はどうやってなされるのか。人は待つしかない。だれにでも啓示がすぐに授かるわけではない。消極的に言えばそうなるが、積極的に言えば、すべての人に啓示が提供されるのだから、「ただ聖霊を待望し、現世への罪深い執着によってその到来に逆らいさえしなければよい」（大塚訳二六五頁）ということになる。執着をなくすには俗世間との関係を薄くするに限る。ちなみにこの現世回避的態度は洗礼派、クウェイカー派の重要な要素となる。

洗礼派の厳密に使徒の生活を模範とする生き方は、聖書に従うことから始まったにしても、聖書は神が預言者と使徒にあたえた言葉すべてではない。文書という過去の言葉よりも日々の生活のなかで信徒に聖霊の力として言葉を伝えてくれることの方が重視されてゆく。クウェイカー派では「究極の権威として理性と良心における聖霊の内面の証しに決定的な重要性を認めるという教説」(大塚訳二六七頁)が生まれた。救いの手段としての聖礼典の否定、ここにもカルヴァン派と並ぶ徹底した「世界の呪術からの解放」がみられた。

セクト原理

こうなると、教義の知識や悔い改めによる恩恵の獲得などは重要ではないことになる。そして啓示をえた者、神から覚まされ、召された者のみからなる教団を目指した。再生した者だけがキリストの同胞である。「なぜなら彼らはキリストと同様、直接に神から霊によって生まれた者」なのだから。彼らの団体はもはや教会ではない。教会とは、「神の栄光を増し加えるため」(カルヴァン派)または「救いの賜物を人々に媒介するため」(カトリックやルター派)に、そこに住む子羊たち全部を囲う公的制度(アンシュタルト)だったはずだ。洗礼派のそれは「信団」(ゼクテ・セクト、分派!)であり、教会を「共同体」とよぶなら「自発的結社」と呼ぶべきものである。信徒の団体のセクト的性格は、カルヴァン派にも出てきていた。かの聖徒たちは自らの恩恵の地位を信じて、破滅を運命づけられた者は神の敵であるとして憎悪と蔑視の対象とした。かつての修道士に代わり、世俗生活において救いの地位を確信した者たちの宗教的貴族主義が生まれた。こうした意識が強まれば、非再生者と同席することを拒み、「信ずるものの教会(Believers Church)」結成という、分派活動に至るのも容易に理解できよう。

洗礼派はセクトと呼ばれるのを拒否した。聖書には、キリストが教会を愛したのは「しみやしわやそのたぐいのものは何一つない、聖なる、汚れのない、栄光に輝く教会を御自分の前に立たせるためでした」(エフェソの信徒への手紙五−二七)とある。自分たちはまさしくこの意味での教会なのだ、と。ここでは、ヴェーバーが自発的に組織される結社をアンシュタルトと対比された原理のものとして「ゼクテ」(信団)と名付けたことを理解しておこう。

洗礼派系セクトでは、現世的執着との断絶を官職に就くことの拒否として実践していた。その系譜に立った良心的兵役拒否の思想は現在でも取り上げられることがある。公職につかず、生活態度のまじめで良心的な人々は、結果として職業生活に精を出すので、経済活動の重要な担い手となってゆく。

要約すると

われわれが本章でやや詳しく見てきた「倫理」論文の第二章第一節は「世俗内的禁欲の宗教的諸基盤」と題されている。ヴェーバーはこの節で、ピューリタニズムの天職概念の宗教的基礎を明らかにしようとしたのだが、末尾近くで成果をまとめている。それをまた短く以下のようにまとめてみた。

一、どの教派でも「恩恵の地位」を一つの身分と考えて、それを自然のままの生活等式とは異なる独自の行為で確証することでのみ保証される、とされた。

二、そこからこの地位の保持のため、生活の方法的審査と禁欲を浸透させようとする起動力が生じた。

三、この禁欲的生活様式は神の意志に合わせて生を合理的に形成することを意味し、救いの確証を求める者には必要とされる行為だった。

四、信徒はこれを世俗のただなかで行なうこととなった。

ヴェーバーのまとめのまとめは、「このような、来世を目指しつつ世俗の内部で行なわれる生活態度の合理化、これこそが禁欲的プロテスタンティズムの天職観念が作り出したものだった」(大塚訳二八七頁)というものであった。

5　資本主義の精神へ

残された課題は、ここまで見てきた禁欲的プロテスタンティズムの職業倫理と「資本主義の精神」とがどう関係づけられるかの検討である。「倫理」論文第二章二節がこれを課題としている。ヴェーバーは、この関連を明らかにするためには神学書の利用が必要だとして、理由をこう説明する。来世での救いを願う信徒にとっては、聖餐に参加できるかどうかが信徒としての社会的地位を左右する。その場合、聖職者が教会規律や説教を通して信徒に影響力をあたえることの重要性、「霊的司牧の実践のうちに働いていた宗教的諸力」は、現代人には想像できないほどであった。そしてこの宗教的感化は「勧告」集や「良心問題」集といった文書・パンフレットを通じてなされたという事情があるからだ、と。彼はそれらの執筆者の代表として、カルヴィニズム系譜のピューリタンからR・バクスター(一六一五〜九一年)、ドイツ敬虔派のシュペナー(一六三五〜一七〇五年)、クウェイカー派のR・バークリー(一六四八〜九〇年)を挙げている。

❖時間の節約

バクスター[★3]の著作は、富はそれ自体が危険なもので、その追求は神の国の重要性に較べれば無意味であり、道徳的にもいかがわしい、と論じた。カルヴァン自身は聖職者の富はその活動を妨げず、声望を高めるものなので望ましく、財産を有利に投資することも認めていた。ピューリタンは貨幣と財貨の追求を罪悪としたかにみえる。だがよく検討すると、非難されたのは、富の所有のうえに休息すること、であった。財産は休息の危険を伴うからいかがわしいものとされたのである。

どういうことか。彼の教えは、「聖徒の永遠の憩い」は来世にある、地上では自身が恩恵の地位にあることを確かめるために一時も無駄にしてはならない、と説いていた。神の栄光を増すことに怠惰や享楽は役に立たない、ただ行為のみが役立つ。ここから時間の浪費がもっとも重い罪とされた。時間の浪費は神の栄光のために役立つ労働の機会を奪うことになる。必要以上の睡眠や無益な交際・おしゃべり、享楽は時間の浪費だとされた。神を思う時間、瞑想のためには日曜がある。こうして昼は労働にいそしむことが信徒のなすべきこととされた。

✤労働と富

バクスターは、激しく絶え間なき肉体的・精神的労働を説いた。なぜ労働なのか。一つには、労働が昔からの折り紙付きの禁欲の手段であるという認識があった。世俗のあらゆる誘惑を克服するために、さらには宗教上の懐疑や小心な自己責苦に打ち克つためも、人は働くべきなのである。もう一つには、「働かざるもの食うべからず」の命題があり、労働は神の定めた生活の自己目的だ、とする観念があった。そこから労働意欲をもたぬことは恩恵の地位を喪失した徴候とされた。クウェイカー派の倫理にあっても、職業生活は不断の禁欲的な特性の錬磨であり、しかもたんなる労働ではなく合理的な職業(＝天職!)労働こそが神の求め給うたものである、とされた。

ルターは、神がひとたび与えた運命を受け容れること、つまり自分に与えられた職業にとどまることを説き、伝統主義的身分制度への適応の姿勢をみせていたが、ピューリタニズムの職業倫理は違った。病気のものが健康になることを望まず、病気でいることを望むのは、神への奉仕を全うしない態度とされるだろう。同様に世俗でもヨリ良き労働の地位を求めることは義務とされる。かくして職業選択についても、第一に道徳的基準、第二に生産する財の全体に対する重要度という基準、第三に私経済的「収益性」という基準が設けられた。神に喜ばれる職業労働にいそしみ、機会があればいっそう有益な職業につくことは、信徒としてなすべきこととなる。実践的には第三の基準がもっとも重要となった。貧しいことを願うのは、神の栄光を害することであり、排斥されるべきことなのである。

❖富の誘惑

この結果についてヴェーバーは、「禁欲はつねに善を欲しつつ、つねに悪をつくり出す力だった」という印象的な表現を与えた。悪とは所有とその誘惑のことである。富の追求を邪悪の極致としながらも、天職労働の結果として富を獲得することは神の恩恵だとされる。この逆説的進行を推し進めたのが禁欲なのであった。メソジスト派のウェズリーも、自派の信徒たちが勤勉にして質素であるために財産が増加することを憂慮していた。その結果「彼らの高ぶりや怒り、また肉につける現世の欲望や生活の見栄も増加する」と。できる限り利得するとともにできる限り節約せよと勧めれば、結果において富裕になることを意味する。彼は、だからできる限り他に与えなければならない、と勧告した(大塚訳三五三頁)。

働け、休むな、禁欲せよ、より多く収益をあげよ、となれば、禁欲的節約強制による資本形成が結果として潤滑に進む。こうして第2章でみてきた近代資本主義の人間的基礎が形成された。

ピューリタンは天職人たらんとしたが、私たちは天職人たらざるをえない。いま私たちの職業労働のありかたは、第1章にみたように、現実の硬い制度を支える一コマであり、また制度に厳しく規定されている。

バクスターの見解によると、外物についての配慮は、ただ「いつでも脱ぐことのできる薄い外衣」のように聖徒の肩にかけられていなければならなかった。それなのに、運命は不幸にもこの外衣を鋼鉄のように堅い檻[★4]としてしまった。……今日では、禁欲の精神はこの鉄の檻から抜け出てしまった。ともかくも勝利をとげた資本主義は、機械の基礎の上に立って以来、この支柱をもう必要としない。禁欲をはからずも後継した啓蒙主義のバラ色の雰囲気でさえ、今日ではまったく失せ果てたらしく、「天職義務」の思想はかつての宗教的信仰の亡霊として、われわれの生活の中を徘徊している。(大塚訳三六五頁)

「倫理」論文の終わりに近いところでヴェーバーはこのように記した。禁欲の歴史がたどった大いなる逆説、その結末の世界を生きるヴェーバーの筆致は悲観的に感じられる。いまの私たちの働き方には「天職」などという観念が働くことは少ないだろう。しかし組織人として働けば、魂の争奪戦では組織・企業の力が大きいのも確かである。仕事に精を出す、それは決して悪いことではない。営利活動がそうした勤労倫理に支えられたものであれば、そこに疑念を差し挟む余地はなかろう。だが、現在の「営利」が「倫理」抜きの利益追求と見えるため、繰り返しヴェーバーの「倫理」論文が参照を求められることになる。資本主義は禁欲という支柱をもはや必要としていない。では、今日の資本主義は第2章でみたような「近代的合理的資本主義」とは類型を異にするものに変質してしまったのか。これはヴェーバーよりも私たちが答えるべき問題である。

テキスト

大塚久雄訳『プロテスタンティズムの倫理と資本主義の精神』岩波文庫。(**大塚訳**)

阿部行蔵訳『新装版・世界の大思想3　ウェーバー　政治社会論集』一九七三年、河出書房新社。

参考

ヴィケール『中世修道院の世界——使徒の模倣者たち』朝倉・渡辺・梅津訳、二〇〇四年、八坂書房。

ミリス『天使のような修道士たち——修道院と中世社会に対するその意味』武内信一訳、二〇〇一年、新評論。

渡辺一夫『カルヴァンの『キリスト教綱要』を読む』二〇〇七年、新教出版社。

註

★1——この考証に疑義を唱える羽入辰郎『マックス・ヴェーバーの犯罪』(ミネルヴァ書房)が評判をとっ

た（一九九九年日本倫理学会和辻哲郎賞受賞）が、逆に羽生の考証の問題点が丸山尚士「羽入式疑似文献学の解剖」（橋本努・矢野善郎編『日本マックス・ウェーバー論争』二〇〇八年、ナカニシヤ出版）で批判された。羽入の作業は文献学ではなく、考証の手続きのレベルのことであった。

★2――こうした記述は、梅津順一『ヴェーバーとピューリタニズム』（二〇一〇年、新教出版社）をのぞいてから読むと、ヴェーバーが意地悪を言っている、といった感じになる。トレルチの箇所で見たように、いかなる観点から見ているか、がポイントとなる。

★3――梅津順一『近代経済人の宗教的根源』（一九八九年、みすず書房）にはバクスターを詳細に検討した稿が含まれる。

★4――「檻」はGehäuseの訳語。荒川敏彦「殻の中に住むものは誰か――「鉄の檻」的ヴェーバー像からの解放」（『現代思想　総特集マックス・ウェーバー』三五巻一五号、二〇〇七年一一月）はこの見方・訳語を批判する。

第5章 主権・倫理・営利

本章では、いわばヴェーバーの小径が表通りと接近ないし交差する地点の景観を眺めることにしたい。主要対象はアダム・スミスの倫理学の世界である。その中に少しだけ立ち入って、そこでの「営利と倫理」についての考え方を理解しよう。中味に入る前に二点について言い訳をしておく。

第一。表通りでは第2章で扱った時代からずいぶん時を経ており、思想史上のハイライトの一つ、社会契約説が一七世紀にすでに登場していた。そのため、代表格のホッブズとロックについては触れぬわけにはいかず、ここにそれを挿入した。主権の設定による政治社会の構成の論理を追い、思想史として考慮すべきいくつかの点に触れる。

第二。スミスは「経済学の父」とも称される経済学史上の大物であり、その主著『国富論』に触れずに済ますのは失礼にあたる。ただし、山のごとく膨大なスミス研究を精査して妥当なスミス像を提示することは筆者の能力を超える。それは専門家諸氏に委ねるとして、ここでは常識的な市場の論理がヴェーバー命題に重なって見える局面に焦点を合わせて、それに都合のいいスミス像を一面的に提供することとなる。

1 トマス・ホッブズ(一五八八〜一六七九年)

まずは時代状況を見よう。イングランドの一七世紀は内乱(Civil War)の世紀であった。この時期の英国史は、王党派と議会派の争いからクロムウェルの独裁とその後の混乱から国王の処刑、そして王政復古から名誉革命へとつづく政治史のいわば銀座通りとして、大学入試でも必須単元になっている。必要事項は年表に委ねよう。内乱であるから武力衝突があったのは確かだが、同時に両派の支配の正統性を主張しあう争いも平行した。

✣国王と議会

イングランドでは、一二一五年のマグナ・カルタにおいて、国王と有力貴族の間に、国王が法に違背すればその行為が改められるまで貴族たちは実力によってこれに制裁を加えてもよい、という契約がかわされた。そこには、国王の権限は制約を加えられうるものであること、法は発見されるものであって、神(自然)の法が指し示す規範と慣習法(先例)にのっとり統治すべきであること、という思想があった。法を無視する専制者には貴族の実力による制肘しか解決方法がない、ということになる。

こうした国王権限の制約によって「法の支配」観念を実質的に保証するという伝統が、コモン・ローというイングランドに独自の「法」観念を定着させた。これが制度化されて、議会実定法によって国王の権限行使を制約することになり「国王大権と議会特権の協働」という均衡理論ができた。一三世紀末からの議会制度の歴史の中でこの「大権―特権」による統治が行なわれるようになる。大権の内容（官吏任命権、外交権、宣戦・講和権、貨幣鋳造権、議会の召集・解散権、等）もチューダー期にまとまった。この歴史的経験をいわば無視する形でスチュアート朝のジェイムズ一世の王権伸長策が始められ、事態は「法の支配」の危機とも受けとめられた。チャールズ一世のときに宗教政策の失政からスコットランドと戦争になり、国王は戦費調達のために議会を招集したが失敗し、戦争にも負けてしまった。

✣主権論の要請

失政を批判する議会側では、国王の大権行使自体を問題視する勢力が強まった。しかし先例や法の枠内で自己の立場を正当化する合法的闘争では、もはや主権者問題は解決され得ない事態となり、王党派と議会派の開戦となった。「イングランドにおける主権者はだれか」をめぐる武力闘争となったのであり、正統性争いも続けられた。非合法的な力対力の闘争に、「だれが主権者か」をめぐる両派の党派的パンフレット合戦が平行した。

このような状況にあってホッブズは『リヴァイアサン』（一六五一年）を著し、国王か議会かという党派的立場ではなく、「一国において何故主権は必要か」という主権論を提起した。つまり、権力の起源や基礎、権力への服従の根拠という近代国家論において問われるべき普遍的問題を扱ったのである。そのためにホッブズは英国一七世紀史を超える思想家となった。

『リヴァイアサン』

❖自然状態

ホッブズの主権設定の論理を要約しておこう。彼はまず、主権が存在しない状態を自然状態と名付けた。そしてその自然状態、つまり、政治社会・国家・主権者が登場する以前の状態における人間のあり方を考えてみる。人間の力は、生まれつき多少の違いはあっても基本的には平等であり、この力を行使して生きること、つまり自己保存権は各人に与えられた自然権である。ホッブズは自然権を「各人が彼自身の自然すなわち彼自身の生命を維持するために、彼自身の欲するままに彼自身の力を用いるという各人の自由」とした。だが自己の必要・欲求を満たそうとするとき、利用可能な充足手段に制約があれば彼らは相互に対立することになろう。自己の目的を確実に実現するには他人に先んじるのがよい。だがみながそう考えるとしたら、彼らは相互に不信に陥る。平等から不信が、不信から先制攻撃が生じ、他人に危害を与える。こうして自然権の行使が万人の万人に対する闘争、「戦争状態」をもたらす。自然状態では自然権の自己否定に導くことになってしまう。

❖契約による主権設定

けれども、人には平和に向かわせる情念が働く。戦争状態の不便を知れば、なんとかそれを避けたいと思う。そこで理性の声に耳を傾けて自然法の教えを知ることになる。自然法は、「各人は平和を獲得するのぞみが彼にとって存在するかぎり、それに向かって努力すべきであり、そして彼がそれを獲得できないときは、戦争のあらゆる援助と利益を求め、かつ用いてよい」と教える。

戦争状態は避けたい。ならば「平和を求めてそれに従え」、「……平和と自己防衛のためにそれが必要だと思う限り」、自己保存のために他人を攻撃するという自らの自然権をすすんで捨てるべきであって、「おまえが、おまえのためになされるのを欲しないことを、他人に向かってしてはならない」というのが自然法の教えるところである。

こうして自然権を放棄した個々人は、相互に契約を結んで共通の法を作るための共通権力を設定することとなる。契約によって設定された共通権力、これが主権である。この主権は、全構成員が自分たちの生命を守るために設立した自分たち自身の権力、つまり力の合成なのだ。全成員の力の合成であるからには、主権は最高、絶対、唯一、不可譲である。この主権を代表する人格が主権者であり、その権力は全成員の意志を代表するものである。したがって主権が定めた法・命令への反抗は許されず、服従強要の強い力をもつべきものとなる。こうして人間は主権者のもとに自然状態を脱し、ひとつの政治社会、つまり国家（コモンウェルス）の住人となった。

❖政治社会の工作――方法的特質

著書『リヴァイアサン』には、多数の人間を構成要素とする身体の人物が剣と杖を手に持っている口絵がある。フランドルの画家アンチボルトの、植物を用いて描いた顔を想起させる。さてリヴァイアサンとは、旧約聖書のヨブ記で、神が「海の怪物リヴァイアサンも、陸の怪物ビヒモスも私が造ったのだ。どうだ、すごいだろう」と人間であるヨブに自己の力を誇示したところで出てきた生き物の名前だ。ならば、全成員の力の合成である国家は、その命令に反抗することを許さない怪物にも喩えられる存在なのか。ちなみにホッブズは続編として『ビヒモス』という本を書いた。

彼は国家を、人間を構成要素とする人工の人間(artificial man)にたとえた。『リヴァイアサン』はこの人工の人間の性質を説明するために四つを考察する、として四部構成をとる。(一、その素材と創造者についてであるが、それらはともに人間である。二、いかにして、どのような信約によってそれはつくられるか。主権者の諸権利及び正当な権力、または権威とは何か。それを維持し、解体するものは何か。三、キリストのコモンウェルスとは何か。四、暗黒の王国とは何か。ただし三・四が読まれることは少ない。)第一部「人間について」から始まることに注目しよう。

彼の出発点は人間であり、その考察は、個人を検討して人類に通じる性質を論じた人間本性論となっている。この意味を探ろう。彼が自然状態から始めたのは、それまでの社会観が、自然秩序なるものが現に存在していると想定していたのを否定し、伝統的・共同体的なつながりを一旦断ち切って、そのうえで改めて自由・平等な個人からなる社会関係を構想するためであった。この思考実験で前提となりうるのは、「自明なものは個人のみ」ということであった。

人間はありのままの自然の欲求に従って生きる存在である。彼にとって、自己の生命維持は最高の善として、あらゆる規範に優先する。上述の自然権の規定は、個人の欲求を第一の価値原理とする考え方である。ホッブズは、この人間の自然の欲求に合致する人間の欲望・願望の対象を善、憎悪・嫌悪の対象を悪と名付けて、善悪の基準そのものを主観的に相対化し、個々人こそが善悪の究極の審判者だ、とした。こうした人間観・権力観を知ることにより、ホッブズが、個々人の自由な主観的選択を前提とする「欲求の体系」としての社会において、個々の当事者に契約を遵守させるための契約強制機関として国家を構想したことの重みが実感できるだろう。

こうした個人の自由の捉え方が出てきたことを、宗教的背景から考えてみよう。「倫理」論文でも触れられていたが、改革派の「恩恵による選び」という排他的とも響く教理は、政治権力との関係では個人の宗教的自由の積極的主張へと導く。「良心の自由」という観念は宗教的に育まれてきたのである。こうしてピューリタニズム（英国の改革派）思想の中から、「人間の良心の自然権」が生じてきた。この立場からすると、コモン・ローからでてくる自由とは単に特権の拡大としての自由にすぎないものとされる。人間が人間としてもつ自然的自由（Natural Liberty）をもとにした自然権の担い手たる個人の同意にもとづく自発的な社会、という観念が生まれていたのである。

ホッブズの思想的性格についてまとめておこう。第一に、彼は主権と統治の有効性を論じた。これは伝統のある政治学の中心問題を継承した作法であった。第二に、個人の生活世界を「欲求の体系」

（市民社会）として認め、それが政治体（国家）とはひとまず区別される存在根拠、すなわち第一次的に目指される理由をもつものとされている。西洋政治思想にいう「国家と市民社会（公と私）」という思考枠がここに見られる。第三に、契約による主権設定と主権の定める法による統治秩序によって政治社会が成立することにより、公と私の結びつき（公共性の再獲得）が果たされている。

✣自然権

ホッブズは自然状態における一切の法の妥当性を否定した。そこでは人は自己保存のために何をしてもいい、という天賦の自然権をもつものとされた。この権利を社会的に実現するために人は自然法に向かい、その導きにより目的にかなう制度を作るために契約を行なった。

それまでの自然法とはどんなものであったか。まず、特定の人間の経験を超えた人類・世界の、あるいは宇宙の客観的・理性的な法則が存在しており、それが人間の社会生活の規範としての自然法とされ、次に、その自然法があってはじめて、個々人の権利もこれによって与えられ、保障される、という考え方だったと言えるのではないか。「法→権利」、すなわち国家・社会の全体の要求がまずあり、それに従属した形で個人の権利が位置付けられる、という論理だ。

ホッブズでは、まず生きる権利こそが自然権とされた。そのための主権であり法なのである。「権利→法」、彼は権利と法の関係を逆転させ、人間の権利を出発点として自然法を考えることを可能にした。そこでは個人の権利を相互に承認するという共通の価値意識が自覚されるであろう。権利を保全すべき制度の具体化を構想するなかで、人間は自らの社会性の原理を発見するのだ。ここで自然法(理性によって発見された戒律または一般法則)が活躍する。ホッブズの場合には、同じ自然法といってもその意味づけが異なっているのである。

ホッブズ的立場から見ると、契約は自然権・自己保存権を維持するためであり、この目的にかなう制度を契約でつくった。したがって、制度の側が目的に適っているかを吟味されなくてはならない。つまり自己の存在証明・挙証責任は制度(国家)の側にあり、個人の側にではない。さて、故J・F・ケネディの大統領就任演説にはのちに有名になった一節がある。彼は「国があなたのために何をしてくれるかではなく、あなたが国のために何ができるかを考えようではありませんか」と説いた。このスピーチのライターはホッブズの論理をひっくり返したレトリックを用いたのである。リヴァイアサンは現代でも怪物のままなのか。

2 ジョン・ロック(一六三二〜一七〇四年)

以上のホッブズの理論は「人間論」に基礎づけられていた。根源的ではあるが、自然権・自然法に構想の具体的・直接的な支えまでは求めることができなかったという意味で、経験的現実を基礎とした理論構築にまでは至っていない。ロックがそこを埋めることとなる。彼の『市民政府論』(一六九〇年、「統治二論」とも訳される原題はTwo Treaties of Government)は名誉革命でオランダより迎えられた国王ウィリアム三世の政府を正当づける書である。第一部は王党派の正統性を基礎づける重要文書とみなされていたR・フィルマーの『家父長論』を批判し、第二部は「市民政府の真の起源、範囲、および目的について」と題して、原理のレベルから具体的な制度までを論じている。

✣フィルマー

フィルマーの書は、神がアダムを作りアダムがイヴを支配する権利を与えられた、そして父としてのアダムが子を支配する権利をもった、として聖書を根拠に父権から王権を基礎づけ、人は生まれつき親に服従しているのであり、自由ではない、と主張した。つまり起源に立ち返って発生史的に王党派の正統性と支配権を正当化した。神がアダムに父権、支配権、所有の権源をあたえ、すべてがそこから始まる、つまり国家・社会が一つの家族の拡大形態と捉えられている。自然状態を論理的出発点として個人主義的観点から社会を演繹的・合理的に導出するような契約説などは虚構にすぎぬものと見なされた。これに対抗するため、ロックは、家族から国家(＝主権)を導出し、家族から国家(＝社会)を構成するというフィルマー理論の根拠を批判することを課題として引き受けた。

フィルマーは、父の政府の権力がアダムの私的支配権にもとづき、また所有権の起源は大地と全生産物に対するアダムの私的支配権のうちにある、とした。アダムから許可されたり相続したりする以外には、誰も所有する権利をもたない。自然の共有とか同意による所有というような大衆の「共有物への自然権」は虚構である。「自然＝共有」の前提から私有を導くには、全人類の満場一致の同意を必要とするが、そんなことは不可能だ、という彼の論理は、グロチウス以来の「同意に基づく所有」論への挑戦なのであって、自己保存の自然権に基づく「被治者の同意」理論を批判していた。「支配権と所有権こそ政府と正義の主要原理である」とすることにより、彼は、家族の拡大から市民社会と主権を導きだしたのだった。

✣所有論

ロックはまず、神は人間が自然法を破らずには生存しえないように創ったはずはないから、ものの領有には同意を必要としない、とした。そして彼は、「すべての人は自分自身の身体という所有物をもっている。……労働によって他人の共有権を排除する何かがつけ加えられた」(第二部二七節)として、領有の根拠を身体(Person)の働きとしての労働に求め、共同・平等の権利としての所有権の排他的権利への転化の鍵を労働のうちに見いだした。その意味するところは大きく、以下の三点でおさえておきたい。

一、権利の根拠を人びとの生存のための「必要」という社会的配分の正義観念に求めてきたそれまでの所有観とは異なっており、所有の根拠を個人の身体の働きとしての個人的労働に求めている。これは近代的個人主義的性格といえる。

二、事物への人格の注入としての「労働」の産物が、他人の同意なしに、排他的な所有権を構成する、とした。「すべてのものに価値の差をもうけるものは労働だ。……人間の生活に有用な土地生産物のうち、十分の九は労働の結果である……」(第二部四〇章)との主張は後に投下労働価値論といわれる理論の先駆的表現となっている。

三、この論理は、万人が所有権の主体たりうることを主張しえている。

✣「労働による所有権」の展開

モノについて言えば、どんぐりやりんごの採集労働は「その労働がそれらを共有物から区別した」のではあるが、自分の利用を越えて集めて腐らせるのは自然法に反する、という所有権の制限がある(同三一節)。また土地についても、生産手段の所有は「耕し、植え……その作物を利用しうる限りで」という制約が課せられる(同三二節)。そこで貨幣が発明され、「それに価値を認めるという人びとの暗黙の同意」ができ、人びとはこれを蓄積しはじめた。こうして人は労働にもとづく所有権を自然法の制約のもとで行使して所有を増やし、貨幣蓄積という形で不均等な私有財産を生じさせた。ロックはこれが問題を孕むことを承知していた(同五〇節)が、法が所有権を規律づけ、土地所有が実定的制度となることを述べるにとどまっている。

ロックは、ホッブズと同じく「欲望の体系」としての交換経済の浸透した商業的社会を想定している。つまり歴史を通じて生じた現実を立論の前提とした。聖書に描かれたアダムの世界以来の年月のなかで、家父長制家族(父権の世界、家経済=オイコス)が解体し、子の独立や妻の権限強化などが実際に進行していた。そうした人間個々人が自由で平等な社会構成員として分立してきた経験的現実を立論の基礎においたのである。

✣自然状態イメージ

さて労働と貨幣の導入により所有が増大し、その結果、社会構成員相互間の不平等が増大すれば、人びとの間の所有をめぐる争いも増大し、複雑となろう。そこで、人びとの「正直な労働」の産物を保護し、所有の交換（＝商業）の秩序を維持するための法およびその遵守の強制機関としての政府を設立することが必要となる。こうして契約による政府の設立を説く段に至るわけだが、ここまでですでに先述のホッブズとの違いが表われている。ロックは「労働による所有」によって国家と区別された市民社会での私法的交易関係を論じていたから、契約の目的からしてホッブズとは微妙に異なっている。これを明確にするためには、自然状態の性質について注目するのがよい。

ホッブズとは違い、ロックにとって自然状態とは、財産所有とその自由処分の社会関係が展開される自由な交易の場（商業的社会）である。つまり取引の契約や約束が拘束力をもっている私人の社会関係そのものなのだ。これは、市民的統治（政治社会）との関連なしに、それ自体で定義されうる。この、それ自体として安定性を内包する自然状態イメージは、戦争状態に導くようなホッブズの自然状態イメージとは大きく違っている。そもそもホッブズには所有・交易論が展開されていなかった。ロックは、商品交換と契約に立脚する市民社会の認識に基づき、その秩序を守るための「自由、平等な市民の支配」としての新しい国制の理論を求めたといえよう。

安定性をもつとはいえ、自然状態では交換の正義が保障されていない。そのためロックの論理は、交換・契約の正義を実現するための法が規制力をもつ政治社会を実現することで完結する。したがって、契約による政府設立と法の施行によって「公と私」の結びつきを「政治社会」で再獲得するという論理は、ホッブズとロックの社会契約論に共通であった。決定的な違いは、契約が、ホッブズでは「生存権」、ロックでは「所有権」を守るためだったことである。

こうして、所有を他人の侵害や攻撃から守る各自の権力、自然法の違反者を罰する各自の権力を皆が一斉に放棄して、これを共同体の手に委ね、そこにつくられる法の保護を受けることにする、という契約が行なわれることになる。だが契約は自然権の一定の放棄、政治社会(共同体)の形成、市民的統治への服従を意味する。契約によって一定の自由を放棄するのは、あくまで所有の保存、権利と所有の平和と安全を確保するためである。市民相互の間の所有に関する争いの裁決にむけて共通の法を定め、法の遵守を強制することはどうしても必要である。

❖権力の制限

人々の所有(Property)の保護とその交換の秩序を維持するための人為的構成物として、「政治社会としての市民社会」が構想された。

具体的制度設計のレベルでは、ロックは、権力関係の成立を、社会契約に参加した人々が、その権力をあらためて特定の個人ないし複数の人々にゆだねる、という信託行為に求めた。また主権者がこの信託に反した場合には、人民には抵抗の権利がある、とした。つまり〈契約を行って「社会」を構成する人びとが主権の母体〉になり、〈信託によって立法権と執行権者が設定される〉という二段構成である。そのことにより、信託された者が権力を乱用したときは受託者資格喪失となって、母体としての「社会」に権力が戻される、ということが(理論上)可能となる[★1]。通例は、この「社会」には権力濫用者の信任取消という形での抵抗権が認められている、と理解されることがらである。こうして専制権力から自由となった市民政府が正当化された。

❖ロックの新しさ

彼は歴史的経験的に与えられた現実の社会を認識しようとしている。ここに政治学や倫理学に経験的な方法を用いる途が開かれた。一八世紀の社会科学への大きな歩みといえる。

社会の安定を保つため、ホッブズは万人による万人に対する闘争という相互恐怖論を用いて契約を導出した。人は利害や立場の違いから相互に思いやりを働かせることが難しい。倫理学説にはこの相互の思いやりこそ道徳の根本原理だと説くものもあった。だがそれができるくらいなら、わざわざ政治社会を契約で構成する必要はなかったであろう。自己偏愛の強い人間相互の間に社会的利害調整の原理が必要とされている。制度に関わる「正義の法、それを強制する政府」の問題はロックで片付いた。あとは主体の論理の構築である。

3　アダム・スミスの共感論

スコットランドの道徳哲学者アダム・スミス（一七二三〜一七九〇年）は倫理学の書『道徳感情論』を一七五九年に刊行した。この書は次の一文から始まる。

人間は、どんなに利己的なものだと考えても、なおその本性のなかには、他人の運命に関心をもって、ただ他人の幸福をみることが気持ちが良いということ以外にはそれからなんらうるところがない場合でも、それらの人びとの幸福がじぶんにとっても必要なのだと感じさせるなんらかの原理が存在することは明らかである。

スミスはここから有名な共感（Sympathy）の原理を展開してゆく。

他人の喜びからは喜びを、悲しみからは悲しみを感じる、という人間の感情は、誰にでも備わっている同胞感情（fellow-feeling）である。自ら直接体験しえない他人の感情から、いかに同胞感情を抱くことができるのか。それは「想像上の立場の交換」を行なうことで自己のうちにも他者の感情に似たものを得ることができるからであり、それが「共感」である。共感は、一般に不幸な者や弱者に対して抱く憐れみとか同情とは全く異質の同胞感情である。しかも他人のどんな行為や感情に対しても成立しうる。したがって共感は、それ自体、なんら具体的な徳性を意味しない。

❖観察者

『道徳感情論』には後の版になって付けられた副題がある。それは「人間がまず隣人の、次に自分自身の行為や特徴を、自然に判断する際の原動力を分析するための論考」というものだ。人はまず他人を見ること、観察者であることから自己の経験を積み上げてゆく。共感が作動するメカニズムを考えてみよう。まず観察者が当事者に自己を移入し、ついてゆく(enter into, go along with)ことができるなら、そこに共感は成立する。結果として当事者の感情が観察者のそれに一致したことになる。当事者の感情は観察者によって「適正なもの」、「中庸をえたもの」として是認される。そのさい観察者は、充分に事情に精通しないまま憶測で判断したり、他人であることを忘れて偏った見方で対象べったりの態度にならないよう気を配ることだろう。

人間はみな強烈な自分への関心(self-interest, 利己心)を持っている。普通の人なら利己心こそ行為動機の首座に位置する。だがどんなに利己的でも、想像上の立場の交換さえできれば、他人の痛み・喜びも、程度の差はあれ理解できる。その人の利害関心にもとづく損得判断も分かる。こうなるとわがままには当然限度が課せられる。どの程度の利己心の主張が社会的に許されるのか。第三者の共感が可能な範囲までであろう。このように利己心に突き動かされた人びとの社会的相互関係においては、共感が利己心の適宜な水準をもたらす。社会は利害の異なった多数の他人との交わりで成り立つのだから、他者・見知らぬ人とのコミュニケーションが不可欠だが、共感はその原理の役割を果たすことになる。

いまあなたは、観察者として他人の行為・判断・感情に共感をよせる立場にあるとしよう。そのあなたに対しても別の人が観察者の立場にある。あなたは今度はその人の目を意識しながら共感作用を働かせることになる。対象べったりでないか、事情をよく分かってないのではないか、と反省するだろう。この三人目を登場させることで共感を原理とする社会モデルができあがる。観察し観察されるという経験を通して、人は共感作用で作り上げられた道徳の一般的原理を、自己の「内なる人」として内在化させる。こうして人は、いちいち共感ということを考えなくても、自己の「内なる人」の声に耳を傾ければ正しい判断を下すことができるようになる。この「内なる人」は良心と呼ばれる。

❖徳の内容

スミスの論理からすれば、共感の成立するところに徳が成り立つ。彼はその主要な場面として三つを挙げた。順にみてゆこう。

第一、当事者個人内部で完結する行為、つまり利己的な行為の場合。ここでは、個人の健康・財産・身分・名声に対する配慮、自己の安楽・幸福追求の手段に対する配慮が考えられる。ここでは慎慮(prudence)の徳が成立する。これは自己の幸福を求める利己的本能と結び付いたものであり、まず「安全は慎慮の第一の目標」とされる。この深慮の程度が共感されるなら、「その程度の」利己的本能の発揮は、立派な徳なのだ。現在の幸福追求・苦痛回避に併せて将来の幸福のために目先の快楽を犠牲にする、こうした努力は「内なる人」の全面的是認に支えられている。

この徳を備えた人が「慎慮の人」である。一般の人が普通の程度でもちあわせている感覚や自制力でまにあうこの徳こそ、市民社会の中心的徳性をなしている。この論理を、営利心をもって市場社会に生きる人に重ねれば、「深慮の人」は「経済人（ホモ・エコノミクス）」の原型を示す。

第二、他人との関係を生ずる行為で他人に善を与える場合。これはいわゆる利他的な行為であり、善行（beneficience, 仁恵・いつくしみ）の徳となる。その具体的表現がおもいやり（benevolence, 仁愛・博愛・慈悲心）である。これは誰でもが備えているものではない利他心に基づいた、もっとも高い徳と言える。しかし、それは「〔社会という〕建物の基礎ではなく、建物を飾る装飾品」（高訳一七〇頁）だと位置づけられる。

第三、他人との関係を生ずる行為で、他人に害をなす場合。ここでは、他人からうけた不法行為に対する報復と、うけた損害を賠償させようとする正義（justice）の徳が成立する。この徳は特殊である。その実行はとくに賞賛されることはない。また、善行は強制されることはなく、その欠如も罰せられることはないが、正義の遵守は個人まかせではなく、権力が強制し、その違反は報復感と処罰の対象になる。自己の利益のため、利己心にのみもとづき、競争相手を欺いたり妨害すれば、観察者はその利己的行為には共感できず、またその行為の動機にもついてゆけない。そんな行為は「フェアプレイの侵犯」（高訳一六五頁）であり、被害者の報復感情にこそ共感が寄せられる。正義とは、いわばフェアプレイの原則である。市民社会の法とは、正義の原則の具体的表現なのである。その内容としては、①個人の生命と人格の保護、②財産の安全、③この②の延長上にくる（相続や債権等の）権利の保全が挙げられよう。善行が装飾品なら正義は大黒柱だ。これがなければ「人間社会の偉大でしかも巨大な基礎構造は瞬時にして微塵に砕け散る」(高訳一七〇頁)に違いない。

スミスにとっては個々の徳の内容よりも、共感のあるところ徳は成立する、という論理が重要だった。だが上記の三つがとくに強調されたのは、この分類が彼の社会の基本構造の捉え方に見合っているからであろう。道徳的世界には善行が、法的世界には正義が、経済的世界には慎慮が、それぞれ対応しているからである。ちなみにグラスゴウ大学教授スミスの「道徳哲学」講義の体系は、自然神学、倫理学、法学(道徳のうちとくに正義に関することがらを扱う)、経済学(便宜の原則に基づく諸規則の考察)という四部構成であった。

✣市民社会の倫理

スミスの見ている市民社会は商業的社会(Commercial Society)、つまりのちの『国富論』の表現を借りれば「個々人の尽力の欲得ずくの交換」で維持される社会である。この社会は、人が身分的階層制の支配・被支配関係に編み込まれている身分的封建社会とは異なる。また厳しい宗教的戒律のもとに運営される修道院の内部とも異なる。人がみな相互に同格の主体として登場し、同市民関係のなかで自由な営利追求活動や取引が妨げられない社会である。そこでは「中等および下層階級(the middling and inferior stations of life)」(高訳一一三頁)の人々が大半を占めており、しかも人がみなある程度まで商人となっている。この商業社会としての市民社会がスミスの主要関心の対象になっていた。彼は人間を始めから社会的存在として把握している。ホッブズのように自然状態や、それを批判したJ＝J・ルソーのように野蛮人（『人間不平等起源論』）を持ち出す必要はない。自然人ではなく、社会人の共感と利己心（自己に向かう関心）とを出発点として社会の安定性原理を説明するという手法は、ホッブズやルソーへの批判となっている。スミスの倫理学の課題は、こうした市民社会の道徳体系を確立することにあった。

彼の倫理学は、共感を社会的コミュニケーションの原理として展開し、徳が徳たるゆえんの説明と諸々の徳性の分析を行なった。その理論は、利他心を行為の主たる動機とする人間（世に言う有徳の士）ではない一般の人々の強い利己心を慎慮の徳（適宜性）に高め、正義（フェアプレイの原則）を柱とし、善行（他人への愛）を装飾品と位置づけて社会の存立を説明した。人びとが欲得ずくの交換をするとき、それが相互に合意された評価に基づく交換であれば、その交換・売買では正義という徳が実現されているのである。市場経済の担い手の行為が倫理学において分析されていた。

✣個人と社会

一つのことがらに作用因と目的因（efficient cause & final cause）の二つが働くことを指摘するのはアリストテレス以来の伝統である。スミスは時計を例にして説明した。時計の「バネや歯車の動き」が作用因であり、その時計が「正確に時間を表示すること」が目的因である。これを人の行為に当てはめて、ある人が名誉心に突き動かされてある発明を行い、その結果として、理性が要求する人類の幸福への貢献がなされたという場合を想定してみる。これは「理性→発明→人類の幸福」ではない。「名誉心(作用因)→発明→人類の幸福(目的因)」として理解すべきものだ。

神と人の間には一種の分業がある。無限の能力と洞察力などもちえぬ人間は自身の回りに配慮する。神は人類の幸福に配慮する。人に割り当てられた下級の課題、つまり利己的幸福追求の作業が、結果として、個人の自覚や意図を超えて社会の繁栄に結び付く。時計の歯車が自己の使命の自覚もなく正確な時間表示という目的達成によく奉仕できるのと同じことだ。そしてこの本能的なものと理性的なもの、ここでは個人と社会の結び付きを媒介するのが、「見えざる手(invisible hand)」であった。

4 経済社会の倫理と論理

❖私徳すなわち公益

『道徳感情論』第七部でスミスは紙幅をさいてマンデヴィルを批判している。このオランダ生まれの医師は社会風刺作品『蜂の寓話――私悪すなわち公益』(一七二三年)で注目され、非難もあびた。ベンジャミン・フランクリンも彼に会ったことを自伝に記している。その問題作は、「強欲はじつに多くの悪弊の原因であるにもかかわらず、それと反対の悪徳がこぼしてばらまいたものを拾って集めるために、社会にはたいへん必要なものである。強欲がなければ、道楽者はすぐになす術がなくなるであろう。もしも浪費する以上に蓄積してもうけようという者がいなければ、もうける以上に浪費できる者はほとんどいなくなるであろう」といった皮肉な文言が全編にあり、副題にあるように、悪徳が世の中のためになっている、という命題を主張した。彼の立論には、人間の激情は決して克服できるものではなく、徳の完成は困難である、という前提がある。スミスは、彼の誤りが、あらゆる激情を不道徳なものとして想像させたことにあり、すべてのことがらを他者の感情と関連する虚栄心として論じたところにあるとして、「彼が、お好みの結論、つまり私的な不道徳は公共の利益であると認めさせるのは、この詭弁を駆使してのこと」(高訳五七六〜七頁)だと断じた。

スミスは共感理論により利己心を深慮の徳へと変換させていたから、これはマンデヴィルの「私悪すなわち公益(Private Vices, Public Benefits)」を受けての「私徳すなわち公益(Private Virtues, Public Benefits)」の主張であったわけだ。マンデヴィルを克服したことによりスミスは市場の弁護論を提出したことになる。だが個人と社会のつながりを「見えざる手」に委ねたのは、両者とも同じであっただろう。

❖経済的自由主義

個人の尽力が結果として社会的繁栄をもたらすメカニズムの解明はポリティカル・エコノミーの課題であり、スミスの第二の著『国富論』(一七七六年)はこれを行なった。市場経済の深化・拡大によって、商業的社会の活動はそれ自身の固有な法則性を示すようになる。経済社会の成熟は自らの理論的表現を欲し、また『国富論』はその成熟をまって書かれた。スミスが経済学の父と称されるのは理由あってのことである。その『国富論』では、経済人の利己的行為がそのままで社会的福祉・富の増大につながるのかという疑問に対し、「自然的自由の体系（Natural System of Liberty）」が実現され、「見えざる手」の働きが妨げられないようになっていれば肯《しか》りである、と答えているように思われる。そのためには、独占や統制が撤廃されること、などが挙げられた。ここにフリー・トレイド（Free Trade, 営業の自由と自由貿易）の実現が経済的自由主義の古典的経済政策思想として宣言された。『国富論』の重商主義政策批判は周知のところである。軍事や公共ストックの一部は「国家の存在理由」から当然容認されたが、経済過程への権力的介入は原則として自然な資源配分を歪めて資本蓄積を遅らせる、として批判された。その重商主義政策によって英国自身が産業発展を支えてきた事実をきれいに忘れさせる論理が展開された。のちに後発国ドイツのフリードリヒ・リストが『経済学の国民的体系』（一八四一年）でそれを批判することになったり、経営学の名著、チャンドラー『経営者の時代』（一九七七年）の原書タイトルが〈The Visible Hand〉であるように、二〇世紀に入ると市場支配力が「見える手」に牛耳られていったことに、ここでは立ち入るまい。

本旨に戻り、ここでヴェーバー命題を復習しておこう。宗教改革運動のなかで、改革派信徒の社会経済的利害関心と宗教的合理化の産物とが選択的親和関係を結び、禁欲的プロテスタンティズムの特異な職業倫理が生まれた。その核心をなす要素である世俗内禁欲は、宗教的熱狂の冷めた後に資本主義の精神に受け継がれて、近代の合理的経済人を内面で支えてその行為を突き動かした。さてこれは、スミスが『道徳感情論』で示した、中小の営業者にとっては「正直は最良の策」であるとした（高訳一二五頁）ことを歴史的背景から説明したものである。自由な営利追求を目的とする資本主義という経済システムは、こうして経済主体の倫理と政策の基本思想を備えて、自らの足で前進するまでに至った。

❖富と徳（wealth & virtue）

スコットランドとイングランドの合邦（一七〇七年）の時期に、スコットランドの合邦反対派の主張に「尚武の精神衰退の危機」論というのがあった。彼らは公共生活への参加の自由を第一に重視した。合邦による急速な経済発展は住民に贅沢をおぼえさせ道徳的堕落を招く危険がある。そうなると民兵制度は維持できず常備軍の設置となるが、これこそ専制支配の危機となるものである、と。民兵制度とは公共生活への全市民の自由な参加を制度的に表現するものであった。命を賭して国を護る気概が求められたのである。

ここにはポリス的人間の理念が現れている。そこでは、人格とは市民権の実践（積極的な徳）を通して充分に表現されるものとされる。マキアヴェッリの項でもみた共和制論、武装自弁の公民社会論（シヴィックの思想）である。ここスコットランドでは、富よりも徳の姿勢を善しとする形で論じられた。

だが彼らの議論には問題があった。いくら徳を優先する議論だとしても、そこには、富の世界である商業的社会の展開が要求する自由や法的権利、所有権論が欠けていた。また利子や大農場の禁止を唱えて農本主義的平等所有や中農育成策を提起する者もいたが、それは時代に背をむけた対応であった。なによりも「参加の自由」を強調したが、「権力からの自由」という観念はなかった。それは「公民社会」論ではあるが、「市民社会」論こそ時代の要請であった。

公民社会では、個々人の問題は公共的効用(police)の観点から、みんなのためになるか否かで判定される。市民社会では、共感論で見たように、こうした効用観念は採らず、個々人の感情それ自体から理屈づけがなされていた。ここでは効用観念に深入りせず、スミスが徳性を「結果として」ではなく、行為・判断の形成過程から導きだしていたことがこの観念の批判となる、と言うだけにしておく。現実を生きる人びとの感情から説き起こす共感論は、そうした観念を批判する機能をもつ考案物でもあった[★2]。

以上を記したのは、スミスの著作をこの共和制思想の系譜で、あるいはその影響を強く受けたものとして論じることが「常識」であるかのような言説を多く目にするからである。影響を受けなかったわけはない。だが『国富論』の世界は、そしてその理論的成果は、ひとまずは公民社会論から明確に分岐したところにしか描かれぬものではないだろうか。

参考

アダム・スミス『道徳感情論』高哲男訳、二〇一三年、講談社文庫。(高訳)
内田義彦『社会認識の歩み』一九七一年、岩波新書。
田中正司『市民社会理論の原型――ジョン・ロック論考』一九九一年、御茶の水書房。

田中正司『アダム・スミスの倫理学』一九九七年、御茶の水書房。

研究

★1——ロックの論理がアメリカの独立に与えた影響については大森雄太郎『アメリカ革命とジョン・ロック』(二〇〇五年、慶應大学出版会)がある。

★2——田中『アダム・スミスの倫理学』と水田洋の書評(『経済学史学会年報』三六、一九九八年)にみられるように、いくつかの系譜でスミスを読むことができるが、その結果スミス理解にも多様なニュアンスが含まれうることになる。

第6章 ヴェーバー命題の方法的基礎

この章では、ヴェーバー命題の内容をおおよそ理解したことを前提に、それが歴史研究の成果として提出されたものとして受けとめ、歴史研究の一般的作法についてヴェーバーがどう考えていたのかを示したい。そのさい、ヴェーバー命題を例にして説明するのはもちろんだが、ヴェーバーの問題意識の掘り下げは後回しにしよう。ここでは概念構成論、科学一般のなかでの歴史研究の位置づけ、歴史的関心の中味と歴史研究の効用、因果帰属の手続きの順に説明する。

1 理念型的概念構成

概念「模写説」批判

すでに第2章で禁欲的プロテスタンティズムという理念型をもちいた説明をしたが、ここで概念構成について立ち入っておく。科学では概念を用いた論理的言明がなされる。例えば水をH_2Oと書くけれども、「純水」つまり百％の純度を得るのは困難である。生活に欠かせぬ情報機器の集積回路に用いられるシリコンウェハーを作るとき（洗浄過程）には、この純水という「観念」が技術的に必要となってくる。だが世の中に純水はまず存在しないから、この観念にもとづいて作ることになる。現実の水は不純物を含むので、H_2Oからどれだけ離れているか、つまり純度・不純度でその実態を捉えることになる。

純粋な観念の実体化したものは実験室や机上で作り出すのが一般的だろう。普通にはお目にかからないし、必要でもない。私たちは日常会話でならなおのこと厳密さを要求しない。だから必要なときには作り出すほかはないのである。もっとも自然界に純度の高いなにかの結晶が見出されることは、ときにあるようだ。

✣構成説

概念を構成するとは、作り出すことである。では、現実をよく観察し、ありのままの姿を捉えれば、現実に即した概念が構成されるだろうか。水の例では、人がH_2Oという構造に注目して「水」という観念をこしらえ、不純物のないものを純水と定義していた。だから現実のありのままの姿というのは、それ自体としてはなんら概念構成に資すことはできない。人が何を求めるか、これを出発点にお かなければ始まらないのである。つまり現実はそのままでは概念化できない。だから概念は構成され

なくてはならない、

とはいえ、一般に概念は現実を写し取ってできたものだと考えられることが多い。これを概念模写説としておこう。あるがままの現実とは、無限に多様であり、見たり感じたりできるのは対象のごく一部にすぎない。知覚によって獲得した対象の性質を言葉にする(=概念化)のだから、その対象を構成する重要な要素ですら切り捨てられたものも多くあるに違いない。論理的に考えれば概念模写説は誤りであることが分かる。この点を批判したのが概念構成説である。

理念型

ヴェーバーは「理念型的概念構成」を唱えた。まずは「倫理」論文の禁欲的プロテスタンティズムがその例である。そこでは四つの主要形態が挙げられていた。実際にはまさしく多様な姿の信仰運動が起こっていたにもかかわらず、それを四つの主要形態をもつ一つの「禁欲的プロテスタンティズム」という概念に抱え込むという芸当は、なぜ可能か。なぜ必要か。本人の説明を聞こう。現実には多様な教理の展開があったけれども、

考察の方法としては、宗教的思想を、現実の歴史には稀にしかみることのできないような、「理念型」として整合的に構成された姿で提示するほかはない。けだし、現実の歴史の中では明瞭な

境界線を引きえないからこそ、むしろ徹底的に整合的な形態を探究することによって、はじめてその独自な影響の解明を期待しうるからだ。(大塚訳一四一頁)

なぜこの概念を必要としたかはここに書かれているが、「理念型」は読者に既知であるかのように語っている。ヴェーバーは「倫理」原論文を『社会科学・社会政策アルヒーフ』に発表する少し前の同じ年に同じ雑誌に「社会科学と社会政策にかかわる認識の『客観性』」という論文を載せ、そこですでに理念型の説明を済ませていた。この「客観性」論文も参照して考えよう。

❖主観性に基づく客観的認識

すでに繰り返して強調しているが、人は無限に多様な現実をそのまま知ることはできない。だから、対象の一部である主観的に意味を認めた要素に着目する。出発点は「主観的」な観点である。その上で、論理的整合性や経験的妥当性を備えた「客観的」な認識を求める。観点からみえた対象の一部は、観察者の選び取った「なにか大切なこと」に関係づけられたからこそ見えたのである。ないしは知りえたのである。「大切ななにか」とは、例えば真理、善、美、効用、権力など様々でありうる。おそらくそれらは、観察者だけが「大切だ」と感じているのではなく、他の人たちにも大切だとされているだろう。人びとの間で大切だと感じられているものを価値と呼んでおけば、観察者は、対象世界の一部を特定の価値に関係づけることによって、それを自らの認識対象として設定したわけだ。

極端な場合、他の人に関係なく自分だけが大切だとするものに関係づけることも可能である。ただし貨幣のように「通用するから価値物である」という理屈があるように、あなた一人にしか通用しない観点は、通用力がないので価値と呼べるものではないらしいから、「価値への関係づけ」というハードルを越えるためには、その観点の有意味なことを他人に説得し成功するという、さらなるハードルが課せられる。

さてヴェーバーは多様な宗教改革運動のなかのカルヴィニズムという信仰に注目した。正確にはその予定説という教理に、である。ここで彼が観点としたのは歴史的影響力であった（大塚訳一四四頁）。そもそも予定説がカルヴィニズムの本質的な教義をなすのか、ということについて議論があった。それにもかかわらずヴェーバーは、それ以降の歴史展開に対する「原因としての意義」（歴史的影響力）という価値を選び取り、予定説をこの価値に関係づけることによって、「予定説を要素とするカルヴィニズム」を考察対象に設定したのである。

❖理念型のユートピア的性格

理念型の議論では必ず触れられる「客観性」論文の部分がある。まず理念型が登場するのは、ドイツ経済学史上に名高い「方法論争」、つまりオーストリア学派のC・メンガーと歴史学派のG・シュモラーとの間で一八八三年に始められた論争の余波のもとにあったヴェーバー世代が抱く経済理論をどう考えるべきかという関心に答える文脈において、であった。ヴェーバーは抽象的経済理論を「事象の理想像を提供」するもの、とした。

思考によって構成されるこの像は、歴史的生活の特定の関係と事象とを結びつけ、考えられる関連の、それ自体として矛盾のない宇宙〔コスモス〕をつくりあげる。内容上、この構成像は、実在の特定の要素を、思考の上で高めてえられる、ひとつのユートピアの性格をおびている。（客観性一一一〜二頁）

これが理念型である。それは歴史的に与えられた近代の交換経済的社会組織の「理念」であって、「仮説」ではないが仮説の構成に方向を指示してくれるし、実在の叙述ではないが叙述に一義的な表現手段を与えてくれる。現実の経済事象のなかに市場との関連が働いていると考えられるなら、その関連は、理論という理念型に照らして具体的に把握し理解することができるようになる。

つづけてヴェーバーは「中世の都市経済」の例を用いる。この理念型は諸実態の平均というものではない。いくつかの観点を一面的に高めて、その観点に適合した個別の現象を集め、「統一された一つの思想像」に結合させてできたものである。だからそれは「概念的に純粋な姿では、現実のどこかに経験的に見いだされる」ことの決してない一つのユートピアである（客観性一一三頁）。

✣禁欲的プロテスタンティズム

この論理をふまえて「倫理」論文をみよう。一七世紀中葉スコットランド長老派にみられた宗教倫理と一七世紀末の南ドイツ敬虔派セクトに見られた宗教倫理には同じところと異なるところがある。どちらも一定の観点からみれば「禁欲的プロテスタンティズム」と呼ぶことが可能となる。例えばカトリックやルター派と比較すれば同じところが強調できる。一定の観点から見て論理的に矛盾を含まぬ要素のみから「禁欲的プロテスタンティズムの倫理」という理念型が構成されたのである。それは「現実」ではなくユートピア的な観念の産物で、構成されたものだ。そのうえで、違いを意識して主要形態が設定され、予定説に着目することでとくにカルヴィニズムを主たる検討対象としたのである。それゆえ、現実には諸宗派の教説のなかには千年王国論的要素があったにしても、そしてそれが教説の本質的部分をなす場合があったにしても、ヴェーバーの観点からすれば外されることになった。

「資本主義の精神」の場合でも、一八世紀半ばのアメリカにおける経済信条(心術)[★1]・営利観念と一八世紀前半イングランドのそれとが全く同じということはなかろう。それぞれが個性ある姿だったはずである。でもそれらは、私たちを強く規定している「仕事を天職として合理的に遂行する禁欲的な生活態度」という観点から、一つの理念型に構成されたのである。

✣セクト

信団、分派、教派などと訳されるセクトについても同様である。洗礼派系では、内面における聖霊の働きによって義とされた信徒のみが信団（信者の「教会」）を形成する、という論理であった。カルヴァン派では、信徒は教会にとどまるが救いの確証を得たエリートが汚れた人物と同席したくないという要求を満たす形として教会内分派的な集会をもつ、というものであった。現実には多様な形態があったけれども、プロテスタンティズムにおいては「恩恵の機関としての『教会』という原理と、宗教上の有資格者の団体としての『セクト』という原理」の二つの構造原理が長きにわたり対抗していた（「教派」論文九八頁）、という面を重視する観点からは、ユートピア的であってもかまわない「プロテスタンティズムのセクト」という理念型が構成される。宗派が問題なのではない。彼が重視したのは、「教団の権利を完全に享受してよいとの許可、とりわけ聖餐式に参加してよいという許可のもつ社会的な意義は、ひじょうなものがあった。それは、成立期における近代資本主義に適合的であったあの禁欲的天職倫理を、セクトのなかで培養する方向に作用した。禁欲的諸セクトの宗教意識は〔アメリカで私の体験した〔★2〕のと同様の仕方で〕数世紀にわたりいたるところで、ヨーロッパにおいても、はっきりそれとわかる作用をつづけた」（「教派」論文九五頁）ということであった。

歴史的個体

❖理解するということ

禁欲的プロテスタンティズムの理念型は、資本主義の精神という近代資本主義の人間的基礎を因果的に理解するため、つまりどんな原因があってそうなったかを理解するために構成したものである。理解ということに少しふれよう。人はあることがらを、その原因を説明してもらうことによって(因果的に)「分かる」。また感情移入して追体験的に「分かる」こともある。数学なら既知のヨリ単純な公式の応用・組み合わせであることを示されて(論理的に)「分かる」だろう。合理的論理的説明によって理解するときには、規則的および経験的知識を稼働することが必要になる。感情移入の場合は、スミスの共感のように同胞感情を用いた人間理解となるから、妥当性のある経験知がものをいう可能性は高い。

✣理念型からの距離

理念型は理解可能であることをめざしている。まず、夾雑物を外して論理的に無矛盾な概念構成(どこにも存在しないユートピア)を行ない、だれでも分かるようにする。そのあとで具体的な人物なり現象という現実の考察対象の個性を加味すれば、対象がどういう特性をもったものかが理解できる。だがこの論理の延長上に困った問題が登場する。

✣歴史的個体

ヴェーバー社会科学論の出発点が主観性とその表現である観点にあることは先に述べた。ここから認識対象の確定までを考えてみよう。個人の価値理念に関係づけられた個性的な現実の一部分の中味をよく調べて、真に価値に関係づけられる内容であるかを確認せねばならない。価値への関係づけといっても、初めから対象がそんなに明確になっているわけではない。対象をよく調べ、複合的な諸要素のそれぞれについて理解を深めていく。そして最初の価値理念への関係づけの他に、まだ別の価値との関係づけも可能であれば、それも試みておく。これは自分の初発に抱いていた価値理念へのとらわれを反省する契機にもなる。そのなかで、やはり最初に目をつけた質、ユニークな特質、個性が明確に浮かび上がってくればよい。いわば理念型を構成し、そこから連続的に現実へと迫ってゆく手法ともいえるから、無限の混沌としての現実ではなく、あくまで対象についての理解可能な概念を構成していることには変わりない。

こうして対象に様々な価値関係づけをおこなうこと(=価値解釈)で、理解は深まってゆく。このような価値関係づけによって内容が明確になった対象を「歴史的個体」と呼ぶ。さて、これは理念型と言えるだろうか。理念型の構成論理の延長上だから、言えるといえば言える。

たとえば「イタリアのルネサンス文化」という歴史現象があった、と見よう。これは政治理論や楽器の実験、建築・絵画・彫刻の様式など複数の要素を抱え持つ現象なので、かなり抽象度の高い価値とそれに見合う観点を用意しなければ、理念型の構成は難しいが、それがあったとする時点で、すでに観点は用意されていたことになる。それにしても時空を(例えば一五〜六世紀イタリアと)限定された現象であり、ミケランジェロやピコなど具体的人物のアンサンブルとして受けとめたいところだ。つまりは内容豊富な「歴史的個体」としたい。

✣純粋型

だが一方で、第1章に見た「目的合理的」行為も立派な理念型であろう。となると幅が広すぎはしないか。ヴェーバー自身も『経済と社会』の基礎概念を書く時期には、こうした行為の基本形を「純粋型」と呼んでいた。約二〇年のあいだ、彼が同一の論理・用語を堅持していたと受けとめてあげる義理のない筆者はこう考える。彼は必要に迫られて理念型的概念構成の論理をていねいに展開した。その結果、その産物として一方に「純粋型」、他方に実態に限りなく近づこうとする「歴史的個体」が生まれた。つまりスペクトルをもった概念構成の場が現れた。中間あたりでは理念型の語感がぴったりするが、論理の問題としては両極も理念型ということになる。当然、批判も出された[★3]。ここでの結論は、「ヴェーバー=社会科学方法論=理念型」という三題話の最終項のところを「理念型的概念構成論」に置き換えることにして、「とりあえず分かった」ことにしておきたい。

2　科学の分類——自然と文化

人が何かを知りたいというとき、その認識関心の方向は科学の分類という形をまとうことにもなる。ここでの議論は、ヴェーバーが「倫理」論文の妥当性をどう考えていたか、を明かすことにつながる。彼が課題として掲げたのは、第2章で見たように、利潤追求活動が天職とまでされたというユニークな現象は、「どのような思想世界にその源泉をもったのだろうか」ということだった。これは歴史的な原因を説明することで答えられる。つまり歴史的因果関連を提示することが必要である。第4章で答をみたからもういい、とは済ませずに、答え方の手続きや妥当性をさらにみていこう。それが歴史学の性質を学ぶことになるからである。

ヴィンデルバント

一九世紀中葉以降の自然科学の発展はめざましく、人文・社会の科学でも科学の方法は自然科学を手本にすべきだという考え方が強まった。また当然ながら反発もあった。議論は物理学と歴史学では知識の性質が異なるのか、というところまでいった。哲学者がこの問題を扱いだし、十九世紀末には有力な見解がでてきた。

❖法則と事件

ヴィンデルバントの「歴史と自然科学」(一八九四年。篠田英雄訳『歴史と自然科学・道徳の原理について・聖』一九三六年、岩波文庫)は、まず対象の区分に対応して、「直接に経験的所与の認識を課題としない」合理的科学(数学、哲学)と、「知覚されうる実在の認識を任務とする」経験科学、という分割を示した。問題は後者である。以前から経験科学は「自然科学と精神科学」に二分されてきたが、これは古代末期以来の「自然対精神」図式にのっとった対象による区分であって、認識目的の対立によるものではない、とした。

彼は認識目的による区分についてこう説く。一般に精神科学の目的は、ある時点における唯一無二(一回性)の出来事をあますところなく記述し理解することにあり、歴史的諸学科はまさしくここに含まれる。そこで、知覚可能な実在を対象とする経験科学を認識目的によって区分するならば、普遍的法則を追求する法則科学と、特殊的・歴史的事実を求める事件科学、という区分になるだろう、と。

❖「法則定立的」と「個性記述的」

彼の論考が注目される理由はこの先にある。目的の違いに応じて認識方法も異なり、それによって区分できることになる。法則科学は自然法則を備えた普遍的なるものを求めており、法則定立的(nomothetisch)といえる。これに対して事件科学は、歴史的に規定された形態を備えた特殊的なるものを求めており、個性記述的(idiographisch)といえる。言いかえると、これは自然科学と歴史科学の対立である。この方法的な意味では、従来は精神科学に含まれて疑念のなかった心理学は自然科学に入れられるべきものとなる。「法則定立的」なものと「個性記述的」なものとの対置、これが彼の重要な功績である。

法則定立的と個性記述的というのは、あくまで対象の扱い方の違いであるから、同じ対象でも両方のアプローチが可能となる。また法則的なものと一回的なものというのは相対的な関係であって、例えば生物学では、人類の発生は法則的な生物進化の一コマではあるが、同時に一回的な(ユニークな)

出来事でもある。人は一回だけのこと、ユニークなものの方に強い興味を示し、それを価値あるものと感じる傾向がある。ヴィンデルバントは、だがそうした歴史的な現象・事件の因果的説明の場合でも、事物一般に関する普遍的表象、すなわち法則定立的科学の成果を前提としているものだ、と付言することを忘れていない。

リッカート

✣自然と文化

ヴィンデルバントのいう法則定立的手続きと個性記述的手続きの対置をうけて、リッカートは『文化科学と自然科学』(一八九九年)において、これを「一般化的方法と個性化的方法」と呼ぼう、と提唱した。そして対象の相違に応じて、まず自然科学とは、価値や意味を離れた自然を対象として、これを普遍的概念の中にいれる科学である、とする。精神科学については、意味に満ちた価値関係的文化を叙述するから、一般化的手続きでは不充分であり、対象の実質的な特色・特殊性を正当に扱うために個性化的考察を必要とする科学なのであり、また心を探究するのが主眼ではないから、精神科学というよりはむしろ歴史的文化科学という名称がよい、とした。そして自己の課題を、非自然科学的な経験的諸学科の共通の関心・課題・方法を規定して、自然研究者との境界をなしうる概念を展開すること、文化科学とはどういうものであり、自然研究とどういう関係に立つかを明らかにすること、と設定した［★4］。

✣異質的連続

リッカートは興味深い現実の見方を提供している。経験的現実とは、空間的・時間的外延からすれば連続的であるが、二つとして同一のものはなくすべて個性的であるという面から見れば異質的である、として、現実とは、「異質的連続（heterogenes Kontinuum）」であると捉えた。そのことは、概念とはありのままの現実を模写することによって出来上がるとする概念模写説の不当性を言い当てていた。現実はそのままでは概念化できない。

したがって、現実を同質的連続へと変形すれば、一般化的方法により合理的に把握できる、つまり概念的把握が可能となる。このやり方は、例えば複雑な現実を量的世界に還元して数学的に扱う諸科学がやっている。だが、そこでの同質性（家一軒二千万円、パン一個百円の円）はもはや実在的なもの（住居と食品の差異）を捨象したことを忘れてはならない。逆に異質的不連続に変形することによって、現実は、特異・個性的なものとして個性化的方法を用いて概念化されることになる。どちらの方法も、思惟による現実の加工という概念構成手続きなのであって、模写ではない。

✣マトリクス

以上の対象と方法の二分法を整理すると参考図が描ける。対象を「自然と文化」に分けることで、

対象／方法	自然	文化
自然	（A）	（B）
歴史	（C）	（D）

例
（A）物理学、化学
（B）経済理論
（C）臨床医学（二人として同じ患者はいない）
（D）歴史的文化科学（歴史学）

参考図　科学の分類

まずは「自然科学対文化科学」となる。自然と文化の区別をまとめておこう。自然とは、ひとりでに発生したもの、「生まれたもの」、おのれ自らの「成長」に任せられたものの総体である。文化とは、価値を認められた諸々の目的に従って行動する人間によって直接に生産されたもの、あるいは少なくともそれに付着する価値のゆえに人為によって養護されたもののことである。

つぎに、形式的類別原理としての自然科学的＝一般化的方法と、歴史的＝個性記述的方法を区別する。これは普遍的法則の概念と特殊的で個性的な一回的生起の概念の区別といってよい。二つの区別線を直交させて四つの象限が得られた。

こうしてリッカートの科学の分類は、ヴィンデルバントのそれから出発しながら、さらに精緻なものとなった。歴史的文化科学は、文化科学としては、文化価値に関係づけられ、意味に満ちたものとして了解しうる客体を論じ、歴史科学としては、対象の一回的生起をその特殊性と個性とにおいて叙述する。だからヴェーバーが「倫理」論文で設定した課題は、この歴史的文化科学にぴたりと当てはまっている。

3　多様な関心

人が何かに関心をよせるとして、その関心の中味はどんなだろうか。これを〈しつこく〉分析した論稿が「文化科学的論理の領域における批判的研究」（一九〇六年）である。その前半は古代史家E・マイアー〔★5〕の歴史の方法を論じた書に対する批判であり、そこに出された事例をほぼそのまま借りて、さっそく論理的整理だけを手早く見ておこう。事例を、「プロイセン国王フリードリヒ・ヴィルヘルム四世は瀟洒な上着を着ていたが、彼は、フランクフルト国民議会の代表者がドイツ王に即位してほしいという要請を拒んだ」としておく。これはドイツ三月革命史の政治的ハイライトだが、細かな話は省く。ドイツ統一が一八七一年だということを知っておけばよい。

✥戴冠拒否と王の衣装

まずは「国王はなぜ拒んだのか」という問いが出されるだろう。この拒絶によってドイツ統一が後日まで課題として残り、プロイセンの諸邦にたいする軍事的制圧とすら見えるドイツ「統一」がなったのだから、この拒絶という事実が大きな歴史的意義をもったことは明白である。だから意義の大きいことがらに着目するのは当然と思われる。この関心が向けられているのが当然とされる「歴史的意義」とは、後世への影響の大きさのことであろう。そのことが原因として大いに作用した、と言い換えてもよい。この話には、私たちの関心とは、歴史的意義の大きい出来事に向かうのが当然だ、という理屈が前提されている。

だが関心のあり方はほかにもあろう。衣装が気になる。「国王の衣装はどんなものだったのか、また誰が作ったのか」という問いはどうか。政治史の勉強会でこの問いを発すると「空気読めないヤツ」に(おそらく)されるだろう。荘重な衣装なら意思決定の内容が変わっていたのでは、とのサポートはあるまい。これがモード史の研究会なら事情は異なるはずだ。その衣装を具体的に知ることは「何か」の役に立つからである。

「何かとは何か?」の問題は後に回すとして、衣装への関心は「歴史的影響力」ないし「原因としての大きさ」を問うものではなく、別の何かを知ろうとする関心であるようだ。以上の例だけからでも、すでに、関心には二種類あることが分かった。

実在根拠と認識根拠

私たちがある対象に歴史的関心を向けるのは、その対象に私たちの関心を引くような何ものかがある、との予感にもとづいている。その何ものかを「歴史的意義」と呼んでおく。しかも関心には少なくとも二種類あるから、そこに表現されることになった歴史的意義には少なくとも二種類ある、ということが言えそうである。

ヴェーバーは二種類の関心に名前を与えた。戴冠拒否のように当該現象が原因としての歴史的意義をもつとの予想にもとづくものを「実在根拠に向かう関心」とし、衣装がどんなだったかと問うように、それを知ることが他の「何か」の認識に資するだろうとの予想にもとづくものを「認識根拠に向かう関心」とした。

✣実在根拠(Realgrund)

この二種の関心が向けられる現象・出来事の側から言い直してみよう。まず前者から。

関心の対象となったのは、それが歴史的にその後の展開に対し原因として作用したであろう、との予想があったからだ。予想が正しければ、この対象は歴史の因果の鎖の一環として位置づけられるであろう。実在根拠を原因と言いかえれば分かりやすくなる。

ではクレオパトラの鼻の高さへの関心(興味?)はどうか。「あと十センチ高かったら」シーザーやアントニウスらローマの賢人が(ピノキオなみの鼻の)クレオパトラに心を動かすことはなく、古代ローマ史も違った運行をたどった、かもしれない。実在根拠に向かう関心の要件は充たされていそうだ。現実味をもたせるなら、「あと四ミリ低ければ」とすればよかろう。だがこうした「たら・れば」歴史観がはたして実際の歴史過程の客観的な原因を突き止める作法として通用するだろうか。この作法の吟味は次章でおこなう。

✣認識根拠（Erkenntnisgrund）

先に何かの認識に資するとしておいたが、ここで「何かとは何か」を明らかにしなければならない。それは一種類のものではない。まず、A、その衣装は国王その人のファッションセンスの表現だとすれば、「国王の人格」を服装の面から明らかにできるかもしれない。あるいは、B、ドイツの多くの宮殿のモードを示す例として重要であり、よく知られているこの時期のイタリアの諸王侯貴族のモードとの伊独モード比較につながる「ドイツ類型」の例になりうる、かもしれない。もっとゆるく、C、身分制強固な社会では貴族の衣装は下層民と素材からデザインまで当然違うだろうから「貴族の衣装」という概念の構成に役立つ要素がそこには必ずあるだろう。この三つのうち、BとCの場合は国王の衣装でなくてもいい。だが国王を含めてもいい。さらには、D、歴史的影響力など関係ない、とにかく素晴らしい衣装なのだから関心がある、という場合もあるだろう。Dは次項にまわす。

ヴェーバーは「ゲーテのシャルロッテ・フォン・シュタイン夫人宛ての手紙」（全二三通）を例にした。早熟マックスは若い頃にゲーテ全集を読破していたので使いやすかったのだろう。二六歳のゲーテは人妻への恋文を、返事をもらいながら幾度も書いた。この手紙への関心をどう分析するか。まずこの体験がゲーテの作風に影響を与えたとすれば、手紙は実在根拠となる。問題は、そうでなかったとしたら、の場合だ。A、モノがモノだけに手紙には「ゲーテの人生観」が表われている。だが彼の人生観の認識に手紙が役に立たないときはどうか。B、一八世紀末のドイツ人が人妻に宛てた手紙は、他の時代、他の国のものとは違った歴史的特徴、「ドイツ教養身分層の独自な（類型的な）生活態度」を示しているかもしれぬ。C、そうした歴史文化的特徴もないとしたら、そうした個性的条件を一切はずして、（ヴェーバーはそうとは書いていないが）不倫誘発の条件が整った場合にはまず「規則的にこうしたことが起こる」から、ゲーテには申し訳ないが、手紙の内容を抽象化して一般化し、社会心理学的な分析の課題とすることができる。

ヴェーバーの表現（歴史六一〜七〇頁）を用いて整理しておこう。関心の対象は、

①その事実のもつ性質から一つの歴史的な因果関連の中に組み入れられ得る。

②認識手段として、なにか特徴的なものを表現している可能性がある。（A）

③便利に利用できる歴史・文化比較史的「類型」の一つの範例として利用できる。（B）

④ある種の類概念の構成に役立つ要素を含むものとして利用できる。（C）

⑤それ自体の「内容の持つ独自性の点で我々にとって評価の対象」となる。（D）

歴史的関心とは決して一様ではなかった。論理的には「実在根拠に向かう関心」と「認識根拠に向かう関心」を区別することが重要である。この論理と用語は「倫理」論文でも用いられていたが、もはや理解は容易であろう。恩恵の地位は行為によって獲得できるものではない。

ウェズリーが当時の行為義認主義を攻撃したさい力を入れて説いたことがらは、単に古ピューリタニズムの思想の再活性化で、行為は恩恵の地位にあることの実在根拠ではなくて認識根拠にす

ぎず、それも行為がひたすら神の栄光のためになされるばあいだけだということだった。（大塚訳二五七頁）

ここでの認識根拠は、上記の例でいうとAにあたる。行為が恩恵の地位をもたらす原因ではないが、それを知る有力な手がかりである、と説かれたのである。

4 歴史研究の効用

ヴェーバーの整理でいう⑤（私たちの例ではD）が残った。ゲーテの手紙の例で追求をつづける。ヴェーバーは手紙の内容が、この手紙以外にゲーテの情報がないとしても「そのあるがままの姿で、その内容の独自性の点でわれわれの評価の対象」となる、としている。ここから二つの論点が引き出せる。まず、評価とは対象のもつユニークさに、他とは代替できないものに結びつく、ということ。つぎに、対象独自の固有性の点で価値ありとする評価は、その対象が私たちにとって思索の、そして思惟による加工（解釈）の対象となる理由（根拠）を示してくれる、ということ。後者から取りかかろう。

✣ 価値解釈

手紙の内容検討（解釈）は、その精神的な意味内容を「理解する」ことを教えてくれる。文面から漠然と感じられたものが解釈を通して明確となる。内容の豊富な要素が評価の対象となるまでに明らかにされる。ただし、解釈は対象を分析する過程で一定の価値判断を下すとかそれを暗示する必要はない。解釈は、対象が複数の価値関係づけの可能性をもつ、ということを示唆するものなのだ。価値にかかわる内容を解釈して理解できたとしても、その解釈が特定の立場の決定に導くわけでもない。潔癖なあなたならこの不倫に傾く手紙の内容を「理解した」うえで、拒否するとしよう。忘れてならないのは、あなたの拒否が「彼の感情生活が最も繊細をきわめた時の燃えるような情熱と禁欲との結びつき」を理解したうえでのことだ。

✣価値感受性

ゲーテの手紙、マルクスの『資本論』、ルソーの『告白』、システィーナ礼拝堂の天井画、どれを対象に選んでも同じことだ。ここでいう解釈がなされる場合に共通なのは、形式的な要素である。つまり、こうした解釈が意味するものは「評価」のいくつかのありうる「観点」と「着眼点」を発見することにある、という論理形式的要素なのだ。解釈は、特定の評価に都合のいい材料をいろいろ補強しようとも、それ自体としては評価を要請しない。だからといって無価値なことではない。あなたは、ゲーテがどんな人であるかも知らぬまま、手紙の内容の解釈により、彼の「凄まじい激情を交えた禁欲的な生き方」にふれてそれを理解し、その上で手紙に否定的評価を下したという経験をもった。

解釈するというのは、解釈者自身の内面的生活や精神的視野を広げること、その人が生活の様式のもろもろの可能性と陰影をそういうものとして把握し考察し、その人自身の自我を知的に、美的に、(広義での)倫理的に洗練させながら展開し、さらにその人の心の(そう言ってよければ)価値に対する感受性を一層鋭いものにしうる力をその人に与えるものなのである。(歴史七四頁)

その人とはあなたである。多様な関心の分析はここまで来た。とりあえずは歴史研究の(最大の?)効用がここに示された、としておこう。

✣歴史的個体

だがすぐに前言撤回の必要が出そうだ。経験科学とは経験的なものを思惟によって整序することを課題とするが、話は歴史研究(=歴史科学)の、いや科学の限界にまでやってきたのである。まずあなたの対象は、もはや歴史的なものである必要がなく、村上春樹や綿矢りさの作品であってかまわない。だから生きてゆく上で外界に関心を向けること、その外界を自身で納得のいくように理解しようとすると必要になる概念的把握、分かった上での価値判断と立場決定、そして享受・堪能の対象の獲得、そうしたことがらの一般的な作法にまで話が進んだかのようである。

これは行き過ぎなので少し戻そう。ありうる価値関係づけを充分に検討された対象は、様々な価値的視点からの評価を待つ存在となった。ただし丸裸にされたわけでもない。あくまで観察者にできる範囲での価値解釈がほどこされたにとどまる。それでも無限かもしれぬ外界の一部が、こうして構成要素のそれぞれを価値と関係づけられて観察者のまえに据えられたのである。ヴェーバーはこれを歴史的個体と呼んだ。これは理念型的概念構成の限界事例、いや限界を超え出た事例ではないだろうか。

話を反対側からなぞってみよう。私たちは、理由もはっきりせぬまま特定のモノ・コトに興味を抱く。それをよく知りたくなる。知識と理解力を総動員して、この対象の姿をはっきりさせようとする。その知識には歴史的因果関連に関するものも含まれよう。これはいったいなぜ現れたのかと尋ね、その原因も知るようになる。こうして興味の対象とされたものは様々な価値評価の対象となりうる側面までも特定されて、歴史的個体になった。実在根拠や認識根拠への関心といった手続きも、すべて歴史的個体の作成の手段とされている。前項3のストーリーが逆転したようにも見える。

❖「倫理」論文の始点

ここまでくると「前言撤回」はしなくてもよさそうだ。ヴェーバーは大学教員の仕事が忙しすぎて、仕事に喜びを感じられなくなったのではないか。周りにあるのは合理的な組織行動、仕事中毒、禁欲的な天職遂行・職業義務の観念、営利追求がスポーツになった経済界。こんな世界はかつてあっただろうか。というわけで、この対象のユニークさに関心をもった。もちろんすぐさま否定・拒絶しようなどとは考えていない。この関心は、無限の現実から「近代の合理的生活態度」なる理念型の構成へと導いた。そしてこれを「歴史的個体」にまで仕上げようとしたとき、なぜこんなものが、という因果的説明の欲求が生まれる。

厳密さを少し加味すると、ヴェーバーの作業は次のように言えるだろう。まず合理的資本主義が文化一般への規制力をふるう社会の認識に始まり、その特徴的なもの・ユニークなものを特定し、それが一八世紀には「資本主義の精神」という形で現れているとみて、その因果的説明をおこなった。

だから歴史的という語とは、「いま」に対する評価的態度に裏打ちされた認識関心からものを見ることで意味をもつ語なのだ。価値感受性に富むあなたでなければ、西洋の一三世紀の人物の事跡に感嘆することもできないだろう。また、いにしえ人についての知識をふやすことで、これまで目の届かなかった「現代」の諸局面に価値関係づけをほどこす能力を高めることもできるだろう。「倫理」論文の著者を筆者の水準に貶める意図はない。思考実験につきあってもらっただけである。

テキスト

富永祐治・立野保男訳、折原浩補訳『社会科学と社会政策にかかわる認識の「客観性」』一九九八年、岩波文庫。（**客観性**）

中村貞二訳「プロテスタンティズムの教派と資本主義の精神」『世界の大思想Ⅱ-7　ウェーバー　宗教社会論集』一九六八年、河出書房新社。（「**教派**」**論文**）

祇園寺信彦・祇園寺則夫訳『歴史学の方法』一九九八年、講談社文庫。（**歴史**）

マイヤー、ウェーバー『歴史は科学か』森岡弘通訳、一九六五年、みすず書房。

参考

山田正範「ヴェーバーの社会科学方法論」住谷・小林・山田『人と思想　マックス＝ヴェーバー』一九八七年、清水書房。

註

★1——経済心術。Wirtschaftsgesinnung の訳語。信条とか確信ともされるGesinnungは、「職業としての政治」では「責任倫理と信条倫理」の対句でも使われる。この語に注目したコールバーグは「倫理」論文の英語版解説の中で、Frame of Mind の語を当てている。M. Weber, *The Protestant Ethic and the Spirit of Capitalism.* New introduction and Translation by Stephen Kalberg. 2002, Oxford: Blackwell.

★2——Lawrence A. Scaff, *Max Weber in America* (2011, Princeton & Oxford: Princeton Univ. Press) は、「教派」論文に描かれた川での洗礼見物を含んだ一九〇四年のアメリカ旅行を仔細に史料的にあとづけたもので、これまで知られていなかったヴェーバー夫妻の行状をつまびらかにしている。訪問地や交遊などの（新）事実関係やアメリカ人ならではの示唆も多く、有益にして思いがけぬ記述に出会える。

★3——小林純『ヴェーバー経済社会学への接近』（二〇一〇年、日本経済評論社）第二章およびそこに挙げた文献がこの問題を扱っている。

★4——新カント派の科学の分類については九鬼一人『新カント派の価値哲学』（一九八九年、弘文堂）。ヴェーバーとリッカートの影響関係は難問のようだ。向井守『マックス・ウェーバーの科学論』（一九九七年、ミネルヴァ書房）ではウェーバーからの影響の指摘がある。なお岩波文庫版の佐竹・豊川訳『文化科学と自然科学』（一九三九年、岩波文庫）は一九二六年版が底本である。

★5――テンブルックは「マックス・ヴェーバーとエードゥアルト・マイヤー」(モムゼン/オースターハメル/シュヴェントカー編『マックス・ヴェーバーとその同時代人群像』一九九四年、ミネルヴァ書房)において、マイアーのヴェーバーに対する別の(あまり知られていない)影響を示唆している。その内容はかなり重いのだが、論拠の点で支持の声は聞こえてこない。

第7章

社会科学的認識

この章では、「客観性」論文に「価値自由」論を読み込む。前章の科学の分類のところで見たように、科学そのものが主体の認識関心にもとづいて成立していた。いわば主観的な関心を出発点にしている。だが私たちは一般に、科学は客観的なものであるという、いわば信仰のようなものを抱いているのではないか。客観的法則というなら、主観から出発するヴェーバーの出る幕はなくなりそうだ。科学観、法則観が違っているのではないか。こうして前章に引続き、ヴェーバーが科学に求めたものを探ることになる。また歴史・社会の諸現象を理解するという課題をもった科学に何ができるのか、ということにも触れる。

1　自然主義批判

前章で知った理念型というものがどういう脈絡で登場したのかを、もう少し調べておこう。これも前章で触れた経済学の方法論争と科学の分類にかかわっている。経済学の理論の性質がどう理解されたか、から始めよう。

方法論争

✣主観的効用

経済的価値とはなにか。市場に現れる財の価値は、販売価格という形で表現されている。財が販売にまでいたる間にかかった費用(コスト)と販売者の利益とを足したものが価格になる、というふうに見えるから、価格は費用＋利益となろう。だがこの費用も、そこに至るまでの中間段階で要した費用＋利益の合計のはずだから、結局、費用と利益とはなにか、という問題になる。これはつまり財の価値は、生産過程で決まってくる、という考え方である。費用の中味も生産に要した労働の量(労働時間)や用いた技術などに規定される、と見られていた。こうして生産過程においていわば「客観的」に規定された価値の大きさが、市場の需要の大きさと向き合って、そこで市場価格が決まる、とされていた。

一八七〇年代に始まった限界革命とは、財価値の決定には需要側の要因を、それも「限界効用」という「主観的」なものを重視する考え方に発したものである。需要側(消費者)の手持ちの財量にもう一単位追加されたときにもたらされた効用の大きさ(限界効用)こそが、その財への需要の大きさを決定するものだとされた。不正確な表現だが、生産サイドから需要サイドへの重点の移動、客観的価値規定から主観的価値規定への転換、という変化であった。かつてはこの新たな見方を「主観価値説」と呼んでいた。

もっとも、消費者の購入の時点で価値の大きさが決定されるとなれば、その価値量は何らかの形でさかのぼって生産に要した複数の中間財の価値を(いわば後づけで)決める理屈が必要になってきて、生産の時間と価値の帰属を論じることになった。この道を進んだのがメンガーに始まるオーストリア学派であった。また中間財・消費財を問わずあらゆる財市場で限界効用により決まる需要の力をそのまま認めて、すべての市場で取引される財の量・価格が相互依存関係の中で同時に決定されると考えれば、連立方程式で解をだせるという道を進んだのがレオン・ワルラスを創始とするローザンヌ学派である。彼らは無時間空間の物理学モデルの適用とも見られる「一般均衡理論」を打ち出した。ドイツでは同じドイツ語圏のオーストリア学派の影響が強く、この新機軸に基づいて経済学における理論の地位向上をはかる動きが高まった。方法論争の激しさの核心はここ「理論の地位」にあった。

❖理論と政策

経済学史の復習はここまでとして、問題はこのあとだ。中味はいろいろあったが、新たな経済学は、結果として経済法則というものの厳密さを誇り、経済理論の科学的な立場をアピールできた。「経済現象には法則が貫徹しており、経済理論で諸現象が説明できる」という経済学の主張はもっともらしさを強めた。理論は、イギリス古典派以来、希少資源の効率的利用のあり方を示すものと受けとめられていたから、新たな基礎づけを得た経済学が、そこから「市場に経済法則が貫徹することによって実現できる財の最適配分を人為的に歪めてはならない」と主張するところまでは地続きだった。だがこの主張が別に新たなものではなく、古典派以来の(古い)ものであるのは第5章ですでに見たとおりである。

経済理論の性質

❖法則科学

この状況に由来する問題があった。前章の科学の分類で示した参考図を見てほしい。理論に強く傾斜した経済学は、経済現象を対象にして一般化的・法則定立的方法を用いる学だから、図のBにあたる。耳慣れぬ日本語となるが、定義上「文化的自然科学」と呼んでよかろう。自然的文化科学としてもいいが、方法が「自然」の側のものを対象がなんであっても「自然科学」と呼んでおく方がここでは説明が楽なので、そのまま続ける。

参考図のA、いわゆる自然科学の発展により、「歴史」を対象とする諸学科でも方法としての「自然科学」、つまり法則定立的方法を用いようとする動きが出てきたが、理論経済学はまさしくこの動きを象徴するものとなったのである。論理的に経済人モデルを構成し、それが合理的に行為するならこうなるしかない、という帰結を叙述することによって、一貫した合理性を保った理論が組み立てられる。こうして経済現象に貫徹する(はずの)経済法則が定立される。現実の人間＝経済行為者がそれから外れた振舞いをみせれば、それは合理的でない、と判断できる。この理論は、研究者の好き嫌いや価値観、理想などに依存しない「客観的な」ものだ。理論定立作業からは作業者の主観的価値判断がきちんと排除され、価値自由な科学となる。「自然科学」従事者は、つまりはあなたをも含む世界の知的認識をめざしてそこに働く法則を知りたいと思う人は、みなそう考えたのではないか。科学についての一般的なイメージは、いまもそんなところだろう。

合理的であれ非合理的であれ経済行為者の活動成果の集計を「客観的」に観察して得られる結果を出発点におけば経済世界に貫徹する法則的なものが得られる、としてマクロ経済学の基礎を理論化したケインズが登場するのは後の一九三〇年代の話。合理的とか客観的といっても、じつは様々な文脈で用いられる。

✣自然主義

ドイツにもどれば、こうした「自然科学」によって得られた法則が現象に貫徹している、そしてその法則が現象世界を支配する(はずだ)という見方が、極めて有力になった。経済学はその象徴的なものだが、ほかにも心理学的法則によって歴史発展を説明しよう(ランプレヒト)としたり、遺伝的資質の規定力を大きく評価したり(いまの血液型性格判断はその通俗版か?)、エネルギー法則によって人間世界の現象を説明しようとする試み（社会エネルギー論）も存在したのである。これらの試みは、ともすると社会の一元論的把握の可能性すら僭称することになった。そこまで行かずともこうした自然法則観は、法則が人の行為の決定要因に大きく繰り込まれて行為の規定的要因となっている、との主張に導いた。これを自然主義と呼んでおこう。学問世界に自然主義が跋扈する状況となり、マックスは弟のアルフレート・ヴェーバーもこの傾向に毒されているとこぼすこともあった。

2 自覚的生き方の作法

❖「客観性」論文の成立事情

ヴェーバーは「客観性」論文でこの自然主義批判を行なうが、この論文の成立事情を記そう。社会民主主義者H・ブラウンは一八八八年に『社会立法・統計アルヒーフ』を創刊して編集者を務めていた。これを一九〇四年にヴェーバーの友人E・ヤッフェが買い取り、ヤッフェ、ゾンバルト、ヴェーバーの三人でこれを新たに『社会科学・社会政策アルヒーフ』と改題して発行することになった。「客観性」論文はその最初の号（ブラウン時代からの継続を意識して巻数は第一九巻）に、新編集者の方針宣言として書かれた。短い第I部は三人の編集者の共通見解であり、長い後半の第II部はヴェーバー個人の見解であることが明示されている。雑誌は、今後は社会政策に限らず広く社会科学全般の問題を扱う論稿を載せることになった。

この、旧雑誌との継続という成立事情に由来することがらを糸口にして、ヴェーバーは前章でみたような価値関係論や理念型論を展開したのである。創刊以来この雑誌が目標に掲げてきたことは、「社会生活の事実にかんする認識を広げることとならんで、社会生活の実践的諸課題に対する判断を錬磨すること、したがってまた、実践的な社会政策を、立法に関与する諸要因にいたるまで、批判の俎上に載せることにもあった」（客観性二五〜六頁）としている。ここで「判断を錬磨する」というのは実践的な価値判断の能力を高めるということだろう。では価値判断とはどのように行なわれるのだろうか、またその判断の規範となるのはなにか。さらには、社会政策を科学的に批判するとはどういうことか。新雑誌の方針にかんして継続を意識するだけで、こうした問題が連なって生じている。

まずは社会科学になにができるかという問いへの答を整理することから始めよう。そこからまた話が広がるはずである。

科学的批判が意味するもの

社会政策とは、現実に社会問題と呼ばれる「善くない、解決すべき状態」の認識があり、それをその認識者の「理想」にかなう（それに少しでも近い）状態に変えるという「目的」のために、政策「手段」を選んでそれを実行しようというものである。ヴェーバーは人間の行為のレベルにこの「目的」と「手段」の関係が究極の要素としてある、というところから始める。

科学的考察がおのれの権能としてなしうることとしてヴェーバーが述べたことを要約的に掲げよう。それは、

①「目的が与えられた場合、手段が、どの程度適しているのか、という問いに答えること」、

②所与の目的を達成する可能性があるとして、そこに必要とされる手段を適用することが、本人の意図とは関係なく生じる出来事の諸関連を通して、当初目的の達成のほかに、「いかなる結果をもたらすことになるかを、知識の限界内において、確定する」ことができる、

③意欲されたものの意義に関する知識の提供、

④意欲された目的とその根底にある理想を、批判的に「評価する」こと、

の四点であった（以上、客観性三一〜三四頁）。すこし例もまじえて説明しよう。

❖技術論的批判

①は分かりやすい。選択した手段の適切さの検証であり、目的達成の客観的な可能性を評価することである。②はありうる随伴結果の可能性の予測と言いかえればよかろう。意図した結果と意図しない結果を比較検討し、なにを・どれだけ犠牲にするかを当該手段の選択者（意欲する主体）に問うことになる。以上を技術論的批判と呼ぶ。

アベノミクスを例に少しだけ。「第一の矢」は「異次元の金融緩和」として放たれた。貨幣供給量を増やし、物価上昇・デフレ脱却により景気回復を目指すというものだった。最近の指数発表によれ

ば物価の上昇は見られたが、主に消費税引き上げが原因だとされている。ただ、自民党政府が構造的に自己の存在根拠とせざるをえない不可避の株価政策（筆者の語では株屋政治）の面では、確実に目的を達成した。①の点は、金融緩和策が金融市場にかんする知識（科学的考察）によって是認された。

同時に、②の面ではどうか。一般に金融緩和策は、貨幣供給増で利子率低下をもたらし、投資増および雇用増につながる、という理屈で正当化される。だが同時にインフレを招きバブルの下地をつくることが一般的には懸念される手段でもある。賃銀・物価上昇の見込みは始めからなかったから、首相が大企業経営者を訪れて「賃上げお願い」行脚したという笑い話、でなく実話が報道された。株価の次の景気対策は国債発行による追加的補正予算（財政出動という「第二の矢」）で行い、理論上GDPを上乗せすることが可能である。国の借金一千兆円を越えてもだれも痛痒すら感じなくなっているのが今の日本だ。財政規律無視メンタリティーの増幅という随伴結果に政治家が「気づかないふり」をしている。これにもさらに「政治家不信」という随伴結果があったのだが。歳入不足の解消を目的に国債発行という手段を採るのは、借金拡大は目に見えているが、つまり②のことは（科学ならぬ常識でも）理解しているが、それを承知したうえでの手段選択だ、ということである。

✣目的論的批判

以下の二つはやや性質が異なり、目的の背後にある理念にかかわるもので、これらを目的論的批判と呼ぶ。③は、意欲する人間が目的を選ぶときに、その目的の根底に潜んでおり、当人が明瞭に意識していないかもしれぬ理念をはっきりと取り出して当人に理解させること、と言えようか。この理念の明確化というのは、いささかおせっかいな感もするが、そのおかげで、目的設定を理念と関連させて行なうときの当人の自覚をこのうえなく高めるであろう。

デフレ脱却のためにインフレを目標として金融緩和策を採るとして、インフレとは通貨価値の低下だから、働かないで定額のレント(利子・地代など)を所得とする人を冷遇することを意味する。ここから「働かざるもの食うべからず」までには距離がありすぎるが、資産のあがりで生活する人には我慢してもらう社会が望ましい、くらいにまではつながるだろう。裏をかえせば、弱者・老人には辛い社会かもしれない。ただ、理念の明確化が厳しい作業であるのは確かだ。

また勤労を自己の理念として、家庭より仕事をという生き方を選ぶとしよう。その勤労が理念たりうるのは、それが歴史的に、「倫理」論文が示すような宗教的(恩恵の地位の認識根拠)根基から伝わった天職観念の遺産であったり、お家繁栄という「イエ」共同態時代のジェンダー観念のなごりであったりする。理念について経験科学的に知りうることを教えられれば、当人は理念をヨリ深く理解することになろう。ヴェーバーは、このような理念を解明して人に精神的に理解させることを「人間の文化生活にかんするあらゆる科学のもっとも本質的な任務のひとつ」(客観性三三頁)とすらしている。そしてここまでは「経験的現実の思考による秩序づけ」である科学の範囲だ、とした。

✤自覚的な生き方

最後の④は、②と③を重ねた作業のような形をしている。目的とその根底にある理念の批判的評価というものだ。技術的批判の②では目的・手段関係を吟味した。ここでは目的と理念の関係が吟味される。そこに矛盾はないのか、との問いかけである。

反省しなければいけないことはたくさんありそうだ。そもそも私は目的の選択を明確な理念的立場で行なっていたのだろうか。また②で了承してもらえたはずの目的・手段関係が、本当にその立場からみて矛盾のないものだったのか。つまりこうした問いかけは、当人に、出発点としたはずの究極の価値基準をじっくりと反省させることにつながるのである。

再度ヴェーバーを筆者の水準に貶めてみよう。彼が漠然と良しとしていた生き方、禁欲的に教育・研究の職務を遂行することは、大学の規則で定められた多数の授業(講義や演習、論文指導)をきちんとこなすことである。みなが多数の業務を抱える組織としての大学は、官僚制の形をとって合理的な運営を可能としている。仕事を天職とする生き方は、そのマシーンの歯車のごとく作業をこなすことを指示する。なぜこんな生き方を良しと考えてしまったのだろうか。彼が自ら選び取った価値を理念とした生き方なのに、その理念がぼやけてくる。あとは前章末尾の話につながる。「倫理」論文は、現代人の生き方を支える理念の一端を発生史的に捉えたものである。こうして理念を理念たらしめた事情を知ることで、自分を縛っていた観念を破り、あるいは相対化したりして、別の価値理念に賭けるという生き方も可能になろう。理念の解釈替えもあろう。こうして個々の行為への意味付けが変わり、私も少しは首尾一貫した、自覚的な生き方ができるようになる(かもしれない)。

なにはともあれ、まずは意欲的に目的の設定からはじまる論理であったことを忘れてはいけない。それがなければ技術論的批判の俎上にすら載ってこない。そのうえで、科学は、意欲する人間が首尾一貫した「自覚的な生き方」をすることを可能にしてくれる。日常語での説明は第1章でおこなっておいた。

3　価値自由

意欲する人に自覚的な生き方の技法を授ける科学、ということになってしまった。これはどういうことか。これでは客観的な経験科学の範囲を超えて、個人の主観的世界を論じているではないか、という心配もあろう。

✣自然主義批判

上述した自然主義の科学観からすれば、人の行為を規定するものは、客観的な科学によって獲得された自然法則だ、とされる。科学にできることは、それゆえ生き方の技法などではありえず、自然法則を人に示すことだけである。だからヴェーバーの言う技術論的批判までが科学の権能の範囲だ、ということになる。だがヴェーバーは人が主体的に何ものかを価値として選び取り、それを価値理念として行為の全体をそこに指向させる生き方を積極的に説いていた。

これは明らかに自然主義批判である。形式論理的にみると、それができたのはヴェーバーが価値や理念という主観的なものまでも検討の対象に加えた結果、目的論的批判にまで進めたからだ、と言えよう。その中味を変えずに言い方だけ変えると、彼は自由な、主体性をもった生き方の可能性を積極的に説こうとしたから、ということになる。

❖価値への自由

科学者は、対象認識においては価値判断を禁欲し、客観的に対象を観察し分析しなくてはならない。そのとおりである。ここでは「価値からの自由」が要請される。歴史学派経済学にまま見られたような、経済過程に「倫理的なもの」の発展を見いだし、そこから「客観的」な発展法則を説くのは、自らの望ましいと考える要素への注目を優先する（価値判断の混入）ことで科学的命題をこしらえることだ。こういう科学者のやり方においては、存在の認識と当為の判断とが分離されていない。ヴェーバーの「価値自由」論の一面である。

政治家なら、〈国債を大量に発行して景気対策を採ろうとしても、結果として国債価格の下落・長期金利の上昇をまねく〉という認識は健全ではある。だが他の有効な手段が乏しいという現状判断から、それでも景気対策を旗印に掲げてGDP増大を価値として選びとるという、一種の「価値への自由」は、手段についても政治的決断（という奥の手）を生み出す（かもしれない）ためには必要なのであり、現実にもそのような実践が続けられている——負の随伴現象には目をつむったままで。

価値自由とは、価値からの自由と価値への自由の両面を併せ持っている。自然主義の経済理論家が効率性を経済原則とみたてて理論を組み立てたとする。そこから経済的自由主義を規範とする政策思想を展開するなら、貿易を介した望ましい国際的分業関係の成立までの(現実には無限かもしれない)期間の雇用対策・産業構造政策を根拠づける理屈(理論や思想)は見えない。いや見たくないのかもしれない。現実対応としての政策ということを考えるならば、この理論家には「価値への自由」が必要だろう。地域政策や失業対策の思想や理論を学んで、自然主義を離れることができるかもしれない。人と環境の異なった関係、新たな資源利用などは、新たな価値理念との関係で変化しうるから、人の自由な行為は経済原則の考え方を書き換えるかもしれないのだ。

政治家なら当然、政治情勢を主観的に判断することはない。自身の価値理念に照らして望ましくないこともきちんと認識せねばならぬ。彼/彼女には不断に「価値からの自由」が要請されている。ヴェーバーを歴史学派批判の文脈でのみ理解してきたために、認識の客観性のところでの「価値からの自由」が一人歩きして、「ヴェーバーの価値自由論」とは価値判断排除のことである、とされた感が否めない。自然主義批判を読み飛ばしたため、とも言えよう。

❖再度、自然主義批判について

自然主義批判については付言しておきたい。自然主義には一元論的な性格がつよい。前章で対象世界を異質的連続とする見方に触れておいた。自然主義は、この対象世界を同質的連続とみなすところから始まる。連続性に注目するから、異質性を同質性とみなすことで論理が成立する。なぜそこに注目したか。連続性ということに価値を見いだしたためである。連続であれば数的世界になぞらえ数学の応用ができる。諸問題は解法の論理世界（アルゴリズム）に乗せられるものとして解決されよう。

反対側からみよう。自然主義批判は異質的連続の対象世界を異質的断絶と捉える。特定局面に注目するからだ。なぜそこに注目するか。そこがユニークに思えるからだ。無限の対象世界の一部を個人の主観的価値理念に関係づけ、それを分析の着手点として、そこから考察が始められる。このように個人の主観的判断から始めたことは、以下の論理を内に含むことになろう。

a、出発点は、価値理念は科学外の個人的主観的なところに生じる、ということ。

b、この主観性を前提に科学の客観性を保持する論理を示せという要請に応える。

c、結論には出発点である個人の主観性が確保される理屈が出ていなくてはならない。

ヴェーバーの議論を自然主義批判と見れば、それは人間の自由を出発点に置き、自由を確保する論理として組まれている、と見えてくる。その手続き論が価値自由の要請であった。

4　社会科学と因果帰属

人が対象に寄せる関心が価値関係づけによる対象の概念的加工にまで至ったことを第6章で見た。

本章では自然主義批判のうちに主観性を科学的認識の始点におくことの意味が明らかになった。この二つの話は「歴史的個体」において交わっている。それはヴェーバー社会科学の世界の入口(玄関口)、出発点であって、ここから床に一歩踏み昇り、廊下を歩いてみる。この譬えでは個別研究が各部屋にあたる。だがこの玄関が出口、終着点でもあったのは前章でみたとおりである。本書では先に「倫理」論文の骨子をなぞることで、いわば一階の間取りを見ておいたから地理感はついたはずだ。

理解社会学

ヴェーバーは社会経済学綱要編集と宗教社会学研究の進展にともなって社会学に傾斜していく。最晩年のテキスト『経済と社会』(一九二〇年)の最初の一文には「(ここで言う)社会学とは、社会的行為を解明しつつ理解し、そのことを通じて行為の経過と帰結を因果的に説明する一つの科学」のこととしよう、とある。冒頭の一文だけにこだわっておく。「解明(deuten)する」というのは彼のよく用いた語である。多義的な[★1]言葉なようだが、ここでの「解明的理解」とは、「行為者が行為にこめた意味を解釈することで理解すること」としておこう。したがって行為者が主観的に抱いた意味が「理にかなっていれば」ないし「追体験可能なものであれば」よく分かるはずである。解明的理解はこの分かりやすさ、つまり「明証性」を基準にしている。

次にそのことを通じた因果的説明が必要とされている。これについてヴェーバーはすぐ後で、明証性が高いとしてもそれだけでは因果的に妥当な解明(kausal gültige Deutung)だとは言えず、明証度の高い因果仮説にとどまるのみだ、としている。さきの解明とは別の意味合いが出てきた。強引に、因果関係が誰にでも通用する理屈で説明されればよく分かるはず、くらいの意味で受けとっておこう。

この一文から、ヴェーバーが「解明的理解」と「因果的説明」を分けて考えていたこと、およびこの二つを結びつけて社会的行為を説明することが、彼のいう「理解社会学」の課題であること、が分かった。ついでに、因果関連の説明には強い妥当性が必要とされたことも分かった。私たちは残された最後の一ピースである「因果的に妥当な説明」を、因果帰属の手続きの論理を検討することによって得ることにしよう。結論を明かせば、因果的説明は「経験的妥当性」を基準とする、ということだ。「なあんだ」と思いたいが、ここはひとつ「何だ、それは?」と言っておこう。思いのほかメンドウで、かつ奥が深い。

因果帰属

マイヤー批判論文の後半がこの問題を正面から取りあげたテキストである。因果関連の理解に恰好の一文を挙げておこう。刑法学者が「客観的可能性」を論ずるのは当然だとして、こう記す。

刑法上の責任の問題が次のような問い、つまりある特定の外的結果を「引き起こした」のは、ある人のせいで彼の行為に原因があると我々が主張できるのはどのような状態のもとであるか、といった問いを含むかぎり、それは純粋な因果性の問題だからである。――しかもこの刑法上の〔責任追及の〕問題の取る論理的な構造は、歴史的な因果性の問題の取る論理的な構造と明らかに同じものである。（歴史一二五頁）

これを確認しておいて、「刑法」問題も加えて具体的な例で考えてみる。歴史的事件、日常の出来事、刑法に触れそうな事柄と、三つの例を挙げよう。

✤事例1

まずヴェーバーがマイヤーの研究からから採った古代史上のペルシア戦争の例。最初に因果帰属に必要な論理を示し［★2］、出来事をそれに合わせた形に再構成する。

一、所与の事実を諸々の構成要素に分解する

二、この構成要素の一つないし若干を、除外ないし変形してみる。

三、このように孤立化された要素を「経験の規則」にあてはめてみて、どのような結果が期待されるかを予想してみて、それと実際の経過とを比較する。

四、そして実際の経過とは違うだろうと判断された場合、除外された要素は因果的意義をもつと判断される。

これにそって整理すると、マイヤーの描く世界は以下の論理構成になるという。

一、ペルシア戦争時の状況から「マラトンの戦い」という要素を取り出す。

二、その戦いでギリシアが敗れた、という事実に反した仮定をしてみる。

三、その場合にはペルシアがギリシアを政治的・文化的に支配し、ギリシア文化の発展はなかったであろう。

四、以上から「マラトンの戦い」は「ギリシア文化の発展」に因果的な意義を有していたと判断される。

この中では三で必要な「経験の規則」がやっかいで、対象に精通した専門家の知識がものを言う領域である。マイヤーは、この時期のギリシアの発展には二つの可能性があった、と見る。一つは、ギリシアにおいて密儀と神話に萌芽がみられた神政的・宗教的文化がペルシア保護官の下で発展する可能性、もう一つは、現世的で自由なギリシア精神世界の勝利である。当時の文化発展の水準や内容などは、史料に基づいて得られる知識だが、ヴェーバーが強調する「経験の規則」は少し異質だ。これも史料による知識ではあるが。この事例では、ペルシアの異民族支配のパターンのことで、帝国周辺における軍事的勝利の後にペルシアがその地の宗教を自己の支配手段としていたことが知られている。それに応える内容がギリシア内部にあった、というのがマイヤーの理解であった。「戦勝国は被征服地に自国文化を移植しようとする傾向をもつ」、「その地にそれを受入れる素地があれば移植は容易に進行する」という「経験の規則」を用いて仮説による結果を予測したのである。とはいえ、あくまでパターンなわけで、絶対にそうなるなどとは言えない。ここが大切なのだ。知りうるかぎりで一般性をそなえた「経験の規則」なのであって、「自然主義」に見られがちな絶対や必然の語をまとわせないでおこう。

✤事例2

つぎに、行為動機の理解を主眼とするヴェーバーの創作例。

元気のいい若い母親が、言うことを聞かぬ息子のいたずらにホトホト手をやき、つい頰にビンタをくらわせてしまった。そのあと、平手打ちがしつけの目的に適っていたか、正しかったかと深く思い悩んだ。さて子供の泣き声を耳にした教育に理解の深い父親は、妻を叱る必要があると感じて、なぜあんなことをしたのかと妻に尋ねた。妻はこう弁じた。もしもその少し前に、炊事婦とけんかして興奮してなかったら、あんな叱り方はしなかっただろうし、叱ったとしても平手打ちはなかったであろう、と。夫は、いつものおまえならあんなことはしないであろうことを良く知っている、と、妻の言い訳を認めた。

妻は、自分の「恒常的動機」について夫のもっている「経験知」に訴えた、と言える。なぜなら、一般に起こりうるほとんどすべての場合に彼女の「恒常的動機」からもたらされるのは、今回の平手打ちとは違った、決して非合理的でない結果だったであろうから。彼女の主張は、平手打ちが子供のいたずらに対する一つの「偶然的」反応であり、決して「適合的」(法学用語では相当的という)な因果関連としての反応ではない、ということである。

論理学者なら「この母親は歴史家の方法にならって一つの〈因果帰属〉を行なった。彼女はそのために〈客観的可能性判断〉を下し、さらには〈適合的因果関連〉の範疇をもって操作を進めたのである」と言うであろう（歴史一四六～八頁）。

❖事例3

最後に死亡事件の例。クリースの論文から［★3］拾っておく。

一人の乗客を運ぶ馭者が酔っぱらって、または居眠りして、そのために馬車が道に迷い、それからその客が雷に打たれて死んだとすると、馭者の居眠りないし酩酊は乗客死亡の原因になった、と言うことができる。馭者が決められたルートを進んでいたら馬車は雷雨のときに別の場所にいたはずだから、乗客が無事だったであろうことには疑問の余地がない。だが、一般に、馭者が起きていても、眠っているときと同様に、乗客が雷で死ぬことはあろう。これが、馬車がひっくり返って、その結果として乗客が負傷または死亡したとしたら、話はまったくちがう。馭者の居眠りと事故の間には、単に個別的なだけでなく、普遍化されるものとしての原因連関をも推定できる。たしかに馭者のその過失は必然的に馬車の転覆のような事故を引き起こすものではないが、しかし十分普遍的に当てはまることで、そういうことを引き起こす傾向があり、その可能性または確率を高める、と主張されるであろう。（クリース）

「馭者の居眠り」―(道を外れる)↓「落雷で乗客が死亡」というのは原因・結果の関係として特殊で一般性をもたない。これを「偶然的」因果関連とよぶ。これに対して、居眠りが馬車の横転を引き起こし、そのための強打で乗客が死亡した場合は、いわば一般性をもっており、これを「適合的」因果関連(「相当」因果関係)とよぶ。死亡という結果を居眠りという原因に帰属させるときには、偶然的か一般的かの判断がなされる。

客観的可能性

❖適合的(相当)因果関連

ペルシアの征服地支配のパターン、ビンタ妻の夫の経験知、馭者の居眠り・横転・乗客死亡の関連づけ、この三つの例に共通するのは、百パーセントそうなるなどとは言えないが、観察者(私)の知るかぎりでは一般性をもつと言える、そういう質のものだ。私たちはこうした「経験の規則」を用いて、「たら・れば」の帰結を予測する。その場合に想定している場面は、無限の多様性を抱える現実そのものではなく、関連する(と私がみなした)要素で構成された、いわば加工された現実なのだ。しかもそこでの要素一つ一つが(科学の分類で示した)「自然科学」的知識で説明されるものでなくてはならない。こうすることで、事例1の手続きが使えるようになる。

この論理的な場で私たちは客観的可能性を判断している。ビンタ妻が夫に言い訳を考えているときの、彼女の頭の中がまさにその場である。そこでは「いたずら」が「ビンタ」を招いたという現実の過程があっても、彼女の性格は「恒常的動機」からすればビンタには至らないだろうという夫の「経験知」に照らして、「偶然的」反応だったという妥当な判断が下された。かくして彼女は申し開きに成功した。居眠りが乗客死亡を招いたとしても、落雷の場合には「偶然的」とされた。客観的可能性を問題にするときは、必然的/偶然的ではなく、適合的/偶然的な関連とみなすのである。

そして判断の結果、適合的因果関連となれば、「経験的妥当性」をそなえた因果帰属ができたこととなる。これで理解社会学の課題については一応の説明がついた。

✣法則的知識

ヴェーバーは「客観性」論文の中で、因果帰属の手続きに法則的知識が不可避なことを強調しているので、最後にこの点に触れておく。これはマイヤーの事例で「経験の規則」としたもののことである。ビンタ妻の夫の経験知も同じこと。いまほどは「自然科学」的知識とも表現しておいた。参考図のBにあたる「文化的自然科学」と言い直したほうが正確だろう。いわゆる社会理論・経済理論などがそれだ。ヴェーバーはこうした学問領域の存在価値を、あたり前だがキチンと認めている。だが晩年に理解社会学という形をとる彼の「現実科学としての社会科学」観では、「因果の法則にかんする知識は、研究の目的ではなく」手段にすぎぬ(客観性八八頁)、とした。上述のように因果帰属には有用な、不可欠な知識ではある。だが個性的事象の文化意義を問う学問からはそうした位置づけになる、ということである。

もう一点は、この法則的知識が（本書の用語でいえば）「自然的自然科学」のものとは異なる、ということである。さきに「なあんだ」と早わかりしてほしくないと記した。考えていただきたい、経験的妥当性を調べるために用いられる「法則的知識」それ自体にもここでの論理が当てはまるとしたら、と。「客観的可能性」とは、ヴェーバーが社会科学の論理的世界から「必然性」という考え方を放逐するためのデバイスだったのではないか——筆者はそう感じている。「奥が深い」としたのも、このゆえである。ヴェーバーの法則観を示す一節ではこう表現された。

すべてのいわゆる「経済」法則においても、例外なく問題となるのは、精密自然科学の意味における狭義の「法則的」関連ではなく、規則の形式で表される適合的な因果関連であり、……「客観的可能性」という範疇の適用である。（客観性九〇頁）

さきに「必然的／偶然的ではなく、適合的／偶然的な関連」としておいたことの別様の表現である。こうした法則観からすれば、「自然主義」は人間の領域つまり社会科学の世界では、基本的な認識からして認められないものであった。

テキスト

祇園寺信彦・祇園寺則夫訳『歴史学の方法』一九九八年、講談社文庫。（**歴史**）
マイヤー、ウェーバー『歴史は科学か』森岡弘通訳、一九六五年、みすず書房。
富永祐治・立野保男訳、折原浩補訳『社会科学と社会政策にかかわる認識の「客観性」』一九九八年、岩波文庫。（**客観性**）

参考

オストヴァルト『エネルギー』（山縣春次訳、一九三八年、岩波文庫）第一二章。

註

★1——向井守『マックス・ウェーバーの科学論』は様々な意味が次々に出てくる過程を分析した。
★2——山田正範「ヴェーバーの社会科学方法論」。これは第6章では参考書にあげたが、研究論文の水準にある。この山田論文の前提になっており、日本でこの論点を扱った古典的研究といえるのが一九四九年に書かれた田中真晴「因果性問題を中心とするウェーバー方法論の研究」（安藤英治・内田芳明・住谷一彦編『マックス・ヴェーバーの思想像』一九六九年、新泉社、に再録）である。その後のマルクス派の浅薄なヴェーバー理解を目にすれば、これは現在でも読むに値すると感じざるをえない。
★3——J・v・クリース「客観的可能性という概念とその若干の応用について（その一）」山田吉二郎・江口豊訳、『メディア・コミュニケーション研究』五九（二〇一〇年）。

第8章 文化諸領域

この章では、ヴェーバー社会学のキーワードの一つである「文化諸領域」という考え方の理解につとめる。「倫理」論文ではすでに「宗教」と「経済」という領域が登場していた。それぞれの文化領域が固有の法則性を有すること、それがマルクス主義的歴史・社会把握への批判となっていたことを見よう。マルクス主義は思想史の表通りの一区画をなすので、本書の第5章の続きとなる部分をここで扱った。

1 固有法則性

✣学問・学科の分類

すでに「倫理と営利」や「教理と天職倫理」といったことを論じてきたが、これは見る人の側から現実に生きる人びとの世界の一面にそのような名前をつけることで成り立つ話である。哲学的な「異質的連続」などといった説明を持ち出さなくても分かることだ。だが見る人の側にある私は、倫理と言えば倫理学、営利と言えば経済（学）、そして教理といえば宗教（学）という具合に、同じ一つの現実的対象世界を分けて考えている。倫理という分野には倫理学、経済には経済学、そして宗教には宗教学という、それぞれの分野を対象とする学問だって存在している。実際、大学にはずいぶんたくさんの「X学部」があり、またそれぞれにはいやになるほどたくさんの「Y学」の授業がある。学生はX学やY学の理屈・筋を理解することが期待される。これを「まぁ似たようなものだよ」などと言ってはいけない。担当している当の本人たちは、そこそこ命を賭けてその学の存在理由と向き合って研鑽を重ねてきた（はずな）のだから。でも、ときに似たような感じはするが。

分けると分かる、ダジャレとはいえ、「よく分ける（分類する）ことができる人はよく分かる（理解する）」というのは、ドイツ歴史学派の経済学者が実際に言っていたことだ。なぜ分けるか。違うと感じたからである。分けることで違いが理解できる。こうして話は「科学の分類」の延長上にでてくる細かい分類に入ってゆく。

いちいち定義づけしなくとも、経済学と法学がそれぞれ異なる理屈で成り立っているであろうことは想像がつく。扱う対象が違うからだ、とは思わないでほしい。コンビニでたばことおむすびを買うとして、これは経済財の売買、貨幣を用いた購入・販売だ。売買契約の法貨による即時決済などとは考えない。たばこの価格には消費税のほかに三種類のたばこ税が含まれており、おにぎりには消費税のみということは、まま意識するが、税の不条理にはこのさい目をつむる。このように対象が同じでも目のつけどころが違うのである。そして目のつけどころに応じたモノの側での「見え方」に筋が組み立てられていく。この筋がX学やY学の正体である。そうやって筋をみつけてゆくと、今度は外見のかなり異なった現象にも同じ筋が見えることが分かってきた。そこまできて、逆にX学の目でみえる筋を含んだ現象をかき集めることにより、めでたく「Xの領域に働いている論理を体系的に説いたのがX学である」というトートロジーに到着する――そう言ってしまうと身もふたもないので、「Xという視角を設けることで世界が見える、これぞX学の醍醐味！」という言い方が好まれている。大学の学部宣伝パンフレットはそうなってきた。

プロセスはそのようであっても、私たちはすでに多くの学科（X学）がある世界にいる。またそれぞれの領域がその学科に固有の対象として認められている。その領域は、その領域に独自の理屈が働いているということを根拠に、他の領域とは区別されるのである。

✤諸領域の自律性

こうして人の世にはたくさんの領域が認められるようになり、各領域は、それぞれ自律性をもつものとして認識されている。人の世だから、人がその領域に何らかの価値を付与し、その価値ゆえにその領域は育まれてきた。こうして育まれたものを第6章で文化と名付けたので、この世は「文化領域」の複合体ということができる。さて、各文化領域には自律性があるからこそ一つの領域として他とは区別されたのだが、私たちはこの自律性を、この領域には「固有法則性」がある、いう形で理解する。その法則が働くことでその領域の自律性は成り立つのだから。その固有の法則の働きを捉えることによって、固有の科学・学科が成立している。

❖緊張関係

ヴェーバーの『職業としての学問』にはボードレールの詩集『悪の華』が登場する。そこには「善ではないが美だ」というにとどまらず、「悪であるがゆえに美だ」とされる世界について描かれている。上記の固有法則性の用語で言いかえれば、「倫理的観点から構成される領域におかれたら価値がないとされるが、審美的観点から構成される世界にあっては価値のあるものだ」というにとどまらず「倫理的には否定されるがゆえにこそ審美的には価値が高い」ということになろう。倫理と審美（芸術）という二つの文化領域が、ここでは反発しあっている。「大岡裁き」で一番知られている「子争い」の話は講談や落語に使われるが、江戸南町奉行越前守忠相ご当人とは関係ないらしい。ともあれ人情味あふれる裁判がネタにされたということは、世間一般に「法律には人情がない」という感覚があったからだろう。これを、人情と法律という二つの領域の反発、と言えば言えそうである。

こうした例によって、私たちは、文化諸領域の固有法則性は相互に重なってはおらず、反発しあうことがある、と知る。もちろん二つの領域が適合的な関係を示す場合もある。ドストエフスキーの出世作『貧しき人びと』は「情の世界」を見事に「美の世界」へと形象化したものではないか。文学ではときに見られるパターンだろう。

だが、究極的には二つは異なり、だからこそそれぞれ別の領域として理解されている。実際には重なりあい、引き合い、反発しあい、と多様な現れ方になる。これを総括すると、文化諸領域は相互に適合と反発の「緊張関係」に立っている、と見ておくのがいいだろう。そしてこれこそが社会科学者のモノの見方というものである。この見方からすると、ある文化領域の現象を他の領域の固有法則性の働きとかその運動法則に還元することなどできるものではない。

経済理論

❖「倫理」論文を例に

「倫理」論文では、「宗教と経済」の関係が取りあげられた。「禁欲的プロテスタンティズムの職業倫理」は、救済という宗教の重大問題にかかわる教理の独自な展開のなかから生まれたカルヴィニズムの「予定説」と、中小の営業者の経済的利害に直接かかわる営利観念との間に、選択的親和関係が生じて出来上がったものであった。こう思い返せば、二つの文化領域が相互に独立して存在するのではなく、人間の一個同一の行為の動機の中で、二つの要素が結びついていた、というのが実態だ。だから人が主観的に自分の行為をどう意味付けたのかを問えばよい。動機のなかに、経済の固有法則性からくる要素と、宗教の固有法則性からくる要素とが織り合わさって、その人の行為を押し進める「心理的起動力」をなしていた。こういう形で「経済という文化領域」と「宗教という文化領域」が関連づけられていた。以上、復習をかねて。

❖経済という文化領域の固有性

厳密さを欠くが、人の必要・欲求の充足には希少性問題が付きまとい、この問題を扱うのが「経済」である、としておこう。この経済領域では、人は、その充足を効率よく安定的に行なおうとする。そのためには計算することが重要だ。欲求(=需要)の大きさや、手持ち資源・資産の量、利用できる労働時間などが数的に把握される。生産・交易活動を担う人々は、日々この計算を行っている。この活動に身をおく人間たちは、貨幣による計算が合理的なことをすぐに了解した。経済領域ではこの貨幣計算による合理化が進んでゆく。

生産活動や市場取引の遂行は、様々な制度的条件があって初めて可能となる。活動の活発化がこの条件を制約と感じるようになれば、人はこの条件=規制を排除して、市場の自由を追求する。逆に同業者組合のように、参入や取引量の制約を強化することが利益になると見込まれる場合には制約強化がはかられる。外部からの批判や競争との力比べにもなろう。一般に、規制排除=制約条件の消滅という形で合理化が進んだ。だれでもが貨幣額で計算を行なって合理的な予想をたてることができるようになる。

このように営業者が合理的経済行為を遂行するときは、貨幣計算に基づく資本計算、合理的簿記システムを利用する。また、政策(権力の介入)や法律が予測可能なものでなくては計算・予測はできない。目的を合理的に追求するためには、諸条件が予測可能なものであることが重要である。許認可行政や環境保護・衛生基準などの政治的法的条件は、近代国家においてであれば計算可能だ(アフリカ某国に届く援助物資の半分は賄賂に消える)が、自由な労働を阻む身分的・宗教的要因、フーゾク・水商売・水際業界への参入障壁となる「道徳」的要因など、計算に馴染まぬ要因もいろいろある。これらを制約条件としつつ、市場の自由と貨幣計算に基づく資本計算を軸に経済の合理化が進行する。その結果として私たちの合理的な経済行為は、経済学でいうところの価格や企業の理論(需要・供給曲線)として厳密に組み立てられている。

経済での合理化は、まず常識的に納得できるものであり、この領域の固有法則性は経済理論として表現されるに至っている。確認しておくべきことは、経済では、初発には希少性問題の縮減・迂回という基本動機によって合理化が進められたということだ。そこに利潤追求という目的が繰り込まれ、あらゆる場合にこれが与件となった。貨幣は数字での計算を可能とするから、貨幣計算は合理化(計算合理性・形式合理性の上昇)を促進する条件として極めて重要なものである。

宗教の固有法則性

ヴェーバーは宗教の成立とその合理化を『経済と社会』早期草稿の「宗教的共同体」[★1](「宗教社会学」の名で知られる)のはじめのところで論じている。その具体的な中味は次章にまわし、そこに用いられた論理を借りてここでは宗教的合理化の進行の論理だけを示す。

✣苦難と呪術

人はこの世(此岸)で何ごとかを目的意識的に遂行する。この目的合理的な行為は様々な抵抗に出会って充分に、あるいはまったく目的を実現することができない。農耕栽培なら天候に左右される。日照不足や干ばつという自然現象は人の意のままにはならない。しかし、この世界の裏(背後世界)に降雨を司る力が存在しているから、この力に対して人間の要求にそうように働きかけたらどうか、と考えてみる。干ばつ時の雨乞い、今の科学から見れば非合理的なものだ。だが、だれでもできることではない呪術を用いて雨を降らせるのに成功した人物が現われる。この非日常的な能力・資質、つまりカリスマを備えた人が呪術師である。この世の現象を左右できる見えない何ものかを想定し、その力を人間の要求に添わせようとする強い意志的な行為の中から、効果のあったものが評価され、用いられていった。呪術とはそうしたものだ。

ここで重要なのは、人間が超感覚的領域とどう関わるかということである。この世には説明不可能に思える、理不尽な苦難が絶えず起こる。苦難は人間と超越的な領域との関係について永続的な問題を提起する。苦難はなぜ起こるのか、どうすればいいのか。この問いが諸宗教の起源の中心にある。そして理不尽で予測のできない偶発的な苦難の説明がカリスマ的人物に期待されることになる。

✣神の戒律

超自然界には人間より少し強い霊魂と悪霊が棲んでいて、その力が苦難をもたらした。それは呪術師によって克服できたこともあったが、どうもうまくいかない。そこで人は考え直した。超自然界は、悪霊などよりも強力な存在、つまり神々が住むところなのだ。神々が怒ると人に苦難がもたらされる。苦難を和らげるには、神の怒りを鎮めなければいけない。こうして、そのための技法(テクニック)も案出されてゆく。嘆願、祈り、崇拝、犠牲、儀礼の遂行などなど。これらの神聖な活動の専門家、つまり聖職者が発生し、呪術師にとって代わった。呪術と区別される宗教が、理屈(教理)と形式(儀礼)を備えて生まれた。超越的な力は「神」とされた。

だが苦難は続き、論理的思考には引き続きその説明が求められる。知識人、聖職者たちの課題である。彼らはこう考えてみた。人は超自然的な領域の性質を誤解していた。神々は、嘆願や犠牲、崇拝などを要求するような、わがままな存在ではなかったのだ。神々の「真の性質」を正しく理解すれば、それは倫理的な存在であることが分かる。神々がこの世の人間に要求しているのは、もっと違ったものだ。崇拝や犠牲ではなく、特定の人間のあり方を求めているのだ。それは神の倫理的性質に一致したものであるに違いない——と。

こうして、超自然的なところに神という倫理的なるものが存在している、という観念とともに、人間に倫理的行為を求める聖職者の要求も形を整えてくる。行為の基準は神の戒律として整えられてゆく。ここまでくると専門職である聖職者の権力も強大化する。

同時に、人知を越える苦難は人間が戒律をちゃんと守らないからだ、という形で、人の側に責任があることになった。倫理的生活からの逸脱が原因なら苦難はまず永続し、救われることはないであろう、などと思うのは筆者だけだろうか。人の世全般に対する要請ならば（たぶん）筆者に分がある。個人に限ればそうでもない、はず。

さて人は神々から特定の神を選んできた。民族の神、国家の神、地域の神、氏族の神、家族の神、職業の神……。それはこの世での都合によるところが大きい。神々間の序列も問題にされたであろう。だから倫理的要求をだす神は、いわば特殊な神である可能性が高いが、いまはヨリ普遍的な神観念の場合を想定して推論を続ける。

❖神義論

倫理的に生きる人にも苦難は続く。合理的思考は、神を極めて強力なものと考え直す。それは全宇宙を支配しており、普遍的なものである、と。だが、もし倫理的な神が普遍性をもつならば、天と地が唯一の倫理的神の支配権の下で統合されるから、地上の苦難はなくなるはずではないのか。戒律を守る人ほどそう思ったことであろう。しかし苦難は絶えない。

ここに「神義論」の問題が現れる。現世の苦難と正しき神の存在ということをどう説明するのか。「私に苦難がおし寄せている」という事実と「神は正しい存在である」という命題の両立可能性問題である。「あなたはいま神の試しのさなかにある」という回答もあろう。「それでも神は義である」ことを論ずる神義論によって宗教の発展が促進される。様々な教理の極度の発展がみられた。それらは、適切な倫理的行為とはどのようなものか、また苦難からの解放がどういうものかを論じた。世俗にあって救済は求められるものなのか、天の世界が真のものでありこの世はいわば「仮の姿」なのか。苦難からの救済の希求は、かくして宗教の教理において現世に異なる意味づけを可能とした。

以上の仮設ストーリーで示したかったのは、人知をこえる苦難こそが核心的問題をなしていた、ということである。それが宗教を生み、宗教的世界観を生み、その世界観自体が自律性をもって発展したのである。発展の方向は、もちろん様々な条件がそこに作用するに違いないが、その教理に内在する論理の展開を発展の起動力、推進力としている。これが「宗教的合理化」である。宗教という文化領域における固有法則性は、「苦難と救済による合理化」に表れる。

2　マルクスとマルクス主義

社会主義

❖諸運動・諸潮流

社会主義と称される思想・運動には多様な内容・実態のものがあるが、それらを一括して社会主義と呼ぶことが可能なのは、その思想的なコアに共通する何かがあるからだ。それは、「社会的諸弊害の根源は、生産手段の私的所有にある。生産手段の社会的所有によって社会的害悪が根絶される」という考え方だといえよう。先駆的にはT・モアの『ユートピア』にすでに見られるが、この思想が広まるのは、A・スミスの時代以降であろう。イギリス産業革命の展開によって機械制大工業が圧倒的生産力を発揮しだすと、独立生産者は存立基盤を失ってゆく。初期には、機械打ち壊し運動のようにいわば古き良き時代の回復を目指す運動を交えながらも、無産者の有産者への反抗の運動をその基本とする形に収斂していった。社会主義はこうした運動を導く思想として形を整えてゆく。

労働生産物は生産者に属するという観念は、例えばロックが所有権を身体とその活動から説明したように、古くからあった。この観念をもとに、生産手段の所有者が生産物を独り占めしているから、これを糾そう、という考え方は、経済学の労働価値論と結びついて展開された。これはいわゆる労働全収権論として、のちにオーストリアのアントン・メンガー(カール・メンガーの弟)が理論的にまとめることとなる[★2]。

イギリスより産業化の遅れた大陸側のドイツでは、旧身分制度社会の解体が進行し、一九世紀に入ると身分にすら入らない下層民の急増と困窮という問題(大衆貧困)が顕在化する。プロレタリアとは零落した者のことであり、彼らには市民権すら付与されなかった。上層民からは顧みられぬこうした人びとに人間的な生活を可能にするためにはどうしたらいいのか、という課題を意識しだす時代に敏感な知的エリートも現れる。

✣革命のイメージ

こうした潮流のなかでは、既存の社会秩序を転覆することが当面の課題だと意識された。聖書の黙示録にあるような、いま抑圧されている者が上位にくる世界の実現である。こうして社会主義思想の展開においては、「どのような所有形態が望ましいか」と「いかに権力を奪取するか」の二つが焦点をなした。ここでは政治権力奪取による社会改造というイメージが一般的であって、権力によって新たな所有秩序を導入できるとされたのである。

そのモデルはフランス大革命期の「バブーフの陰謀」で与えられたと言われている。少数者の武装蜂起による権力奪取によって独裁政治を敷き、そこで社会の改造を実現する、というイメージである。これはその後のマルクス主義にも影響した。社会主義革命といえば、歴史推進の主体であるプロレタリアートの少数者からなる「前衛」の指導の下に「暴力革命」で「権力奪取」を行い、「階級独裁」の政治体制を打ち建てることだ、というイメージが一般化した。

このイメージが残ったのは確かだが、イギリスでは労働者階級の成立が進み、彼らの労働運動が固有の利害やヴィジョンをもつようになると、社会主義思想にも当然ながら変容がみられる。また所有制度についても、イギリスのロバート・オーウェンらの協同組合運動のような、権力奪取を前提としない実践が見られた。

マルクス(Karl Marx 一八一八〜一八八三年)

❖科学的社会主義の生成

マルクス自身は自分の思想をマルクス主義とは呼ばないだろう。彼は科学的社会主義と呼んでいた。この思想は、人間の抑圧からの解放を目指す壮大な構想であり、人間の解放はプロレタリアの解放から、という命題を備えていた。著作でいえば、時事的パンフレット(のゆえに一般化して読むには問題が多いもの)ではあるが時代を見通した記述を含む『共産党宣言』(一八四八年)と、「経済学批判」の副題をもつ『資本』(一八六七年〜)が重視されている。

のちの一九一三年にロシア革命の指導者レーニンが「マルクス主義の三つの源泉」として挙げたのは、

①ドイツ古典哲学――歴史認識と資本主義の人間解放に伴う暗い面の認識、
②イギリス古典経済学――資本主義の内部構造解剖の武器、
③フランス社会主義――革命的・空想的現実突破、

であった。これを使ってマルクスが自己の課題としたことを説明してみよう。

科学的社会主義とは空想的(ユートピア的)社会主義に対置された表現である。そこには歴史的発展という基本的観念が見られる。①が人間の解放という場合の人間の本質をつかむこと(人間観の彫琢)に貢献したことについては、このあとすぐ見よう。②はブルジョア社会の歴史性の認識を深めた。資本家的生産は未来に受け継がれるべき生産力を生み出した。だが、その分析に貢献した古典派経済学は永遠の現在を解明するのみである。すなわちいまのあり方が歴史的に生成したものであり、歴史的に変化してゆくものであることを見ない。③によって人は社会主義社会を空想的に描くことができた。これにより、現在の歴史性が浮かびあがる（科学から空想へ）。この空想性（現実にはないもの、未来の生産システムの構想）があってこそ社会主義が成立し得た。ただし変革の担い手の認識は誤りだ。現支配階級の善意に頼って社会変革が可能なわけはない。真の担い手が歴史的に形成されてくることを説明するのが科学的社会主義である。

こうして経済学的課題の重要性が明らかになる。経済学の展開はリカードウ以降に俗流化を、つまり投下労働価値説による理論深化を混濁させる傾向を強めた。現実に生じている周期的過剰生産恐慌、資本対賃労働の対立激化という現象を理論的に把握することが要請されていた。現状正当化論などは無効である。マルクスは、社会主義の立場に立った「経済理論」が必要であり、それは階級支配という「人類の前史」を終らせる使命をもっていると自覚した。

✣ 若きマルクス

一八八四〜五年頃に書かれたマルクスのテキストが二〇世紀に入ってから『経済学・哲学草稿』（俗称「経哲草稿」）として発表された。若きマルクスの勉学と関心の様子を知らせる、また政治的党派の路線指針に固定化されていた二〇世紀マルクス主義の活性化への刺激として、文献史上でも重視されるものである。その中に「疎外された労働」の一節が含まれている。一九五〇～六〇年代に日本でも「疎外論」として論じられた。この疎外論をここでも取り上げよう。

マルクスは人間を「活動する自然的本質存在（ein tätiges Naturwesen）」と捉える。人間は対象的世界としての自然に抱かれ、自然を眺めみるだけの受動的な存在ではない。自然そして社会を相手に働きかけ、その実践を通して自己形成してゆく能動的な、社会的自然的存在である。活動を通して個人は人類の一員としての質をもつ、つまり普遍性を獲得して「類的存在」となる。この人間の活動である労働はどのように捉えられるか。

✣疎外された労働

哲学青年マルクスは、経済学の勉強の中で以下のようなことを確認した。労働とは、本来的には、人間的本質を実現し確認すべき自由な生命活動である。だが、私的所有の枠組での社会的行為たる交換関係を前提すると、その労働は、営利労働として手段視され、極端な疎外に陥らざるをえない。一九世紀西欧社会全体が、資本家と労働者の二大階級に分裂してゆき、生産力の発展にもかかわらず労働者の窮乏が存在し進行するという事実が眼前にある。彼は、この現実の諸現象の間の本質的関連を掴むための基本視角として、賃労働者の労働が四重の意味で「疎外」されている、という理論を示した。

一、労働生産物（および自然）からの疎外。生産物は資本家のものとなる。労働により自己の本質を外化して生産物に対象化したが、そのモノは自分のものでなくなる。原料・生産手段を含む対象的世界も奪われている。

二、肉体的精神的生産活動としての労働からの疎外。一が生じるなら、自分をつくる活動としての労働はもはや自分のものではなくなり、疎遠なものとして自己に対立するものとなる。

三、類的本質(=社会的生産諸力)からの疎外。資本家の営利活動の一コマにされた労働は、もはや人間が普遍的存在になるための行為ではない。類的存在の表現としての最高水準の技術も労働者を抑圧するものとして現れている。

四、人間の人間からの疎外。一により労働者は資本家と対立関係に陥り、三により人間世界自体からも切り離された存在となる。

(さらに、「疎外された労働」を生み出す私的所有、つまり生産手段の蓄積がその「疎外された労働」によって再生産されてゆく、という点も指摘されている。)

この状態の最終的解決として、彼は「共産主義」を提起する。それは自然主義=人間主義としての共産主義とされた。

だが、自己→外化→疎外→回復(再獲得)のロジックは、「疎外されない人間」すなわち普遍的人間の本質が実現されることこそが重要だという理念を掲げることである。それはじつのところ、労働全収権論やロックに見られた「労働と所有の同一性」という発想とさほど違ってはいない。いわば哲学的人間論の開陳であって、社会現象の分析としては未熟であり課題を残していた。

❖経済的運動法則の解明へ

これも二〇世紀になって公刊されたテキストだが、「ドイツ・イデオロギー」(一八四五～六年頃)にはそこから前に踏み出したマルクスがいた。「私的所有」「疎外された労働」で経済現象を包括的に理解し、共産主義を展望する、という「経哲草稿」段階では、社会構造や経済の運動の捉え方は欠けていた。彼は歴史・社会や歴史発展を分析的に捉えようとする。その研究成果が「ドイツ・イデオロギー」に盛り込まれている。ここで、現実把握の手がかりとして「分業」概念が重要となった。以下はその概要である。

初めは男女の、ついで自然的要素、偶然などから家族(唯一の社会的関係)内で生じる自然発生的分業を出発点にして分業が進展する。分業の進行は生産力の上昇を意味する。これに伴い、欲望の増大が新たな社会関係を生み、また人口増加がさらなる欲求を生む。こうして家族が従属的関係となる。また労働や生産物の不平等な配分、妻・子の家長への服従が生ずる。所有が発生し、家族は分裂し対立する。社会の家族への分裂が起こる。分業を基にして、個人・家族の利害対立が現れた。そこには個別的利害(個人・家族)と社会(交通しあう個人の共同世界)の共同利害の矛盾が生じる。

マルクスはこの矛盾の展開を、①農耕労働から工・商業労働の分離、という社会内部での分業、②家父長制→奴隷制→諸身分→諸階級、という経済活動における意思関係(誰が命令するか)、③原始的種族所有→古代的共同所有・国家所有→封建的身分的所有→ブルジョア的所有、という生産手段の所有関係、の三系列に注目しながら考察する。現在ならこれらを、「国内分業(産業構造)」「経営様式」

「所有形態」と表現できるだろう。この作業を通して彼はブルジョア社会にまで至る歴史発展を理解する鍵を手に入れた。

❖唯物論的歴史解釈

唯物史観とも呼ばれるマルクスの歴史の見方、およびその視角から可能となった歴史・社会分析の結果、彼の獲得した認識は、『経済学批判』序言(一八五九年)において以下のように定式化された。

人間は、その生活の社会的生産において、一定の、必然的な、彼らの意志から独立した諸関係を、つまり彼らの物質的生産諸力の一定の発展段階に対応する生産諸関係を、とりむすぶ。この生産諸関係の総体は社会の経済的機構を形作っており、これが現実の土台となって、そのうえに、法律的、政治的上部構造がそびえたち、また、一定の社会的意識諸形態は、この現実の土台に照応している。物質的生活の生産様式は、社会的、政治的、精神的生活諸過程一般を制約する。人間の意識がその存在を規定するのではなくて、逆に、人間の社会的存在がその意識を規定するのである。社会の物質的生産諸力は、その発展がある段階に達すると、いままでそれがその中で動いてきた既存の生産諸関係、あるいはその法的表現にすぎない所有諸関係と矛盾するようになる。これらの諸関係は、生産諸力の発展諸形態からその桎梏へと一変する。このとき社会革命の時期が始まる。経済的基礎の変化につれて、巨大な上部構造全体が、徐々にせよ急激にせよ、くつがえる。このような諸変革を考察するさいには、経済的な生産諸条件におこった物質的な、自然科学的な正確さで確認できる変革と、人間がこの衝突を意識し、それと決戦する場となる法律、政治、宗教、芸術、または哲学の諸形態、つづめて言えばイデオロギーの諸形態とをつねに区別しなければならない。

……大雑把に言って、経済的社会構成が進歩してゆく段階として、アジア的、古代的、封建的、および近代ブルジョア的生産様式をあげることができる。ブルジョア的生産諸関係は、社会的生産過程の敵対的な、といっても個人的な敵対の意味ではなく、諸個人の社会的生活諸条件から生じてくる敵対という意味での敵対的な、形態の最後のものである。しかし、ブルジョア社会の胎内で発展しつつある生産諸力は、同時にこの敵対関係の解決のための物質的諸条件をもつくりだす。だからこの社会構成をもって、人間社会の前史は終わりを告げるのである。(「序言」、武田・遠藤・大内・加藤訳『経済学批判』一九五六年、岩波文庫、一三~一四頁)

歴史発展の必然的法則により、いまのブルジョア社会で人類の前史が終わるとされる。来たるべき革命は歴史の必然である。マルクス後の歴史で具体的場面に展開されることになるマルクス主義革命論は、まずはこの文言との整合性を問題にしなければならなくなった。

❖経済一元論

上記の引用中に「社会の経済的機構」が現実の土台をなす、とある。ここからマルクスは経済一元論者と受けとめられた。唯物史観を説明する語として、この土台と上部構造、社会的意識諸形態とその土台への照応関係という表現は欠かせない。翻訳語の問題にはいま触れないが、マルクスが歴史の推進力を経済的機構の変動メカニズムに求めていたことは理解できよう［★3］。とくに上部構造や意識諸形態とされたことがらと土台との関係は様々に議論されてきたが、前者側に歴史の動因の意義は付与されない構図に見える。

3 ヴェーバーとマルクス

❖一元論批判

社会科学が社会現象を理解しようとするものであるかぎり、このマルクスの経済一元論は社会科学者にとって無視できない「やっかいな」主張となっていた。諸問題は経済的利害に還元されることで、それで初めてきちんと答えられたことにされる。マルクスの場合、経済の法則を知ってさえいれば、とは言わないだろうが、「究極的には経済的利害の階級的あり方によって根底的に制約されている」とは言うだろう。文化諸領域に固有法則性があるのではないか、あるとすればどんなものか、という問いは、その限りでは答の決まっている問いだった。本章1節のヴェーバーの文化諸領域の固有法則性という見方は、この経済還元論への批判であり、文化科学の存立可能性を基礎付けるものであった。

では、マルクス主義はなぜ大きな影響力をもち得たのか？　複雑な、多方面にわたる諸現象を一元的に説明することによって、文化統合の原理を示していたからである。一九世紀中葉には産業革命による工場制が確立しつつあった。それ以降、とくに労働者階級の貧困と他方での富の蓄積の較差、恐慌と失業、体制的危機という現実が確かに存在したとき〔★4〕には、有効な説明原理となっていたことも事実である。

❖方法の限定

疎外された人間たちの取り結ぶ経済的諸関係は、意思とは無関係に法則的展開をとげる。そうして人と人の関係がモノとモノとの関係として現れる。これを物象化と呼ぶが、物象化した世界で人間を扱うときには一定の条件を前提にすることとなるから、その世界の論理を展開した書『資本』では、序文に「起こりうる誤解を避けるために一言。私は決して資本家や土地所有者の姿態の光明面を描いてはいない。しかしここで諸人格が問題となるのは、ただ彼らが経済的諸範疇の人格化であり、一定の階級関係のおよび利害関係の担い手である限りにおいてである」（『資本』初版の序）、と方法的限定を付していた。人が出てきたら、それはモノのお付きとして、例えば「地主」なら「地代取得」者と読め、ということだ。

だが現実の人間は経済的範疇の人格化で扱いきれるものではない。「経済学批判・序文」でイデオロギー的諸形態の扱いに注意が向けられていたように、人は革命の観念的先取りなども行なう。現実の社会運動の中でこの方法で個人を扱いきれるわけがない。マルクスは、資本家的生産様式の社会では人は「観念的にヨリ自由、物質的にヨリ不自由」だという。そして「観念的にヨリ自由」であればこそ、人間の疎外状態からの解放をも観念的に先取りしうるのである。そのように考えた人間たちの行為がまた現実の運動をつくり、その運動の推進力となっている。つまり、人間の歴史には「経済的範疇の人格化」だけでは説明しきれないことが実際に多くある。人間は様々な生活文化領域のうちに生きており、行為動機は経済的利害関心のみにとどまらぬ。他の多くの異なった動機も作用しうる。これらを捉えておかないと、諸々の社会運動・社会現象をうまく理解し説明することができない。

しかし、マルクス自身も『資本』(経済学)では人間の扱いを方法的に限定していたが、では経済をはみだした諸文化領域ではどうすればよいかを説いてはいない。

凡ての社会現象は人間の行為によって生じる。人間が内的・外的な利害関係に突きうごかされて行為するとすれば、その行為の作り出す社会諸現象はどんな運動を示すだろうか。これを科学的に把握することは、マルクスの方法からははみ出た問題である。社会現象を個人の行為にまで掘り下げ、諸々の行為動機を理解することによって説明し、そこから運動の規則性も明らかになる、という方法が必要になる。ヴェーバーの「理解社会学」はこれを行おうとしたものである。ヴェーバー社会学の射程といってもよい。ヴェーバーのマルクス批判・相対化の論点はまさしくここにあった。

テキスト

武藤一雄・薗田宗人・薗田坦訳『宗教社会学』(一九七六年、創文社)第三節。

参考

S・コールバーグ「理念と利害関係」『聖学院大学総合研究所紀要』No. 8. 一九九六年。

大塚久雄『社会科学の方法』一九六六年、岩波新書。

註

★1——「宗教的ゲマインシャフト関係の諸類型」ともされた。第13章註2も参照せよ。
★2——アントン・メンガー『労働全収権史論』森田勉訳、一九七一年、未來社。
★3——山ノ内の河上肇論(『社会科学の方法と人間学』一九七三年、岩波書店)では訳語からこの定式理解の諸問題が扱われている。
★4——新古典派は「労働価値論を(生産技術の線形性の仮定と労働を唯一の希少な資源とする仮定に全面的に依存している)特殊モデルとして葬り去ることになる」(岩井克人『貨幣論』一九九八年、筑摩文庫、三二頁)のだが、マルクスはそのモデルに近似した事態を見て考えたとすれば、この言い方も許されよう。

第9章

呪術・宗教・物神崇拝

ヴェーバーにとって宗教社会学という土俵が主戦場となっているが、それはなぜか。中味を知れば分かることなのだが、その前に宗教が何であるかを知っておこう。すでに前章で宗教という文化領域の固有法則性について説明したけれども、ヴェーバーはその宗教の成立から論じて、あの論理を展開していたから、私たちも、その成立の過程を見ておかなくてはならない。それを通じて彼の視野と作業の広がりが納得できるだろう。ただここではカタカナ表記の専門用語の説明には立ち入らない。著作の多くが死後出版であるため、ヴェーバーの真意探りという問題も深刻であり、それだけでも特殊な研究領域をなす。註にその研究文献を挙げた。宗教が前章のマルクス的視角からはどう扱われるかに関しても、一点「物神崇拝」にかかわらせて触れておきたい。そのことは宗教社会学の構想の意味を知ることにも役立つであろう。

1　呪術的世界

✣テキスト問題

かつてはヴェーバーの主著とされた『経済と社会』だが、これは死後出版だ。妻マリアンネの編集により出されたもので、いまでは編集に問題の、いや重大な欠陥のあること［★1］が分かっている。いまはそこに触れず、残されたテキストから都合のいいところを利用しよう。『経済と社会』は、『経済と社会的諸秩序および諸力』と題されて、「社会経済学綱要」という叢書企画の一部として発行する予定だったものだ。元々は「経済学ハンドブック」二巻本の企画だったが、いろんな事情で大きく変化してしまった。

残されたテキストの一つが、ここで少しだけ扱う「宗教的ゲマインシャフト関係の諸類型」であり、「宗教社会学」の名で知られ、邦訳もそれをタイトルにしている。ヴェーバーは、このテキストと、本書ではこの後に登場する「世界宗教の経済倫理」シリーズとを、一種の分業関係にあるものとして考え、執筆した。以下、出てくる用語・概念が説明抜きのところもあるが、その一部は次章で補足しよう。テキスト編纂問題に絡む特殊な用語が出てくるが、ここでの趣旨を理解するにはとくに説明を必要としないと考える。宗教的な組織・団体形成の固有な展開(「社会的諸秩序および諸力」)の論理を示して、それと「経済と」の関係を説明する、というのがこのテキストの本来的目的である。その第一節は「宗教の成立」と題されており、そこを見ることにしよう。

呪術と呪術師

✣此岸的動機とカリスマ

始めに、ここでも対象が理解社会学の方法で扱われることが言われている。つまり、宗教の本質でなく、特殊な社会的行為の条件・活動を問題にしながら、行為が行為者の主観的な「意味」から理解されるのである。まず宗教的ないし呪術的に動機づけられた行為は「原初的に素朴な状態においては」此岸的になされた。それは日常的目的行為とは区別されない。人身御供であれ呪文であれ、ある帰結をもたらすために行なわれ、結果としてそれが実現できたとなれば、それが経験的な規則となる。我々から見たら目的手段関係の合理的行為ではなく「呪術」だとされようが、それでもやはり相対的には合理的な行為なのだ。

経験の中で特定の人ないしモノ・コトが目的に適う、ある作用をもたらすことが知られてくる。モノには特別な石とか、コトとしては忘我状態に入るとか、様々なものがある。この非日常的な力が「マナ」とか「オレンダ」、「マガ」(イラン人の例。マギー、これが呪術の語源らしい)と呼ばれた。これらを一括して「カリスマ」と呼んでおく。

人にとってカリスマは一つの「賜物」であるが、萌芽の状態で宿しているだけなら、禁欲などで覚醒させなければ発現しないと考えられた。

✤聖霊信仰

こうした場合に一つの抽象化が起こる。それは、カリスマ的資質をもつモノ・コトの背後に隠れて、そのあり方を規定するものがある、という観念であり、これを精霊信仰としよう。精霊（ガイスト）は霊魂でもデーモン（悪魔？）でも神でもなく、物質的だが目に見えず、非人格的だが意欲を備えている、定かでない「なにものか」である。これが一箇所にとどまらず人から別の人へと動くと考えられた。この呪術的なカリスマが資質を持つ者にのみ宿るという観念は、最も古い職業である職業的呪術師の成立の土壌をなす。

✤忘我（エクスターゼ）と狂躁（オルギー）

呪術師とは、持続的にカリスマ的な資質をもつ人間であり、その点で単なる平民、すなわち呪術的な観点での「素人」と対置される存在である。呪術師は、特殊なカリスマを表現する、ないし媒介する状態、すなわち忘我を、「経営（商売と読もう）」の対象として独占している。

素人にとっては、こうした忘我はただ偶発的現象として体験できるにすぎない。この現象の社会的形態が狂躁であるが、それは宗教的なゲマインシャフト形成の原初的に素朴な形態として、合理的な呪術と対置され、またそれをもたらすのに不可欠な呪術師自身の継続的経営に対していえば、一つの偶発的行為である。素人は、元々狂躁の目的に用いられたアルコールやタバコなどの麻薬を使用し、時たまの陶酔としてだけ忘我を知る。音楽もその手段としてよく用いられた。

✣アニミズム

呪術者の活動や狂躁状態の経験を通じて、肉体とは区別された存在としての「霊魂（ゼーレ）」という観念が形成される。これは、夢や失神状態や忘我や死において肉体を去ってしまうもので、ふだんは肉体の中に潜み隠れており、まったく同様に、自然物の背後やその中にも在る。この霊魂とそれに結びつけられた人・モノの関係は多様だが、程度の差はあれ、霊魂が具体的な人・モノ・コトのもとに、あるいは内部に、持続的かつ独占的に住み込むことができる。逆にいえば、それら霊魂は、ある特定の事象や物の類いを、なんらかの仕方で「所持し」、したがってそれらの事物の振舞いや活動を決定的に左右することができる、という観念をもたらした。こうした観念がアニミズムとよばれる。

霊魂は動植物や人間に「化身する」という観念が生まれ、さらに霊魂は事物のうちに「象徴化」された形でのみ考えられ、目に見えない存在と考えられた。

以上は人間の思惟による抽象化の進展度により過渡・複合の諸形態をもって現れるが、このなかにすでに「超感性的」な力という概念の原理的把握がみられた。この諸力は、人間が自己と接する外界の運命に干渉しうるのと同様のしかたで、人間の運命に干渉することができるものとされた。

✣超感覚的な力の性質

神や悪魔は人格的でも永続的でもなく、名称すら持たなかった。英雄が死後に何らかの仕方で発揮する力が神と考えられることはあり、神の特性表記を神格化された英雄の人名にする神話ができる。

神としての性質（神性）の一定の観念が継続性をもつか否かには、呪術師の活動や世俗権力者の愛着がこれをどう採り入れるかが影響する。以上の帰結として一つには霊魂の成立、もう一つには神々や悪魔という超感覚的な力の成立、ということがあった。

霊魂は人格的でも非人格的なものでもない。打ち倒した敵の心臓（霊魂の居場所）を喰えば敵の勇気を我がものにできるとか、夢を見ているときに身体から抜け出す霊魂とか、今の暮らしを嫉みや怒りをもって眺める祖先の霊魂とか、の事例から、霊魂は独立した単一の性格を持ったものとは考えられなかった。

呪術の発展

❖象徴主義

こうした過程においては、「超感覚的な力」を認めるということ自体が、現に生活のうちで一つの役割を果たし、また何ものかを「意味する」ということ、これが注目すべき独特なことである。そのことによって、呪術は、単なる力の発揮から、一種の象徴機構（Symbolik）となった。

屍体には一般に不安を感じるが、この不安は埋葬形式を規定する。死者の霊魂によって平安を乱されずに生きてゆくためにはそれを無害なものにしなくてはならない。墓地を遠方にするとか、死後の幸福を保証するとか。死者呪術の諸様式中、経済的意義をもったのは、「死者個人の所有物を一緒に埋葬せねばならぬ」という観念だった。これが薄まって「死者の嫉みをよばぬよう自分の財産享受をしばらくは慎まねばならぬ」という程度の要求となった。中国の服喪規定にそうした形が見られる。

ひとたび霊魂・悪魔・神々たちの世界が生まれると、それは呪術的技法にも反作用する。その世界は日常感覚では捉えられないから、象徴や意味（Bedeutung）を媒介としてのみ到達できる背後世界的存在とされた。この世の事象が背後世界の象徴や徴候にすぎぬとされると、そこに表現される力そのものに働きかける試みがなされる。なにかを意味する象徴を通じて精霊または霊魂に語りかけねばならぬ。そうなると、象徴機構の専門家が共同体内で得た権力的地位が問題となる。

✣形式固定化（ステロ化）

死者には象徴的行為でのみ接近可能であり、神（なるもの）が象徴のなかにのみ現れるとなれば、彼らを満足させることも（現実によるのではなく）象徴を介して、ということになる。経験の中で象徴（的行為）は、現実的効果とともに、「有意味性（Bedeutsamkeit）」を帯びてきた。有意味な行為によって現実的効果の達成が目指されることとなる。効果のあった行為は、それからの逸脱が有意味性を無効にするとして、厳密に同じ形式で繰り返された。

こうして現世の活動のあらゆる領域がこのような象徴主義的な呪術の圏内に引き込まれていった。造形芸術の宗教的な形式固定化は、呪術的諸観念に制約されているが、同時に、作品の呪術的な有意味性に従ってなされた職業的制作にも制約される。お手本が（先輩の）既成の模範像なのだから。こうして生活のあらゆる場面が象徴機構に取り込まれる。象徴としての身振りや舞踏の展開。使用可能な音階の形式固定化。経験的に有効だった治療法の悪魔払い的・類似療法的治療法への置き換え。これらの現象は文化発展に大きく影響した。「宗教的」観念圏域が生活態度および経済に及ぼした最初の基本的な作用は形式固定化であった。変更は精霊や神々のご機嫌に触れるに違いない。聖なるものは格別に不変なるものである、とされた。

発達をとげた象徴主義的観念圏域の根底にある思考法は「神話論的思考」と呼ばれる。その主要特性の一つに、アナロギー（類比）とその効果的形式である譬喩（Gleichniss）が重要な意味を持つ、というのがある[★2]。これが宗教的表現の諸形式を永く支配し、また経験に基づいた法の技術論による判例操作までも支配した。類比的思惟の起源は象徴主義的に合理化された呪術にあり、呪術は全面的に類比的思惟にもとづいている。

2　宗教の成立

神々の姿と序列

✣神々と人の関係

今燃えている火が神そのものだとか、火の神が人のために姿を現しているとか、常に不変な神がいて火を保持し供給し意のままに扱うといった、抽象的神観念が安定した姿になるのは、継続的に同一の神に捧げられる行為、「祭儀(クルトゥス)」を通してのことであった。つまり、この神が継続性をもつ人の団体と関係しつつ、持続するものとしての神が人の共同体に神としての意義を発揮するということを通じて、である。ひとたび神々の姿の永続性が確保されれば、職業的に神にかかわる人間の思惟がこの観念領域の体系的秩序づけに従事可能となる。

❖万神殿(パンテオン)の形成

神々の無秩序な乱立状態は、社会的分化の未成熟に対応していたが、分化が進んでも秩序だっていない例はあった。だが宗教的実践にかかわる体系的思惟が生じ、また生活全般の合理化が神の行いへの形式固定化された要求を伴いながら一定段階に達すると、そこに万神殿形成が始まるのが通例だ。特定の神々の姿の特殊化・種別化と明確な個性化、明確な属性の付与および相互間の権能の境界設定、ということが行なわれる。

神々の姿の擬人化をつうじた人格化と、神々の権能の境界設定・固定化の歩みとは平行して進まない。ローマの神々の権能は一義的に限定されるが、その人格化・造形的具象化は、本来人格性と考えられたギリシアの神々の方がはるかに進んでいた。両者の相違の社会学的根拠として、ローマ的観念は、民族的な農民宗教および家産制領主宗教の段階にとどまる傾向が強かったことが指摘できる。ギリシアの観念は、ホメロス時代に見られるように、地方交流的な騎士文化への発展にさらされていた。その影響はローマの主要性格を変えなかった。またローマでは狂躁的忘我的な密儀的宗教性には拒絶的反応だった。ローマの宗教は、すでに効果ありとされた祭儀的形式への結びつきと、どこにでもあって働くあらゆる種類の神々への「顧慮」とを中心とした「レリギオ」にとどまった。「レリギオ」には「再結合・再構築する」の他に「慎重に考慮する」の意味があったという。

✥ローマ人の宗教意識と法観念

ローマの宗教に根拠を持つ形式主義、および非人格的なものが即事象的合理的なものと内的親和性を持つ点、これはギリシアと対照的なローマの特徴である。ローマ人の生活は一種の神聖法的決議論をそなえた「レリギオ」に囲まれていた。

ローマ人の生活行動の独自性は、実践上合理的な神聖法的決議論をたえず涵養するという点、いわゆる法律弁護の問題として処理するという点にあった。それはユダヤ的、アジア的儀礼の作用とは対照をなす。このようにして神聖法は理性的な法的思惟の母胎となり、そこでは聖法的国法的な適正さをいかに証拠づけるか、いわば作法(エチケット)問題が中心的だった。

✥序列上位の理由

擬人化の過程と権能限定の過程は既存の神々の類型化へと導く。そして一方で神崇拝のあり方を、もう一方で神概念そのものを、合理化しようとする傾向を内包する。万神殿内部の優位は、その神の支配する特定の出来事の経済的意義が大きいほど確実だった。天の神は、光と熱を司ると考えられて上位にくる。下界の神々(母なる大地)の崇拝は農耕の意義を反映するもので、豊饒、富を恵み与えると同時に、埋葬された死者たちの支配者でもあったから、富と彼岸の運命という二つの重要問題にかかわっていた。天の神々は確固たる法則に従う天体の運行の支配者であり、それを司るのであるからおよそ確固たる法則を持つもの、そしてあらゆるものの支配者、とされることが多い。そこから法発見と善き風習との支配者ともされた。

❖団体形成

行為が、客観的な意義づけと主観的な反省の進展により、即事象的な特殊化を進めるのはどの領域でも起こる。ここではインドの「鼓舞」の神々が生れる場合のような抽象的な特殊化の方向と、祈祷や漁労、農耕といった行為内容に従う質的な方向の二つがある。

古代インドの万神殿の最高の概念はブラフマー、「祈りの主」である。バラモン祭司は呪術による効果的な神々強制の能力を独占してきたが、ブラフマーが新たに祈りの効果に対する独占権を得て、唯一神でないにせよ、最高神となった。これは前者の抽象的方向を示す。

後者の質的特殊化の場合。どんなゲマインシャフト行為(社会的行為と読め!)もそれに対応した特殊神をもち、そのゲゼルシャフト結成(集団形成と読め!)が永続的なものとして保証されるためにそういう神を必要とした。ゲゼルシャフト結成が個人的な権勢としてではなく真の団体となる場合には、やはりその団体だけの特別な神を必要としたのである。

❖家共同体

このことはまず家や氏族について妥当する。祖先崇拝の発達は家共同体の家父長的構造と平行して進むのが通例だが、必ずとはいえない。とくに政治的ないし宗教的な他の団体の神々が、それぞれの祭司権力に支えられて家内祭儀や家長による家祭司制を圧迫したり破壊することもある。祖先崇拝の力と意義が存続すれば、家や氏族を固く結びつけ、排外的となって家共同体内部の経済的諸関係の深部にまで影響するような人的絆を形成する。妻と相続人の正当性、息子の父に対する関係、兄弟相互の関係など家内部の法関係はすべてこれによって決定され、形式固定的に規制される。人的絆の集団が擁する神々は、正当な資格なき者による供物・犠牲を拒むから、血縁者に対する祖先の怒りを呼び起こさないよう、姦通は宗教的に由々しき問題とされる。長子単独相続権は軍事的・経済的動機とともにこの宗教上の動機をも含んでいる。東アジア(中国と日本)が、西洋ではローマの家共同体と氏族が、経済的条件の変化にもかかわらず家父長的構造を保持したのは、この宗教的基盤のゆえである。

政治的団体の神

❖連合形成か家産制か

こうした宗教的結束のある場合、政治的ゲゼルシャフト結成は、①諸氏族からなる宗教的に聖別された連合体として、あるいは、②弱体化した家長制にならって構成された王制的大家計による「臣下」たちの家政の家産制的支配として、のどちらかでなされる。

②では最大の権力をもつ主家の祖先ないし守護神、人格的な神々が、臣下の家々でその家神とならんで祀られ、それが支配者の地位を宗教的に合法化するという結果をもたらす。東アジア・中国では最高の自然精霊の祭儀を祭祀長としての皇帝が独占する事態を生む。ローマの元首の守護神も、これを通じて皇帝の人格を一般人の祭儀の中に受け容れさせるという役割を果たす、という点で類似している。①の場合には結成される政治団体そのものの特別神が生まれる。イスラエルの民がその例で、ヤハウェは部族連合の神であった。彼らはヤハウェの神を誓約をもって受け容れたとき、同時に政治的な部族連合とその社会的諸関係の聖法的秩序を受け容れた。だがヤハウェとイスラエルの民の関係は契約と見なされていた。

✣地方神

一般には政治的な団体形成は一個の団体神への服属を条件としている。持続的な政治的団体はその集団的行為の効果的な遂行を保証してくれる特殊神を持つのが通例である。対外的勝利は、自らの戴く強力な神が他者の神に対して勝ち得たものだ。

この政治的な神は、団体の占める場所にむすびついた地方神だとは限らない。団体とともに引っ越すこともある。地方神としての性格から信奉者に要求される排他的「単神崇拝」が一神教にそのまま通じるのではなく、神々の局地・割拠主義を助長する。地方神の発展は政治的局地主義を異様に助長することにもなる。ギリシアのポリスの場合がそうである。

地方神の成立は、団体の特定地域への定住ということのみならず、この団体を政治的な有意義なものと特徴づけるその他の諸前提とも結び付いている。この型の充分な発展をみたのは「都市」を基盤とするものだった。都市とは、支配者個人の人格とは分離された、団体的な正義によって動く政治的特殊団体を意味する。この条件を欠くインドや東アジア、イランでは地方神は発達しなかったし、北欧では萌芽にとどまった。地方神は、都市国家に発し、これをモデルとする、イスラエル人やアレクサンダー大王没後のアイトリア人(ギリシアの都市同盟)のような、連邦制にまで及んでいた。

団体を地方的な祭儀の担い手とするということの思考は、理念史的にみれば、政治的ゲマインシャフト行為を純粋に家産的なものとみなす思考と、近代的「地域団体」理念のような即事象的な目的団体の思想やアンシュタルトの思想との中間項をなしている。

普遍主義への傾斜と一神教の成立

❖世俗の秩序と天の秩序

万神殿での序列形成については先に触れたが、優位な位置を占めないとしても民族の宗教性に刻印を与える神の例もある。エジプトの太陽神ラーに比すべくもないオシリスは、人びとの救済論的関心に応えるものであった。「理性（ラツィオ）」は普遍的な神々の優位を要求するものであり、首尾一貫した万神殿は、体系的合理的な原理にそって形成される。それはつねに、職業的祭司の合理主義か、世俗的人間の合理的秩序形成の努力かの、影響のもとになされる。神的秩序に保証された星辰運行の合理的規則性と、地上の聖なる秩序の不可侵性との類似性こそ、「理性」をこの二つの事態にふさわしい守護者とする。またこの事態に依存して、合理的な経済と共同体における聖なる範囲の確固とした秩序ある支配との両方が存立することとなる。

この聖なる規範に関与して代表するのは、まずは祭司である。インドのヴェーダ世界におけるヴァルナやミトラ（武の神）とインドラとの勢力争いは、確固たる秩序とその秩序に従う生活支配とを目指す祭司階級と、軍事貴族の権力争いを象徴している。軍事貴族＝騎士たちには、英雄神や、冒険や宿命のもつ無秩序な非合理性こそが、超地上的な神的諸力に対する関係としてふさわしいものだった。これに対して、祭司階級の広布する体系化された聖なる秩序（インド、イラン、バビロン）、官僚制国家の創出する合理的に秩序づけられた臣属関係（中国、バビロン）、これらはたいてい天の神々や星辰の神々が万神殿で高位に就くことを助長する。

✣帝国と普遍主義

万神殿の支配者は、そこを目指す途上にあるとしても、まだ「普遍的」で超民族的な世界神ではない。だが合理的な思惟は、神として一義的に確定した性質をもつ存在者が普遍的であることを求める。中国における世界帝国の形成、インドにおけるあらゆる個別的な政治組織に浸透するバラモンの祭司的身分の伸長、ペルシア世界帝国およびローマ世界帝国の形成、これらはみな、程度と形態は多様だが、普遍主義と一神論の成立に寄与した。

❖イスラエル人とヤハウェ

以上とは別の系譜もある。普遍主義的一神教の先駆けをなす単神崇拝の場合だ。ヤハウェ崇拝の場合、それは盟約兄弟団の形成という具体的なできごとの結果として生まれた。諸民族間の政治的関係が背景をなし、その政治情勢を預言者たちはプラグマーティッシュに［★3］（実践的に）解釈した。その結果、イスラエル人に大きな利害を及ぼす他民族の行為も、そのままヤハウェの行為にほかならないという考えがそこに始まった。まさにこの点に、ユダヤ的預言の思弁に密着した著しく特殊な歴史的性格が明瞭にあらわれており、インドやバビロンの祭司階級の自然主義的思弁とは対照をなす。それは、ヤハウェの約束から不可避的に生じた課題であって、諸民族の運命の中にみずからの民族の運命を、歴史的展開の全体を、他ならぬ「ヤハウェの行為」として把握する、ということだ。一つの「世界史」の行為として把握する。ヤハウェは、かつての盟約兄弟団の戦《いくさ》の神から、エルサレムという都市の地方神に変貌し、さらには現世を越え出た神聖なる全能にして不可測な神となり、普遍主義的な相をもつまでに至った。

✣エジプトの一神教

エジプトのアメノフィス四世の一神教的、普遍主義的太陽崇拝にはこれとは異なる事情がある。祭司合理主義や平信徒合理主義に由来する面はあったが、次の事情に由来するところも大きかった。それは、数多の祭司にまつられた神々を排除することで祭司たちの優勢な権力をも打ち砕き、王を最高の太陽神祭司へと高めることで、ファラオ(神の子)の権勢を再現しようという、官僚制的統一国家の頂点に位する王の現実的要求、であった。

✣救済論的関心

歴史的にはユダヤ教に由来するキリスト教とイスラム教の普遍主義的一神教、ゾロアスター教(闇に対する光)の相対的一神教、この三つの展開はみな祭司および平信徒の哲学的な思弁から生み出されたもので、それらが救済論的関心と結びついたときにのみ、実生活上で宗教的意義を獲得した。ゾロアスター教については、いまだ呪術の克服が課題として残る。

つまり、一神教への発展には実践上の障害が生じてくるが、一つは、個々の神の祭儀および祭儀の場所にかんして祭司階級が抱く思想的および物質的利害関心であり、もう一つは、呪術である。平信徒が抱く、具体的な生活状況や人間関係に結びついた身近な宗教的対象、とくに呪術的影響力で接近できる対象への宗教的関心が一神教への道の障害となる。呪術は根強い。

✤神強制と神礼拝

人間は霊を吹き込まれているということの類比から考えられる力は、自然主義的な精霊（の力）と同様に、人間に役立たせるように強制することが可能である。この力を前にして正しい手段を使えるカリスマの持ち主は、神より強く、自分の意志どおりに神を強いることができる。こうなると宗教的行為は「神礼拝」ではなく「神強制」であり、神への呼びかけは祈りではなく呪文である。目に見えぬ力に対する関係は民間宗教意識の基盤をなし、普遍的に広がっており、カトリック祭司すらミサ秘蹟の執行などに多少は呪術的な力を行使している。祭儀の狂躁的・身体定型運動的な要素、歌唱舞踏、演劇、典型的祈祷文などの重要な起源がそこにある。

他方で神々の擬人化の進行につれ、地上の強大権力者としての君主から得られる恩恵は、請願や贈り物、奉仕、貢ぎ物、贈賄などで得られるのだが、やがて神々の振舞いに重ねられる。神々はこうした君主との類比にしたがって、強力な存在者と考えられた。そこに「神礼拝」を生む道筋がある。

✤呪術の残存

神礼拝の要素としての祈りや犠牲も、呪術的なものから発生しており、呪文と祈願の区別も流動的だ。自己のために功徳をささげてお返しの功徳（反対給付）を所望するという祈願（オネガイ）は合理的取引のような形である。犠牲も神強制に役立たせる呪術的手段として現れた。神々もまた働きの実現には忘我をもたらす呪術祭司の神酒を必要とするから、我々も供儀により神々を強制することができる、というのがアーリア人の古い観念だった。神―人双方に義務を課す協定を結ぶことすらできる、というのはイスラエル人の場合の重要な観念であった。また供儀は神の憤激を贖いの羊や人身御供といった他の対象に転化しようとする呪術的手段でもある。より古い動機としては、ことに動物の供儀が、捧げるものと神との間で兄弟の契りを締結する食卓共同体としての「交わり（コムニオ）」をなす、という考えがあった。こうした「祭儀的」観念が意義づけに強く影響する場合でも、呪術的な意義が決定的な特徴をあたえていた。

呪術的なものの払拭に向かうものは、収穫の初穂を神に捧げて神が残りを人間に与えてくれるよう乞い願うという貢物としての供儀の観念、あるいは神の復讐を回避するために自らに科す「罰」としての供儀、「懺悔の供儀」の観念に見られた。ここに「罪の意識」は含まれておらず、事務的冷静さをもって行なわれた。

✣非呪術的動機

人格的な主としての神の力と性格が徐々に明確に意識されるようになると、呪術的でない諸動機が次第に優勢になってきた。神は、その意のままに拒否できる偉大な主となり、呪術的な強制などは無意味で、ただ請願と寄進によってのみ近づくことが許されるものになってゆく。始めはこの非呪術的動機が呪術と同様に割り切った合理的なものだった。「与えられんがために、われ与う」――此岸的な災禍を避け、また此岸的な外面的利益に心を傾けるということは、もっとも彼岸的な諸宗教にあってもあらゆる「祈り」の内容をなしていた。

✣世俗外的目的による宗教の自律

この事態を超える動きは、独自の二面性を内包した特殊な発展過程から生じた。すなわち、一つは、神概念の、そして人が神に対してとりうる関係についての思想の、たえず進展してやまない合理的体系化であり、もう一つの特徴的なことは、かの根源的には実用的な打算的合理主義の後退である。というのも、宗教に特殊な行為の意味は、経済的日常生活の純粋に外的な利益に求められることが、思惟の合理化に比例して、徐々に減ってゆき、その限りでは宗教的行為の目標を非合理化し、ついにはこの世俗外的目標、まずは経済外的目標が宗教的行為に独自なものとされるからである。

こうして、祈願や供儀、崇拝として表現されるような「超感覚的諸力」に対する関係の諸形式を「宗教」および「祭儀」と呼び、これを「呪術」から区別することができる。それに応じて宗教的に崇められ祈られる存在を「神」、呪術的に調伏され強制される存在を「デーモン」と名付けることができる。もっとも新たな宗教を標榜する権力が既存の祭儀を抑圧するとき、古い方の神々は「デーモン」という名で存続する、というパターンは見られるが。

以上でとりあえず宗教の成立までを追った。この先については、同じ「宗教社会学」章の第三節をなぞった前章での固有法則性、救済関心を動力とする展開の論理を参照していただきたい。

3　物神崇拝について

マルクスの見方

宗教は、そして呪術も、人間が作り出したものである。それが私たちの生活や世界の見方を大きく規定するようになった。第1・2節はそれがどのようにして生じたのかを発生史的に、つまり始源に立ち返って説明したヴェーバーの叙述をなぞったものである。

✣物象化論

若きマルクスの言葉を借りるなら、宗教は疎外態だ。精神活動により人間のもつ本質、理性的な思惟が外化して呪術や宗教という形をとり、それが人間を縛るという構造と映るのだから、そう言ってよかろう。それを観念的意識形態と呼んでも同じことだ。それが「土台」と照応した形で展開したと見るのがマルクスであり、そうではないとしたのがヴェーバーである。ちなみにマルクス学では「疎外論から物象化論へ」というテーマが一時ずいぶんと流行した。

手元の教科書風の書物をみると、物象とは「人間にかわって社会的な関係を取り結ぶ力を持つにいたった物のこと」、「具体的には、商品、貨幣、資本などをさす」とされている。そして物象化（Versachlichung）とは、その物象に依存することで社会的関係を取り結んだ結果、「人格と人格の関係が物象と物象の関係として現れること」と説明される。このような関係の中では、物の価値は一定の関係においてのみ存在するのに、あたかもその物の自然属性であるかのように錯覚する場合があり、これを物神崇拝（フェティシズム）という、という形で、労働生産物が価値物となる例で説明される。

詳しくは理論の学習に委ねるとして、ここでは以上の見方を、第3章に一度登場したヒスロディー氏に、ヴェーバーとマルクスという前章の枠に乗せた形で自由に語ってもらう。

ヒスロディー放談

✤教団の力

ヴェーバーは理解社会学を営んだ。つまり行為者が付与する意味を理解しようとした。だからマルクスの物象化論とはかみあわないように見える。宗教はしょせん頭の中の世界だから、聖具や仏像を拝むのは物神崇拝の極地である。しかしだからといって、信徒の行動は錯覚に基づくものだから社会的には無意味である、などと言って済ますわけにもいくまい。カトリック世界におけるローマ教皇庁の力や日本の創価学会の力を無視することはできない。宗教と政治が地続きなのは昔からだ。これを経済的関係から説明しきるには無理が伴う。

✣文化としての物象

そもそも人の世とは、物象化で成り立っているのではないか。音楽だって、今の流行も人―人関係のなかでのみウケるようなものばかりだ。ファッションもそうだ。使用価値自体が好みの変化に依存している。人の必要・欲求を充たす形式は、物象化された形でしかなされないのではないか。これを取っ払うとなれば、マルクスが批判したフォイエルバッハ風の自然主義、自然に抱かれた受動的な自然存在という人間像の世界になろう[★4]。能動的な人間は象徴（シンボル）をあやつりながらモノを考え、物を作り出してきたはずだ。それが文化というものではないのか。物神崇拝が錯覚だと言われようが、理解社会学風にみれば、そのことが生きる意味となっているとしたら、これは批判の対象ではないだろう。マルクスだって、批判ではなくて説明したのだ、というなら分かるが。

ちなみにマルクス派は物化（Verdinglichung）を引証するが、物象化の場合、ザッヘ（Sache）がモノとコト両方を意味することだけは確認してもらおう。唯物（タダモノ）主義などと言われないためにも。

✣物神崇拝批判の批判

行為に付与した意味を理解してどうなるのか。どうなるわけでもあるまいが、こんなことは言えるだろう。昇進転勤の打診を受けた女性社員がこれを承諾したとする。彼女は自身のキャリアアップと昇給という経済的利害関心で判断した、まぁこう見られるだろう。外見的には分からないが、動機を調べると、上司との不倫関係を清算するのに地方への転勤はいい機会だ、と思ったことが分かった。

あるいは、シングルマザーの彼女は、転勤先が育児・教育環境の面で今の居住地よりも条件がいいことを調べて判断したのだった。人の行為を経済的利害関心からのみ解釈してはいけない、という教訓にはなるだろう。そしてこの教訓は、聖像崇拝を物神崇拝という錯覚だと批判するモノの見方の批判にまで敷衍することが可能だ。もっとも上司との不倫がじつは昇進狙いから生じた事態だったなんて、ヴェーバーに分かるかどうか。

❖みんなで渡る赤信号

物神崇拝という言い方は、錯覚を暴くという意味をもつのであろう。ならば同じことは「赤信号、みんなで渡れば怖くない」で言えるかもしれない。歩行者の道路横断で最重要なことは左右の安全確認だ。赤信号でもそれが確認できれば安全に渡れる。青になってから歩き出しても、突っ込んでくる・左折の車に撥ねられて死ぬことはある。補償の法的手続きでは信号の赤青はカウントされるが、死者は生きかえらぬ。みんなで渡る赤信号には車は突っ込みづらい、くらいの真理ではあるが。

❖錯覚を暴く

私たちは物神の何たるかを、そこそこ理解している。日常語でも、物の「ネウチ」と「ネダン」を区別するくらいの知恵はある。だから、様々な生活領域での物神崇拝があるけれど、経済の世界では価格という数字で一元化が可能になり、損得勘定が容易だから、錯覚と言われてもその錯覚に依存することを選んでいるのだ。他の世界ではそうでもない。

イイ感じの仲の男女がいるとする。一二月、数万円のブランドものバッグと腕時計のプレゼント交換をした。これを「恋愛感情のヴォルテージの高さはプレゼントの額に表示される」と見るかどうか。デートの頻度をその表われとするか。安物では「その気が失せてる」、月一回では「二股かも」、そんな判断材料にされかねない。だがそうした数字判断の見方に対して「それはチョットね」と言うだけの健全さ(?)も一般にはあるだろう。錯覚であることが分かるからではないだろうか。

経済世界の錯覚が弊害をもたらすがゆえに、ここを暴露することを「経済学批判」の課題として引き受けたのがマルクスだ、ということは、分からなくはない。

✣人格的関係の回復

青年マルクスは面白いことを書いている。「人間を人間として、また世界に対する人間の関係を人間的な関係として前提してみたまえ。そうすると、君は愛をただ愛とだけ、信頼をただ信頼とだけ、その他同様に交換できるのだ」、「もし君の愛が愛として相手の愛を生み出さなければ、もし君が愛しつつある人間としての君の生命発現を通じて、自分を愛されている人間としないならば、そのとき君の愛は無力であり、一つの不幸である」(『経哲草稿』より)だなんて。年よりには赤面ものだが、これは「疎外されない人間」を理念とした表現だ。だとすると、マルクスは、錯覚を暴露したのちに錯覚の生じない世界を生来させたかったのだろうか。そうなら、疎外論はのちの物象化論のベースをなしている。すくなくとも転換ではないようだ。だが経済一元論とみえるような社会認識方法では、様々な人の世のありようを巧く説明できなくなった。経済学研究専念のコストなのだろうか。
以上、無駄話の達人氏の、いささか無責任なお話。

4 宗教社会学という土俵

宗教の成立までを見た第1節では、宗教的現象が、法、政治・支配、芸術、経済の各領域に深くかかわることが示された。歴史の運行に大きく影響を与え、また現在世界の多様なあり方の強力な説明要素でもある宗教を、ヴェーバーが、宗教的理念・教義にとどめずその担い手と集団形成の過程やその機能にまで配慮して扱ったのは、いわば唯物史観の向こうをはった壮大な「歴史・社会観」の表明であり、また一つの歴史叙述の試みであったのかもしれない。「宗教社会学」章はいわば宗教現象を扱うための基本概念と、前章で説明した法則的知識(社会学的規則性)を担当し、『宗教社会学論集』に収められた「世界宗教の経済倫理」はその知識を具体的な対象理解に利用した叙述をなす、という分業関係が知られている[★5]。

こうした分業まで準備して、思想史でもなく文明比較史でもなく、宗教社会学としたことの積極的な意味はどこにあるだろうか。呪術は根強い。「倫理」論文では予定説が脱呪術化の過程の極地とされた。人類史を脱呪術化の過程とみるのは、まずは呪術/宗教の生活全体に占める大きな意義の認識あってのこと。生活全体を特定の切り口から解読するならこの宗教と、もう一つの可能性としては経済が候補になるだろう。ヴェーバーもそう考えて社会層に注目した。「古代ユダヤ教」にはこうした方法的自覚が高度に込められているはず。だが「世界宗教の経済倫理」は未完におわる[★6]。

テキスト

武藤一雄・薗田宗人・薗田坦訳『宗教社会学』(一九七六年、創文社)第一節。

参考

佐々木隆治『私たちはなぜ働くのか』二〇一二年、旬報社。

M・ハインリッヒ『「資本論」の新しい読み方』明石・佐々木・斎藤・隅田訳、二〇一四年、堀之内出版。

マルクス『経済学・哲学草稿』城塚登・田中吉六訳、一九六四年、岩波文庫。

註

★1――折原浩『日独ヴェーバー論争』(二〇一三年、未來社)の冒頭四頁中に経緯と問題状況の深刻さが書かれている。私たちの目にするテキストがどう配列されるべきか/配列されてきたか、の概略については同書五一頁の表を参照せよ。

★2——ミシェル・フーコー(渡辺・佐々木訳『言葉と物』一九七四年、新潮社、第二章)はこの「類比」を彼の言う「古典主義時代」のうちに別の形で位置づけなおした。
★3——内田芳明『ヴェーバー社会科学の基礎研究』(一九六八年、岩波書店)第一章「マックス・ヴェーバーのエートス論とプラーグマ論」。
★4——このマルクス=フォイエルバッハ関係の問い直しについては第14章の註[★3]を参照。
★5——社会学と歴史の分業という見方について。「世界宗教の経済倫理」をヴェーバーは比較宗教社会学試論としている。その「序論」での文言(『論選』七九〜八〇頁、次章参照)もあるが、読み手がどう受けとめるかの次元での話だ。筆者は以前は消極的に認めていた「歴史社会学」の語を、いまは積極的に用いてよいのではないかと考えるようになった。ヴェーバーの構想・記述を法則科学・自然主義への批判として捉えるのは牧野雅彦『歴史主義の再建』(二〇〇三年、日本評論社)である。逆に、個性認識に社会学的接近を大きく加味する局面の方を強調するのが山之内靖『マックス・ヴェーバー入門』(一九九七年、岩波新書、一九二頁)である。
★6——ウェーバーのプランを受けて出版社が出した新刊予告(一九一九年一〇月二五日)によると、『宗教社会学論集』は第一巻が「倫理」論文とセクト論、第二巻「世界宗教の経済倫理」は、エジプトおよびメソポタミア、ツァラトゥストラの宗教倫理の短い叙述、西洋の社会的特性の成立を説明する古典古代と中世のヨーロッパ市民層の描写で拡充され、またユダヤ教の叙述はマカベア時代の初めまで及ぶことになっていた。さらに第三巻は原始キリスト教、タルムードのユダヤ教、イスラム教と東方キリスト教の叙述を含み、終巻(第四巻)は西洋のキリスト教を扱う、とされた。*Max Weber Gesamtausgabe* I/19 (1989, Tübingen: Mohr) S.28. 次章で触れるようにこの計画は変更されたが、やはり未完であった。

第10章

宗教社会学の基本的問題設定

近代ヨーロッパの文化世界に生を享けた者が普遍史的な諸問題を取扱おうとするばあい、彼は必然的に、そしてそれは正当なことであるが、次のような問題の立て方をするであろう。いったい、どのような諸事情の連鎖が存在したために、ほかならぬ西洋という地盤において、またそこにおいてのみ、普遍的な意義と妥当性をもつような発展方向をとる——と少なくともわれわれは好んでそう考えるものだ——文化的諸現象が姿を現すことになったのか、と［★1］。（序言五頁）

1　どのような諸事情の連鎖が……

冒頭の一文

上記の引用は『宗教社会学論集』冒頭の一文である。訳文では二文になっているが。ヴェーバーが宗教社会学という土俵で問題にしたことのエッセンスがここに詰まっていると考えて、この一文を少し詮索しよう。

✣普遍史的な問題

まず彼は普遍史的な問題を扱おうとしている。つぎにヨーロッパにだけ特別な文化的現象が見られる、としている。さらに、なぜそこにのみこんな現象が生じたかを歴史的に問うている。そしてその特別さを、ヨーロッパ人ならそれが普遍的な意義と妥当性をもつような発展方向をとるものだと考える、としている。ついでに、ヨーロッパの文化世界の人間ならこの問い方は当然だし、正当だ、と考えている。

文意解釈にこだわる必要があったのは、すぐに明らかとなる。ともあれ出発点が西洋の特殊性の認識にあることは理解できよう。普遍史というのだから、人類全体にかかわる歴史的視野をもった問いなのだ、というスケールの大きさを読み手も受けとめねばならない。そうなると、言葉は出てきていないが、西洋と他の文化世界との比較がそこに意味されているはずである。そして「諸事情の連鎖」となると、この特殊性を因果的に説明しようとする意図が伝わってくる。とりあえず、ヨーロッパ文化の特殊性を歴史的に明らかにしようというのが基本問題である、というところまでは了解できた。

残っているのは、ヨーロッパに特別なことの認識、しつこく言えば、その中味とそう考えていること、の二つである。発展方向に普遍的な意義と妥当性がある、とはどういうことか。ヨーロッパ文化は他の文化圏でも通用するものであり、しかもこれから時とともにヨーロッパ文化は地上の人類すべてを包み込むことになる、そう受けとめてよいのか。とどめは、ヨーロッパ人なら「好んでそう考える」のだそうである。

✣ヨーロッパ中心主義

これではあまりに自己中心主義的な考え方ではないか。だが、たぶんそうなのだ。ある種の普遍性をもつ観念や制度は地球のすみずみにまで行き渡るだろうし、またそれで善いと判断することも可能なのだ。二〇世紀後半の歴史には、そう考えそう主張する者もあった。さらには「民主主義と自由な市場経済」を欠くところには、武力を用いてでも、それを導入させようとする試みも現実に見られたではないか。ヴェーバーはそういうヨーロッパ中心主義の思想の持ち主だ、という批判も戦後の日本ではよくなされていた。賢明な読者はここで、「けれども」と続くことを予想するだろう。

✣微妙な日本語のニュアンス

その「けれども」の出し方について、やや衒学的になることを許してほしい。引用中の挿入句に着目しよう。手元の訳書各種を開いてみたら「と少なくともわれわれは考えるのだが」(一九六八年)、「すくなくともわれわれはそう考えるのだが」(一九七一年)、「と少なくともわれわれは考えたい」(一九七二年)となっていた。副詞一個分のニュアンスの違いである。

自己中心的に考えることは考えるのだが、「そう考える」と「ついそう考えがちなのだ」では違ってくる。後者には、そう考えていいのだろうかという懐疑のニュアンスがこもる。というわけで、冒頭の引用(一九八〇年)の訳文に軍配が上がることになった。誤訳、とまでは言うまい。ヴェーバーの思想をみてゆけば、内容的に「けれども」を導き出すのは容易であるが、冒頭の一文だけに、以降の叙述の真意を正しく受けとめるためにも、ニュアンスにまでこだわってみた。

西洋に独自なもの

ヴェーバーが西洋に独自なものとして挙げたのは、科学、歴史叙述、法学、音楽、建築様式、ジャーナリズム、専門的運営、専門官僚、等族国家、公団体としての国家、そして資本主義である。どれも萌芽形態とか定型化されない内容だけなら各地に見られたのは確かだ。だが科学なら、ある命題の根拠づけのために実験を基礎としたり、論証の論理形式を整えた厳格な思考形式や首尾一貫性、体系性を備えて発展したのは西洋においてのみだった、というのである。官僚はかなり分業的に専門化した形で古くから諸文化にみられた。だが「われわれの生活の政治的・技術的・経済的な基本的条件が、いや、われわれの全存在が、専門的訓練をうけた官僚組織の枠組みのなかに逃れるすべもなくがんじがらめになっていて、そうした技術的・商人的、なかんずく法律家的な訓練をへた国家官僚が社会生活のもっとも重要な日常的機能の担い手となっている」(序言八〜九頁)西洋近代におけるような意味では、他に存在しなかった。

ここに一つヒントがある。専門教育を前提に体系的に分業を整えて機能する官僚の組織のなかでわれわれの全存在が「逃れるすべもなくがんじがらめ」になっている、という認識の表白。これだけでも充分なのだが、外からもう一つを。序言で以下に見る資本主義に次いで長い説明があるのは音楽だ。合理的な対位法や和音和声法、発展に決定的とも言える記譜法、西洋音楽はこうした発展方向を突き進んだ。その結果として西洋人の音・音楽の感受性に制約が課せられたのである。ヴェーバーはこのことを承知していたようだ。ある方向への発展がもたらす影の部分に気づいていたからこそ、その方向が普遍的な意義と妥当性をもつ、と断定できるはずもなかった。

❖資本主義

ヴェーバーは最後に資本主義を挙げて、その西洋近代の特徴を説明するのだが、その説明は「序言」全体の半分のスペースを占めている。そしてここは、ヴェーバーの「資本主義論」がまとまって展開される唯一の場でもある。すでに本書では「倫理」論文にそって資本主義の語を多用してきた。その「精神」を問題として取り上げた理由がすでに「普遍的妥当性と意義」の全面肯定を許すものでなかったことは見てきたとおりである。

ヴェーバーは資本主義を「近代西洋においてわれわれの生活を支配しつつあるもっとも運命的な力」(序言九頁)とする。それはもちろん営利一般ではなく、持続的で合理的な経営の形をとった利潤追求だとして、西洋近代に固有の姿のみを問題にしようとする。

だがめずらしく彼はここでこれを定義しようとする。しかしそれも「資本主義とは」の形をとらない。「資本家的」経済行為とは、交換可能性を利用し尽くすことで利潤の獲得を期待するところに成り立つ経済行為、したがって、(形式的には)平和な営利の可能性(シャーンス)の上に成り立つ経済行為だ(序言一一頁)、としている。あくまで行為とそこに込められた意味理解に焦点が当てられている。

継続的営利活動を一定期間で区切り、期末の貨幣評価額と期首の貨幣評価額の比較を実践的に指向することが経済行為を決定的に規定する、ということだけが概念規定上問題になるとすれば、資本主義や資本家的企業はある程度の資本計算の合理化をともなって昔からどこにでもあった。だが西洋の近代には他に見ない種類の資本主義が現れた。それは形式的に自由な労働の合理的・資本家的な組織である。

以下ヴェーバーの示す西洋近代に独自の資本主義の特徴をまとめておけば、

①(形式的に)自由な労働の合理的組織の存在を前提とした、商品市場による利潤獲得の可能性を持続的にめざす合理的経営組織、

②家政と経営の分離(Haushalt und Betrieb)、

③合理的な簿記(貸借対照表)の利用、

となる。一般に「商業化」つまり有価証券の発達や投機の合理化、取引所の成立が経済発展の要因とされるが、ヴェーバーはここでこれを逆転させ、「資本家的・合理的な労働組織なしには、それらす

べては、いや『商業化』への発展さえも、たとえ生まれたとしても、とうてい現在のような射程距離をもつものとはならなかった」(序言一八頁)と記した。

❖市民的経営資本主義

この規定からヴェーバーは焦点を少し絞りはじめる。「市民」概念は西洋のみで成立したもので、「ブルジョアジー」も、おなじく階級としての「プロレタリアート」も西洋近代のものだ。経営という形の自由な労働の合理的組織がなければプロレタリアートは存在しえなかった。社会層間の「階級闘争」なら古今東西にあったが、企業家と賃労働者という対立は近代の西洋以外にはなく、それゆえ社会主義の提起も近代西洋にしかなかった。だから「文化の普遍史的考察における中心問題」は、経済にかぎれば、資本家的活動の展開ということではなく、「自由な労働の合理的組織をもつ市民的な経営資本主義の成立という事実」、あるいは文化史的観点からであれば「西洋における市民層とその特性の発生」(序言一九頁)である、とされた。

合理化

近代の合理的な経営資本主義は、計測可能な技術的労働手段、つまり科学技術、貸借対照表、経済的報償によって規定される科学的認識の技術的利用などを制約・促進条件としてきた。外部条件としてとくに重要なのが、固定資本と確実な勘定を伴う合理的な私経済的経営を可能とする形式的な規則に基づく計測可能な法と行政であることはすでに見てきた。ヴェーバーは、最終的に、こうした法や行政の合理化をも問題として掲げる。

かくして冒頭で西洋に独自な文化諸現象とされたものの中味が明らかになった。彼の問いはこういう形になった。つまり、営利、投機、資本家的企業、数学、科学的認識などは古くから知られていたにもかかわらず、「どうして(旧)中国やインドでは科学も芸術も国家も経済も、総じて、西洋の特色をなしている合理化の軌道にそって発展することがなかったのであろうか」(序言二二頁)。

❖関心の拡大

ここには「倫理」論文からの問題関心の拡張が明らかである。まず内容的には、経済倫理、資本主義の「精神」といった生活の一面を刻印する特質の発生史的な解明であったのが、法や支配、行政、芸術など、いわば生の全体にかかわるものとなった。空間的にも、西洋に独自なものを非西洋との比較において明らかにしようとしている。もちろん古代・中世への時間的拡張も明らかだ。前章にみた宗教の成立まで、人類は何千年かかったことか。

この普遍史的問題関心は、「倫理」論文が示すように「宗教」を手がかりに始まり、宗教現象を軸に時間をさかのぼり、そのことを通じて東洋をも射程に入れた普遍史的な問いの形をとることとなった。たしかに法や支配の領域でもヴェーバーは草稿を残したが、自らが関心と精力を集中させたのは宗教だった。彼の普遍史的問題関心は、そうした作業素材として馴染みがあり、かつ生の合理化全体を見通す位置価を有する宗教社会学を土俵とする以外にはなかったであろう。

✣想原について

「倫理」論文にもあったが、脱呪術化という見方は、宗教史研究を深めるなかで得た捉え方なのだろう。合理化はどうか。これには音楽研究［★2］がその発想の源ではないかという見方がある。彼は「音のラツィオ」というモノの見方を音楽研究のなかで獲得していた。音響物理学的研究（数字の計算！）を追い、記譜法を学ぶなかでなら合理化という着想は分かりやすい——やや安易な想定で、確証はないのだが。

✣作業の手順

一つの観点から合理的とされても他の観点からは非合理であることがある。だから多様な合理化が存在したことになる。では、どの分野でどの方向に向けて合理化が見られたのか。これを考えるときには、またもや西洋近代の合理主義の特性を因果的に認識することが重要になる。その場合、さきにその重要性を確認した経済的諸条件はまずもって考慮されねばならぬが、その具体的条件は人間の特定の生活態度にも依存して形づくられる。これが「倫理」論文で問題にしたことだ。

こうしてヴェーバーの宗教社会学研究の構想が見えてくる。『論集』は序言のあとに経済的条件の被規定性を論じた「倫理」論文と「セクト」論文を配し、そのあと連作「世界宗教の経済倫理」が始まる。そこでは、経済的条件の規定力と被規定性の両面を、つまり因果関係の二つの側面の追求が試みられる。ヴェーバーは、ここまでやってはじめて「ヴェーバー命題」、すなわち禁欲的プロテスタンティズムの職業倫理が資本主義の「精神」を生んだ、という因果関係を一義的に主張することができる、としたのである。

2 理念と利害の社会学

研究課題とその遂行作戦

❖研究の性格とプラン問題

このあと中国、インド、古代イスラエルに入ってゆくのだが、この研究をヴェーバー自身はどのように性格づけているかを見ておこう。彼はこれが宗教の体系的な類型論でもなければ、純粋に歴史的な研究でもない、という。では何なのか。彼は、一定の関心から、つまり「宗教相互の間には経済に対する心的態度(Gesinnung, Frame of Mind)の大きな違いがあるという点から見たときに、典型的な形で重要となるものを、宗教倫理の歴史的な現実態に即して考察」し、ほかは顧みない、という意味で「類型論的」(序論八〇頁)な叙述だ、と言っている。

ところで「序論」冒頭には、世界宗教として儒教、ヒンドゥー教、仏教、キリスト教、イスラム教の五つが挙げられ、最後の二つの歴史的前提として、またユダヤ人の経済倫理上の想定された意義からして、六番目にユダヤ教が扱われるべきものとされていた。ヴェーバーにはキリスト教とイスラム教をも書く予定があったが、果たせなかったということだ。キリスト教については、友人のトレルチの優れた研究が出されたので取りやめたとされている。イスラム教について[★3]はどうだったのだろうかとの想像はふくらむ。

✣課題遂行のための作戦

上記の課題遂行にむけて立てたヴェーバーの作戦を見よう。宗教的「経済倫理」の語で理解されるべきは「宗教の心理的・実践的諸関連に基礎をもつ行為への心理的起動力」(序論三四頁)である。これは「倫理」論文で強調したことだ。そして経済倫理と経済的組織形態が一義的な対応関係にあるものでないことも、固有法則性の話からすれば自明であろう。これからは「倫理」論文で見た関連と併せて、逆の関係も見てゆかねばならない。

経済倫理は、宗教的な内面的要因などに制約される現世への態度にむしろ対立するような、経済地理的、経済史的な事情に規定されるという強い固有法則性をもっている。現実はいわば相互依存の状態だから極めて多様な関連が存在するだろう。そこで、当該宗教の実践倫理にもっとも強く影響をあたえて特質を刻印した社会層に着目し、その生活態度を方向付けた要因を取りだしてみる、という策を採ろう。これが作戦内容である。

❖主要社会層

以下、テキスト解説となるが、ご容赦ねがいたい。はじめに個々の宗教について規定的な社会層をあらかじめ具体的に挙げておこう。

儒教では文書的教養をそなえた現世的・合理主義的な受禄者身分であり、彼らの身分倫理がひろく旧中国の生活様式を規定してきた。

古代ヒンドゥー教では文書教養人の世襲的カーストであった。ヴェーダ聖典の教養をそなえたブラーフマンだけが伝統の担い手として価値ある宗教的身分をなした。中世インドになると救世主信仰が現われ、平民的秘教者を通じて下層民に担われた。

仏教では、故郷を捨て放浪し世俗を拒否して瞑想する托鉢僧である。彼ら以外は宗教意識の主体ではなく客体にすぎなかった。

イスラム教では、初期においては信仰の戦士からなる騎士団である。中世になるとスーフィー派が現われ、そこから小市民階級の同胞団組織が生まれて発展を遂げる。スーフィー派は狂躁の技術をもつ平民の指導者のもとでイスラム教主流派と同等の役割を果たした。

バビロン捕囚以降のユダヤ教は市民的「賤民（パーリア）民族」の宗教であった。中世には書籍的・儀礼的な教育を受けた知識人層が指導したが、彼らは無産化する合理主義的な小市民知識人層を代表するものとなった。

キリスト教では遍歴平職人である。キリスト教はいつの時代にも、その高揚期には特殊都市的な、わけても市民的な宗教であった。西洋に独自な性質をもつ都市と市民階級がキリスト教の舞台をなした。古代の聖霊的な教団信仰、盛期中世の托鉢修道士団、敬虔派やメソジスト派を含めた宗教改革期の諸派と、ずっとそうだった。

苦難の救済

❖宗教的論理の要請

経済的・政治的に制約された影響がいくら強くとも、宗教倫理はまずは宗教という源泉から刻印をうける。その宗教の告知と約束の内容がなにより重要であった。

この文脈でヴェーバーは、ニーチェのルサンチマン(怨念)理論に触れた。宗教倫理が階級関係に制約されるという見方は、この理論、つまり不利な立場の人びとの倫理的世界の「奴隷の反乱」とする理解から導出されたこともある。だがそれは、生活の倫理的合理化のあり方を規定する動機にはつながらない。それでも宗教倫理における苦難の評価には類型的な変遷があり、その理論には一定の正当性もあろう、というのが彼の位置づけだった。

✣個別的救済からの共同態形成

この苦難の扱いが、第8章で予告したように宗教倫理の展開の鍵となる。古くは、苦難を隠れた罪過の印、神に憎まれている徴候とみて、苦しむ人びとを供儀や共同食事など共同態の宗教的儀礼に参加させれば神の怒りを招くおそれがある、とされた。

共同態儀礼では個人の利害は無視される。部族や地域、都市、国家の神は全体の利害を配慮するのであり、個人を病気などの災厄から救うことは個々の霊的司牧者である呪術師にまかされた。呪術者（および彼を通じて奇跡を行なった聖霊）が威信を得てくると、人びとが集まり教団が形成されるに至る。こうして秘儀が生まれた。個人の苦難からの救済は秘儀のあたえる約束となった。秘教者（ミスタゴーグ）の生成の筋道はこれだ。彼は神の告知者・執行者、つまり預言者とされることもあった。彼やその血統の者を戴く従属者集団ができる。こうして個人的苦難の救済のために宗教的共同態の制度化がなされた。

✣大衆の利害関心と救世主

秘教者の告知と約束が救いを求める大衆に向けられるようになると、霊的司牧の職業的運営には大衆の利害関心が入り込んだ。祭司たちの類型的な仕事は、苦難の原因の確定や苦難を除去する行為の助言となった。つまり平民的諸動機への奉仕である。そこから進むと、類型的な災厄を背景に「救世主」信仰の展開がみられた。これは相対的には合理的な世界観を前提にしたものである。

端緒には原始的自然神話があった。自然の運行を支配する聖霊は、苦難を受け、死に、よみがえり、苦難にある人にも此岸における幸福の再来や彼岸での幸福を保証してくれる神という神話の担い手にふさわしかった。また、英雄伝説に出てくる人気の形象(インドのクリシュナ)も救世主儀礼の対象となった。通例、救世主は個別的と普遍的の両方の性格をそなえた。個人と、彼にすがるすべての人びとに救済を保証する救世主は多様な姿をとった。

幸福の神義論と苦難の神義論

幸福な人は、自分が幸福であることの正当性を求める。幸福であることに満足するだけでなく、それに値する人間だとの確信がほしくなる。名誉、財産、権力、快楽といった財がその幸福の内容だとすれば、支配者・有産者・勝利者・健康な人たちの外的内的利害関心のために幸福を正当化することが宗教の課題となる。こうして幸福の神義論は生まれた。

❖苦難の意味づけ

苦難の神義論は通例、救いへの待望から生まれた。救世主や預言者を求めたのは、普通は抑圧された者、困窮者だから、預言で告知される救世主信仰は恵まれぬ社会層に根ざし、そこで呪術に取って代わるか呪術の合理的補完物となる。合理的な不幸の神義論を作り出すことがそこで課題となる。そのとき苦難には、それ自体の本来のものとは全く無縁な積極的な価値表章が付与されることがあった。倫理的な神を生むにいたった合理的世界観は、貧しきはより神の意に適うという意味づけを可能とした。

だが当人に「いわれのない」苦難はあまりに多く、支配者から見ても栄えるのは善き人びとではなく悪しき人びとであった。そこで苦難と不公正の理由は、本人の前世での罪業(霊魂の輪廻)や数世代前の先祖の罪過とか、一切の被造物の堕落などに求められる。そして個人が来世ではよりよき生活をおくれることへの期待とか、子孫がそうなることへの期待(メシアの国)とか、彼岸におけるそうした生活への期待(パラダイス)などが約束として説かれた。

神義論への強い要求から生まれた神と世界についての形而上学的観念のなかで、運命と功績の不一致の根拠に合理的な答を与える思想体系にまで進んだのは、インドの業(カルマン)の教説、ゾロアスター教の二元論、隠れたる神の予定説、の三つであった。インドは12章で、予定説の前提となる預言は13章でみる。二元論は、悪の神が善の神にまさる局面を説明すれば理屈が通ることになる。

❖預言とルサンチマン説批判

地上で不正な者が幸福に暮らしても死後には地獄が、信仰篤き者には永遠の至福が待っているという信仰は一種のルサンチマンであり、それが被抑圧層の宗教的合理化において意味をもつことはあった。だがその思考が非抑圧層のものとは限らなかった。なによりも祭司・預言者が、地上で満ち足りた社会層が宗教的には信仰が篤くないという経験から富と権力を不信の目で見たがゆえに、宗教倫理を合理化していった。富者・権力者は自己の社会層にまつわる伝説を、血統などの資質(であること、存在)に由来させて自尊心を満足させる。非抑圧者は、自らに委ねられた特別な使命への信仰で自尊心を満足させる。つまり自らの当為(なすべきこと)、業績(行なっていること)が自らの価値となる。この価値は神により課せられた責務・課題と解釈される。このことは、使命預言が恵まれぬ社会層で力を発揮することの一因をなした。そこにルサンチマンは必要ではなく、物質的・観念的な償いへの合理的関心で充分説明がつく。

救いの状態

元来宗教の提供できる救済財とは、長寿とか富など実質的・世俗的なものだった。救いを求める人びとにとって一番重要なのは、「救いの要求に応える地上での心的状態」という救済財である。ピューリタニズムの救いの確証も、この救済財にもとづいて心理的に理解できるものだ。

❖非日常性

仏教僧侶の涅槃への没入、ヒンドゥー教徒のバクティや無感動的エクスターゼ状態、クリシュナへの求愛の狂躁、神秘主義の神秘的合一(ウニオ・ミスティカ)、これらはすべて、そうした状態そのものが直接信徒に与える感情的価値のゆえに追求された。古い呪術的陶酔と全く同じである。それが聖化され神的なものとされたのは、その状態の心理的非日常性とそこからくる独特の価値のゆえである。これらは一時的・非日常的な心的状態だ。「宗教的」状態はその非日常性によってしか「世俗的」状態と区別されない。だが特別の状態の効果が持続して人の全人格と運命をとらえるような「救済の状態」が追求されることもあった。

❖知識人と「世界像」の合理化

ある宗教において最高善として追求される至福ないし再生の状態は、宗教意識の担い手たる社会層によって異なる。知識人層は理論的合理主義の、商工業者は実践的合理主義の担い手として影響を与えた。とくに知識人層は、救済状態の獲得を救いの信仰にまで昇華する仕事をなした。この救いの理念は、本来的に「世界像」とそれに対する態度に関するものであったから、その合理化された「世界像」とそれに対する態度の表現となったときにはじめて独自の意義を獲得したのである。

人間の行為を直接に支配するものは、利害関心(物質的ならびに観念的な)であって、理念ではない。しかし「理念」によってつくりだされた「世界像」は、きわめてしばしば転轍手として軌道を決定し、そしてその軌道の上を利害のダイナミクスが人間の行為を推し進めてきたのである。つまり、「なにから」そして「なにへ」「救われる」ことを欲し、また「救われる」ことができるのか、

その基準となるものこそが世界像だったのである。（序論五八頁）

それは「隷属状態から此岸におけるメシア王国の到来へ」や「不浄から純粋に霊的な存在の状態へ」、また「因果応報の再生の繰り返しから永遠の休息へ」など様々でありえた。いずれにせよそこには、現世がなんらかの意味ある「秩序界（コスモス）」であらねばならぬという要求があった。これは知識人層が担った本来の宗教的合理主義の中心的所産である。

割り切れぬ現実を生きる人間

✣合理・非合理の表裏関係

世界像と生活様式の理論的・実践的な、また知的・実用的な全面合理化の近代的形態の一般的な帰結として言えること、それは、独自な合理化の過程が進行するほど、宗教は世界像の主知的形成という観点からすれば非合理的なものへと押し込められていった、ということだ。音響物理学でいうピュタゴラスのコンマというズレ（一音の約八分の一の振動数、$3^{12}/2^{19}$）が合理的音階構成に現れるように、現実は徹底した合理化に抗するものなのだ。音楽ではこの非合理性への対応の違いが相異なる豊かな民族音楽を生んだ。理論的世界像や実践的生活の合理化でも同様のことが起きていると思われる。合理的・組織的な生活態度の重要な諸類型は、社会的・心理的に制約された利害状況という非合理的な前提条件（社会層の特性）によって特徴づけられた。

❖諸社会層の現実への態度

知識人層の場合、主知主義的な合理主義が進展するほどに個人の救いが個別化され、瞑想により得られる個人の至福の休息、つまり一種の神秘的体験を救済財とすることが、とくにインドでは見られた。

教権者層の場合、合理主義は聖礼典的恩恵ないし公制度的恩恵の制度化へと導いた。瞑想や狂躁の個別的救済獲得の試みにたいしては儀礼による規制、教権制的統制を加えねばならなかった。

政治的官吏層の場合、世俗内の功利的目的の彼岸にある諸財の追求を究極において軽蔑した。宗教的義務は職務上の義務か身分上の義務にすぎず、宗教意識はつねに儀礼的性格を帯びることとなった。

騎士的戦士層の場合、関心は現世にむかい、一切の神秘論とは無縁だが、現実の合理主義的支配の欲求も能力も欠いていた。「運命」の非合理性や「宿命（モイラ）」の思想が英雄たちの背後にあった。

農民層の場合、経済生活条件からする自然の威力への従属のため、呪術に親しみやすかった。麻薬や舞踏による狂躁的「憑神」状態は知識人の神秘論に相当していた。

西欧的な意味での「市民」層やそれに相当する他地域の職人・商人たちは多様な可能性をはらんでいた。それでも実践的合理主義への傾向は共通している。技術的・経済的な合理主義の傾向により、程度の差はあれ倫理的・合理的な生活規制を出現させる可能性はつねにあった。

✣模範預言と使命預言

倫理的・合理的な生活規制が呪術による形式固定化された伝統を克服するか否かは、その規制を規定する宗教的下部構造による。だが二種類の預言のどちらがその下部構造をなすかを見なくてはならない。模範預言とは、救済に至る生活の模範、通例は瞑想的で無感動的・エクスターゼ的な模範を身を以て示す預言をいう。使命預言とは、神の名において倫理的な、ときに行動的・禁欲的な性格の要求を現世に突きつける預言をいう。信徒は、前者が「神の容器」と感じるのに対し、後者は「神の道具」と感じて、神の意志にかなう行動に向かうから、行動的禁欲の生活を生きる。

模範預言の神観念は、通例は瞑想を通じてのみ近づきうる非人格的最高存在となる。これと対照的に使命預言の神観念は、現世を超越する人格的な、怒り、赦し、愛し、求め、罰するような創造主という観念に親和性をもっていた。前者はインドおよび旧中国の宗教意識を支配し、後者はイラン、西アジア、そして西洋で支配的だった。神観念のこの内在的／超越的という二方向への展開の分岐は、一連の純粋に歴史的な動機に規定されて生じた。

達人と大衆

✣カリスマ

宗教の約束する最高の救済財はだれでも獲得できるものではなかった。それを所有することは一つのカリスマであった。カリスマはすべての人のうちに目覚めさせられることができるわけではない。こうしてカリスマ的資質の差別に応じた一種の身分的分化が生じた。ここに「達人」的宗教意識と「大衆」的宗教意識の対立が起こった。

達人的宗教意識の身分的担い手にも二派が生じる。一派は呪術者や巫女の集団、インドのスラマナという宗教身分、古代キリスト教の禁欲苦行者、敬虔派の「集会」など、社会学的に言えば宗教的資質の所有者のみを受け容れる団体であり、さらに世界中の禁欲僧共同体などである。これらはその本性上、公的制度として組織された恩恵授与の共同体（教会）の教権制的権力から攻撃される。なぜなら、教会は公制度的恩恵の担い手として大衆的宗教意識の組織にあたり、独占した救済財を大衆に与えることで、他の一派をなす達人たちの身分的資質の証明にしようとするからである。

❖エリート・マス関係

これは原理的な対立であるから、現実には多様な妥協形態が生まれた。また達人と大衆も一定の関係を生んだ。達人的宗教意識は実践上「垂範的」意義をもち、彼らの生活態度の規範内容に応じて合理的な日常倫理がつくられる可能性もあった。達人の救済財が瞑想や狂躁的なものであれば、それを日常的行為へと橋渡しするものは存在しなかった。その本質からして、それはとくに経済に対し敵対的だった。非日常的であり、生活や合理的目的行為から人を引き離し、それゆえに聖なるものと見なされたからである。こうして俗人と達人の間に深い裂け目が生まれた。俗人大衆は達人を指導者とはするが、供物をささげても生活倫理上の影響は受けなかった。

逆に達人たちが結集して世俗生活を神の意志にしたがって形成しようという禁欲的な信団（セクト）をなした場合は異なった事態になった。この方向が徹底してなされたのは「倫理」論文でみた禁欲的プロテスタンティズムの場合だけだった。教理からすれば逆説的な世俗内的禁欲主義の現世指向を生みだし、世俗の経済倫理を刻印したのである。

合理主義

経済倫理との関係で宗教を扱うとはいえ、絞って言えば、生活合理化の部分現象として一六・一七世紀以来の西洋を支配した経済的合理主義とどんな関係があるか、という問題関心からである。この合理主義なる語には様々な意味があるのだ。

一方での、体系的思索家が精密さを高めた抽象概念により理論的な現実支配を進め、世界像を構想する、という場合の合理化。他方での、適合的な手段についての予測の精度をあげて所与の目的の実現方法を完成させる、という場合の合理化。この二つでは合理主義の意味は異なる。生活態度の合理化も多様な形態をとりうる。儒教は、一切の形而上学を欠き、宗教的根底などの痕跡も残さぬという意味で合理主義的であり、功利主義的である。後期仏教では、タブーや呪術的禁欲や瞑想の方法にしても、ヨーガや転輪蔵（祈祷の装置）にみられるような計画性の徹底という意味で合理的だった。「合理化」「合理主義」が多様な意味をもつことを示すのも重要な研究課題をなす。

3 支配についての補足説明

宗教現象の具体的な担い手たちは団体形成にむかう。それは充分に展開されると支配団体の形をとる。そこでヴェーバーは、『経済と社会』草稿の「支配社会学」章の名で知られる箇所で説明した議論のエッセンスを「序論」の末尾に、用語解説の形で補足した。

❖三つの支配の正当性根拠

およそ支配権力は、支配の正当性をもたなければ安定しない。その正当性を支える基礎には、純粋型として三種類ある。

①合法的支配

命令権力をもつ者にとって命令を下す正当性の根拠は、合理的に制定された規則である。規則の制定の正当化根拠は、合理的に制定ないし解釈された「基本法（憲法）」であり、命令は人格的権威ではなく非人格的規範の名で下される。この形が完全に展開するのは近代になってからだ。いまでは教会や国家、企業もこの形である。団体スタッフの業務は「権限」として命令の可能な範囲を即事象的に区画される。モノやカネの業務運営手段では公私の区別がはっきりしており、経済では労働者と生産手段の分離がなされ、公務員なら公務に私物を使わない。

②カリスマ的支配

この類型では、非日常的なもの・正常な人間的資質を超えたもの（カリスマ）として価値を認められるがゆえに、その価値への信仰と帰依に正当性の根拠をおいている。被支配者が特定個人のそういう資質を信仰して自ら進んで服従するという形の支配である。信仰の源泉は、奇跡とか戦勝などによるカリスマ的資質の証明だ。だからその証明に失敗して権威がなくなることは正当性の喪失につながる。啓示や霊感による支配という意味では非合理的で、既存のものに縛られないという意味では革命的である。

③伝統的支配

これまで存在してきたものへの恭順を土台とする支配関係である。日常的な慣習を犯すべからざる行為規範とする心的態度および信仰がそこにはある。その重要なものとして家父長制がある。家長や氏族長老の家・氏族の構成員に対する支配、領邦君主の役人・家臣・庇護者たちに対する支配が例だ。ここには、絶対に神聖とされて犯すことのできない規範の体系があって、その侵犯は呪術的・宗教的災厄をもたらすとされる。一方で同時にそれと並んで、支配者の恣意と恩恵の働く領域もある。後者では即事象的な関係でなく、人格的な（依人的）関係で評価がなされるという意味で非合理的である。

❖カリスマの日常化

伝統の世界で新たな「法」を導入するのはカリスマ所有者であったし、啓示と剣の二つが典型的な革新の力だった。だがその個人の死により後継者問題が生じる。ここに何らかの形で規則の支配が始まることになる。もはや純粋に個人的資質に依るのでなく、手続きを経て取得された、ないし相続された資格での支配となる。こうして日常化の、伝統主義化の過程が始まる。

❖家産制

支配組織の永続化に伴い、かの個人を支えたスタッフ（弟子、使徒、将軍など）も日常化され、祭司や封臣、官吏となった。生成時には経済とは疎遠で、喜捨や戦利品で生活したカリスマ的共同態から、封禄で生きる支配者補佐階級が生まれ、自己の権力的正当性を授封とか授与、任命から導き出すことになった。これは支配者権力の家産制化を意味した。さらに授与された官職を自分のものとする権利を得たなら相続や譲渡も可能となる。家父長制からであれカリスマ的なものからであれ、支配権力の専有を通じてこの段階に達した場合を身分制的家産制と呼ぼう。等族国家の姿だ。

❖形式的合理化と西洋に独自の「国家」

こうなるといたるところで支配者と身分制的に専有された支配権の所有者・簒奪者たちとの闘争が起こる。両方が相互に相手の支配権を剥奪しようとする。支配者が自分だけに従属する官僚や行政手段をもつことに成功するにつれて、身分制特権の所有者たちは不利になる。この特権剥奪の闘争で支配者を支えた官僚層の性格は様々であり、アジア・西洋初期中世の聖職者、西アジアの奴隷や庇護民、ローマ元首政での解放奴隷、旧中国の知識人などがある。

分立的支配権力の剥奪は行政の合理的開始の可能性を意味し、事実そうだったことも多い。ここでは行政と司法における「実質的合理化」と「形式的合理化」を区別することができる。前者は家産制的君主が社会倫理的観点で臣民の福祉増大をはかる場合などに見られた。後者は、すべての公民に対して拘束力をもつ法規範の支配が専門的法律家によって実現される場合に見られる。近代西洋の国家と教会の誕生は、その本質的部分では法律家の事業であった。形式主義的な法学的合理主義の勝利により、西洋に合法的支配の類型が生まれたのである。

❖官僚制

この国家は官僚制的支配という形をとる。官僚は一般的形式で表された即事象的な「職責」への非人格的な縛りを決定的特徴とする。支配の正当性は、形式的に〔★4〕正しく制定され布告された一般的規則の合法性となる。支配団体としては近代国家と資本家的企業が典型的だ。こうして話は最初の「西洋に独自なもの」につながる。等族国家がそこに挙げられていたのは、西洋近代の骨格がここから生まれたことに留意すべきである、と言いたかったのであろう。

テキスト

「宗教社会学論集 序言」(序言)、「世界宗教の経済倫理 序論」(序論)。以上、大塚久雄・生松敬三訳『宗教社会学論選』二〇一三年、みすず書房。

註

★1――大林信治「マックス・ウェーバーと合理化の問題」(徳永恂編『社会思想史』一九八〇年、弘文堂)一〇九頁。挿入部分の原文は、-wie wenigstens wir uns gern vorstellen- である。大林の批判を容れて大塚は訳文を変更した。

★2――小林純「ヴェーバーの音楽研究について――テクストをめぐる諸事情」(『立教経済学研究』六七巻一号、二〇一三年)を参照。

★3――ブライアン・S・ターナー『ウェーバーとイスラム』樋口辰雄訳、一九九四年、第三書館。M・ロダンソン『イスラームと資本主義』山内昶訳、一九七八年、岩波書店。

★4――原文は formell であり formal ではない。法制史学会総会(二〇一四年五月)での報告、水林彪「ヴェーバーにおける『法の合理化』」はこの違いに着目し、ヴェーバーの法と法制化についての見方を解明しようと試みている。

第11章

現世肯定の宗教

「世界宗教の経済倫理」は中国から始められる。儒教は救済宗教意識の希薄さから「宗教の限界例」とすらされるから、「世界宗教」に含めること自体に問題を指摘するむきもあった。だが、それゆえに現世指向が強くて彼岸との緊張関係を欠く儒教の思考様式は、独自の現世観を作り出し、独自の経済倫理を生んだのである。本章の「儒教と道教」のテキスト解説では見出しを少々工夫した。併せてヴェーバー描くところの現世肯定の宗教意識を理解するのに役立てていただきたい。

1 社会学的基礎

ヴェーバーは資本主義を生み出した西洋近代の諸条件が中国ではどうであったかを調べる。なかでもとくに西洋中世に見られた手工業者団体の形成やその不可欠の前提をなした自治都市の制度が中国では大きく異なっていたことを、とくに法制的条件の違いを強調しながら描いている。それとともに主体的な条件、つまり経済的行為の推進動機を検討する。営利は機会が制度的条件によって与えられれば追求されるが、その方向・あり方は、宗教倫理に制約された現世観によって大きく規定される。中国では儒教と道教がその大きな役割を果たした。

ヴェーバーは中国四千年の歴史を刻印する宗教意識を、読書人身分の現世観に焦点を合わせることにより、理念型的な姿で明らかにした。論稿には、古代の宗教的思惟の醗酵状態(諸子百家)や孔子とその弟子たちの古典編纂活動、孔子と老子の関係、また一九世紀末までの歴史的具体例についての興味深い叙述が見られる。だがここでは、宗教意識の理念型的な像を説明することに主眼をおく。

本書では、『経済と社会』草稿群中の「法社会学」や「支配社会学」に説明されることがらと深く関わる側面には立ち入ることができなかった/できないことを、おことわりしておく。

中央集権的国家

貨幣経済の発展と人口増加によって資本主義的経済発展が起こる、という想定を見事に裏切るのが旧中国の歴史である。貴金属の増加が貨幣経済への展開を強化したのは確かだが、それが伝統主義を打破することなく、むしろそれと手を携えて進み、合理的な資本家的経営の形成を促進するということはなかった。人口増加も、資本主義の形成に刺激を与えることなく、経済の停滞的な形態に結びついた。いくつかの要因を説明する必要がある。
古代的権力は農耕者の貢租による需要充足が主であったが、分業がある程度進展した中世の中国の行政は、ライトゥルギー、つまり中央の需要を住民に実物納付や賦役の形で割当てて充足する方式を採ろうとした。その前提として、工業の担い手が遍歴ではなく定住し、上からの管理が可能な程度に集団化していることが必要だ。また手工業者の集住地は都市であるから、都市の手工業者の発展度と組織が問題となる。

✣法的基礎の欠如

西洋中世でよく知られたツンフト(同業者組合)は一定の法的権利を持つ団体だったが、中国ではそういう発展はなかった。古くから軍隊や行政の官僚制組織が発展しており、その政治力・軍事力のために都市も手工業者団体も法的な権利を持つことができなかった。確固たる法的保証がないがゆえに、手工業者団体は徹底した自助の方向をとった。だが逆に、その自助ゆえに、同業者仲間同士の自律的規制を備えた組織には公的に承認された法的基礎が欠如する、という結果にもなったのである。この法的基礎は、西洋中世の工業においては小資本主義の発展に役立ったものである。

では中国ではなぜ古くから官僚制組織の発展がみられたのであろうか。時代をさかのぼれば、エジプトやメソポタミアにも同様の展開はみられたであろうが、中国では中世、近代に至るまでこの組織的特質が問題となる。強靭さの秘密は、その始源に立ち返って検討される。

皇帝の祭祀

✤宗教的始源

中国の皇帝は耕作の儀式を行い、天子として農夫の一守護神になっており、もはや戦士的君主ではなかった。実際には、官僚制的国家秩序ができ上がっても対内・対外戦争はあったし、戦場の勇士の賞讃は記録にもある。だが公式に将軍が軍隊によって皇帝と称されたのは王莽(前漢のあと)だけであり、事実上の武勲による即位も、儀礼上の必要を整えて行なわれるか、儀礼に背いた皇帝に対する儀礼的に承認された征服とみなされた。臣民は主(支配者)を取り替えたにすぎず、租税受取人が代わっただけだ。古来からのゆるがぬ秩序は、神の守護をうけたもの、神の守護を啓示するものとなっていた。

こうした政治的基礎のため、皇帝の儀礼は、元来は呪術から祭祀へと発展するなかで形成された聖霊信仰であったにせよ、一方で英雄神や救世主の登場を、他方で狂躁や忘我をともなう祭祀の展開を抑え込むことになった。この儀礼は、自然法則と儀礼法則とを融合して永久不変のものを宗教的な最高の力に高めることによって、中国的な宗教意識を打ち出したのである。天の威力は、地上の統治の方式を通じて、それゆえ自然と伝統の不動の秩序のなかで人間に起こることがらを介して啓示された。民の幸福は天の満足を、つまりは秩序が正しく機能していることを示した。悪しき出来事は、天地の調和が呪術的な力で乱されたことの徴候であった。いわば楽観的なこの宇宙調和の観念は、原始的聖霊信仰を脱して中国の生活の土台となったのである。

✣支配と収奪の機構

天との関係がそのようであっても、地上の帝国は、大諸領地の連合体であって、権力は形式上は州省の有力官僚の手にあった。だが皇帝は帝国を統一したのちは、家産制に固有な、皇帝の個人的な権力を維持する諸手段を用いた。官吏を故郷から離して任命し、在任期間を短く三年としてその後は他に転任させたり、密偵組織である「御史」を作った。しかし実質的に行政の統一は果たせなかった。役所の長を別の役所の一員として置くという原則のため、権限の明確な分割が欠け、行政の厳密さが妨げられていた。また地方の徴税業務は官吏の蓄財・営利の源であるから、土地台帳申告はおよそあてにならなかった。中央にも州省にも信頼すべき予算などなく、伝統的な「あてはめ」があるだけだった。

中央は地方を把握できない、このことが基礎にあった。故郷を離れての官紳(マンダリン)の着任には、氏族仲間や庇護人一統が同行した。まず彼らは言語の違いから地元の通訳を必要とし、その地の先例に基づく法規を知らないから地元の非公式の顧問に頼らざるをえない。官紳が知事になれば地元の専門知識を持つ者たちに頼るのは必須だ。実際上の権力は地元生まれの非公式の下級官吏の手中にあった。

地方、つまり農村社会といえるだろうが、その組織的特質は氏族と村落に代表される。

社会組織

❖氏族組織

氏族はすべて村落内に祖先祠堂をもち、祭式装具や「道徳律」を記したものをもっていた。氏族が自己の規約をもつのは当然とされ、それが法律に抗して効力を発揮することすらあった。対外的には連帯し、成員の債務解決にも手を貸した。内部では、貧窮援助は富裕な成員の道徳的義務とされた。また医療や葬式、老人・寡婦の世話、教育(義塾)などの活動を必要に応じて行なった。対外的な私闘にさいしての勇敢さには定評があった。氏族には財産があり、この族産を賃貸で利用した。収入は家長間に配分された。

内部では氏族会議がもたれ、妻帯男性に平等投票権があったが女性は会議から除外された。管理委員の仕事は、家系に基づいた長老たちのなかから毎年の選挙で選出された者が担当した。家長団による運営という世襲カリスマ的原理と、選挙の民主主義的原理との組み合わせといえる。

仕事や官職就任で土地を去る者は、家族登録簿の抄本を身分証明書として受け取り、氏族裁判権には服し続けたが、持分権の買い戻しもあった。相続地が他の氏族に渡るのはまれであった。

氏族は先祖のための大切な祝祭の担い手であり、成員に対して手に職をつけさせて独立の生計を営ませる任務をおい、優れた若者には科挙受験の準備費用をまかなうことも行なった。このような生活様式は、家計扶養の自給自足を強めて市場発展の制約となる。こうして氏族は、故郷を離れた者をも含めた成員全員の生存のための唯一の望みの綱をなしていた。

それゆえ都市は、組織的自治を欠くだけでなく、住民が氏族コネクションを背後に有するがゆえに、だれかの「故郷」とはならなかった。「中国の行政史は、都市地区の外部にも自己の要求を貫こうとする皇帝のたえず繰り返された努力でみたされている」(儒教一五九頁)といっても大げさではなかった。皇帝の公式の行政は事実上都市地区とその下級都市地区との行政であった。強固な氏族という団体にそれほど対立しないところでしか皇帝行政は効果を発揮できなかった。都市外には氏族とならんで、さらに村落の自治が皇帝の行政に対抗した。

❖村落の自治

村落とは官紳のいない自治行政地区であった。それは自身のための機関をもったことで都市と区別された。その機関にあたるのが村廟であり、何らかの通俗的な神を祭ったが、宗教的意義は個人的願いやときにある祈祷の場合に限られた。特質はむしろ、それが地所や貨幣の財産を所有したことである。廟田はとくに村内の無産者に貸された。財産運用は請負人にまかされ、純益は村内で分配された。中国の法はこれに法人格を認めようとしなかったが、実質的にはそういう性格をもった。村の名望家が輪番で管理にあたり、政府はこの管理人のみを村の代表者と認めた。だが村の行動は廟の名においてであった。村廟の存在が基礎となって、村落は自治団体として機能を発揮することができたのである。

廟の配慮対象には、道路や運河、防御、治安が、さらには義塾（教育）、医療、葬式までも、氏族が行なわない限りで、入っていた。農民の生活は、氏族と村落の二元的な機能が発揮される場であった。村落には形式的には百家族（甲）ごとに甲長（地保）がおかれ、彼が警察業務などの責任をおった。彼はさらに行政当局と地元の自治的統治の橋渡し役でもあり、制度が機能しているうちは、県知事役所に滞在して報告した。この構造から分かるように、行政当局は地保の背後にあった氏族長老勢力をつねに考慮せねばならなかったのである。

✣無産者勢力

村落農民の生活がとくに平和であったわけではない。氏族権力や村廟の行政も充分機能するものではなかった。そこに力を発揮したのは、村の貧民たちとそれをまとめる無頼の顔役だった。無産者の組織を前にして諸個人や諸集団は無力であった。そのため大規模農場の存在は例外的となった。ヴェーバーはこの力を、国家の所有保証の欠如に由来した「一種の、倫理的に、また氏族勢力によって強く調節された素朴な『農民ボルシェヴィズム』」（儒教一六四頁）と呼んでいる。

こうした構造から、行政は村との事前調整が必要になるが、そのさい、村内ではおよそ何らかの変化は、悪しき呪力を呼び起こす可能性があったから、まず忌避されざるをえなかった。この伝統主義は、教養ある官吏には無学な老人が強力な対抗勢力となる、という事態に表現されている。

✣非合理性の継続

氏族や小営業者(商人・手工業者)集団のほかにも、ひろく経済的・信用組合的領域やそれ以外で自発的組織形成があった。アメリカ民主主義でのクラブ会員資格が社会的人格証明となるのと同様の展開がみられた。けれどもそれが市民階級の形成とか資本家的営利の成熟に導かれなかった根本的理由は国家構造にあった。

家産制的な国家形態は、聖なる伝統の王国と、無拘束の自由意志および恩寵の王国との併存を帰結する。これは、行政と司法が合理的に予測可能なものとはならないため、産業的資本主義の発展を阻害する要因となる。倫理的指向の強い家産制は、形式的な法ではなく、実質的な正義を求めたのだ。だから法の形式主義的性格が忌避され、中央裁判所制度が作られなかった。だが、なぜこの国の行政と司法とは、そのように資本主義的に見て非合理な状態を持続しえたのか[★1]。

中国ではそれ以外に、ある種の心術的基盤の欠如によっても経営資本主義が妨げられた。とりわけ、中国人の気風(エートス)となったものに、また公務員試験に合格した官吏層や官職補任期待者層が身につけた態度によって妨げられた。これを述べるのが本来の主題である。

2　儒教の世界

読書人層

中国の儀礼書、歴表、年代記の文書化は先史時代にさかのぼる。文字の学に通じる者は呪術的カリスマの担い手とみなされ、この信仰は続いた。だが呪術的なカリスマの力ではなく、文字や文献の知識こそが彼らの威信を形成した。私人の困難に応じる呪術は職業的に営まれたが、共同体の利害に関しては、聖霊に感化を及ぼしうる共同体の代表者、つまり最高司祭たる皇帝、諸侯、氏族の長や家長の出る幕であった。天意を知るために必要な知識を持つ者が読書人である。行政のための正しい秩序を認識し、政治的支配者に助言することは彼らにのみなしうることだった。正しい国内的行政秩序と君侯のカリスマ的に正しい生活態度とを指導できる唯一の有資格者としての地位は文字学の通暁者の手に握られた。

正しい国家行政を指向することは封建時代の知識人層の広範囲の実践的・政治的合理主義を引き起こした。彼らは、のちの厳格な伝統主義とは対照的に大胆な改革者であったことが年代記に示されている。

❖儒教の生成

読書人ははじめから封建制の敵対者で、国家が官職的な公的団体組織（アンシュタルト組織）であるという考え方に味方した。その考えでは、文学的教養により資格づけられた者のみが行政に携わるべきだ、とされたからである。

封建国家の時代には各宮廷が有能な読書人を競って求め、読書人のいわば売り手市場状態であった。だが統一国家となって事態は逆転し、読書人の方が官職を求めて競争する買い手市場となった。この状況のなかで統一的な正統学説が発展をとげた。この学説となったのが儒教である。当初の自由な行動は消え、年代記の編集と著作の体系化が行なわれ、伝来の文献の改訂・加筆・注釈も進んで、彼らは公認の勢力となった。秦漢の天下統一のころである。

❖非軍事化

孔子が編纂者だとされる古典的経書の最古の部分には、いまだカリスマ的戦闘王が息づいていたことが知られている。ギリシアやインドの叙事詩のごとき戦車戦を行なう王たちが詠じられていた。詩経がいまの形に編集されたときには、もはやそうした従士団的・冒険的ロマン主義的性質が払拭され、軍規ある、武官ひきいる官僚制化された軍隊が語られた。詩経のなかで王たちが勝利者であるのは、彼らが大英雄だからではなく、天の霊の前に道徳的に正当だからであり、カリスマ的諸徳が優秀だからである。敵は、古来の良風美俗（人倫、ジッテ）を圧制し毀損したことで、臣民の安寧を侵犯し、そのことで自らのカリスマを喪失してしまった神をなみする犯罪人だから、敗れたのである。古典に登場する君侯や宰相は、天によってその倫理的なふるまいが報いられる支配者の範例として行動し演説する。官吏階級と功績に応じての官吏の昇進とが理想化の対象である。

❖科挙制度

文官を輩出する母体が官紳身分（マンダリン）である。彼らは免許状を与えられた封禄継承候補者層をなしており、官職就任者資格と序列は（縁故・引き（コネ）の強さを別にすれば）合格した試験の数によった。この試験は、科挙制度として七世紀末以降に完全実施される以前から、能力準拠の官職授与の原則として認められ、導入されていた。制度化されたことにより、その後運用をめぐる闘争が様々に展開された。訓練のためのアカデミーや大学が創設されたがそこへの入学資格の授与権や、学力の南北格差、試験実施の管轄など、争いのタネはいくらでもあった。ただし、徳こそがカリスマだというもっともな原則から、徳により人は適法とされるのだから科挙は廃止されるべきだという議論が出されると、こぞってこれを否定した。封建的性格をもつ官職貴族の連合勢力は、教養資格を証した者にはだれでも封禄補任期待者身分への途を開いた科挙制度によって排除された。皇帝と読書人の利害が一致した。

✣ 教育の目標

教育の目的としては、類型的にはカリスマの喚起と専門化した訓練の伝授という対極的な二つが設定できるが、現実にはこの中間に様々な態様が見られる。科挙試験は、西洋の法律家や医師や技術者などに対する近代的合理的官僚制的な試験規定のような専門資格を認めるものではないが、呪術者の典型的な試練のようなカリスマの確認を行なうものでもなかった。それは、受験者が文学に対する徹底的な錬磨と、そこから起こる、高貴な男子にふさわしい思考様式とをもっているか否かを調査した。試験はどの段階のものでも、書法・文体論・古典的経書の通暁等の試験だったが、結局は少しでも訓令どおりの定見(Gesinnung, Frame of Mind)があるかどうかの試験だった。この教養の、一方で極めて世俗的な、だが他方で、正統的に解釈された古典の固定的な基準に拘束された、しかも極度に文学的で典籍的な性格、ここではこれが決定的な点である(儒教二〇四頁)。

科挙試験の技術と実質的内容とは世俗的性格をもち、一種の「読書人教養試験」ではあったが、一般民衆の見解は、まったく別の呪術的・カリスマ的意味をこの試験に結びつけた。上位合格者は官職候補者であっただけでなく、呪術的性格の担い手として見られた。

✣ 読書人勢力

試験合格者は任命前でも身分的特典を享受できた。「卑しい労働」とされる賦役の免除、笞刑の免除、そして乏しいながらも封禄(奨学金)給付があった。前者二つは名誉とされていた。

読書人の政治的立場と対立したのは、初期には、官職独占を脅かされた封建時代の有力家族であった。つぎには資本家的買官者たち。中央官庁の資金調達手段としての封禄の不正売却も行なわれたので、これは根強かった。そして行政庁の専門官吏にたいする合理主義的関心(技術者養成)があった。これはすでに隋の文帝治下に表われたが、宋代に王安石の下で短期の成功を見たにすぎなかった(儒教二二六頁)。永続的な大敵は、家産制支配のなかでも行政が伝統に拘束されない支配者の恣意で行なわれる形態たるスルタン制と、その支持者たる宦官政治である。王位継承にからむ後宮(ハーレム)の力を体現する宦官と読書人の抗争は中国史を貫いている。宦官と道教・仏教の結びつきはよく見られた。

また原則的には軍人も敵対勢力だった。古典的経書に本来の英雄的心情の余地がなくなっていたことはすでに触れた。不適当に己の命をかけることは賢者にふさわしくない、というのが伝えられている孔子の見解であった。実際、帝国の拡大とともに軍人の威厳は低下した。ヴェーバーは、清朝の一九世紀末の西太后の時代に、武官が読書人的教養をもつ者から一段低く見られたことを示す事例を注記している。とはいえ現実には軍人勢力は存在した。

✣生活倫理

中国では宗教を表現する語がなく、あったのは学派の「教え」と「礼」という言葉で、儒教(孔子教)の公式名は「読書人の教え」だったという。

現世は考えうるいろんな世界のうちの最善の世界であり、人間の天性はその素質からいって倫理的に善良とされた。また人間たちは互いに現世において、あらゆる事物におけると同様に、たしかに程度のうえで相違がありはしたが、原則的には平等の性質をもち、またとにかく無制限に完成の能力をもち、道徳を履行するに充分であった。

衣食足りて礼節を知る。だれしもが、まず生計の不足を解決すれば、古典の導きにより教養を身につけ、自己完成に向かうことができる。現世肯定の、その意味では救済宗教には含めえない宗教の限界的な倫理であった。

正統と異端

❖神秘主義的なタオ

宇宙の永遠の秩序にしてその運行そのものという道（タオ）の観念は正統儒教のものである。老子にあっては、道は秩序であり、産出的な実在根拠でもあり、あらゆる存在の永遠な原型の総体、要するに神的な唯一者であった。人は世俗的利害関心や情熱を空にし、自己を無活動状態（無為）に至らしめることでのみ、これに関与することができるとされた。瞑想により神に親密な状態が得られるという例の「神秘的合一」の心的な状態性が、合理的に解釈された。この世の自身の善意と謙虚を維持することが肝要であり、行為を最小限にすることが恩恵の地位の唯一可能な証しとされたのだ。これは現世的秩序への順応を帰結するが、老子は教養ある君子という理想を原理的に拒否することはなかった。

彼は典籍的学識を非難したが、神秘的合一に向かう彼の救済神秘主義は自己の救済だけを求めることになるから「利己主義だ」との非難を浴びた。

❖タオの社会倫理

ただ、読書人の合理主義が福祉国家の中央集権制に傾いたのに対して、神秘主義的道教には、素朴で農民的な、また市井人的な徳の郷という(国家の一部となる)小さな生活共同体としての可能な限りの自治と自給自足という思想への傾きがあり、できるだけ少ない官僚制というスローガンがあった。いわゆる「小国寡民」である。

現世無関心・現世拒否までは徹底せず、世俗的行為の最少化を導く老子の教えは、世俗的社会倫理においては、儒教の経済的功利主義を快楽主義的なものへと高めるものでしかなかった。

❖道教の生成

老子の教えを基礎とする別の派の展開においては、自然的生命そのもの、つまりは長寿を尊重することから長寿法が、とくに呼吸技術をもとにしたものが発達し、歓迎された。長寿法の体系化が始まれば、厄除けや治療術などの総体の合理化が進む。老子の道の教説がこうして呪術的に転化されたことは、古代的呪術師たちの教団への流入を可能とし、誘発もした。道教は、遁世的な知識人的教理と、世俗内的な古い呪術師稼業との融合から起こったのである。

✣儒教との関係

つまるところ儒教は現世に対する緊張をミニマムにした合理的な倫理であるが、その点では道教も同じであった。政治的に勝利をおさめた儒教徒たちは、道教的呪術の放逐には向かわず、官職封禄の独占だけを目指した。こうして平民は呪術の園に放っておかれ、道教は彼らの要求に応える役割を充分に果たすこととなる。

道教の重心は、現世と来世における健康と富と幸福な生活とを約束することにおかれていた。また諸機能神・職業神の育成にあたったので商人階級が道教に帰服した。来世の約束はとくに民衆の心を引きつけたが、国家祭祀から無視された様々な機能神や英雄の万神殿入りという平民的要求に応えたのも道教だったからである。

✣風水

道教的呪術のなかでは地相占い(ないし風水)が重要だった。地相占いの学派闘争のなかで、占い師の収入のチャンスが大きいことが影響して「形状」学派が勝利した。敗北したアニミズム的な学派と違い、山や川、野や木や草などすべての形状が占いで重要だと考えたことは、商売の範囲を拡大できた。「一個の岩が、その形状によって地域全体を悪気霊の攻撃から守る」(儒教三二七頁)ことになるし、墳墓が真の病害発生地でありうるし、家人の死亡も家の構造に原因を求めることが可能となる。技術と経済の呪術的形式固定化は呪術信仰と占い師の手数料利害関心に根を張っていた。そのため近代的な交通業や工業的経営の成立を妨げた。高度資本主義と巨大な官紳資産の鉄道への投資が外部から状況を打破したのであり、内発的発展は生じえなかった。

✣ 呪術の合理化

ことは呪術という単純な経験的技術にとどまらない。呪術的に合理的な科学がこれに重ねられた。時測法、時占術、地相占い術、占候術、医学、倫理学などは、民衆の態度と呪術師の営利関心が実践的に先導し、読書人カーストがこの合理化に関与して成ったものだ。聖なる五という数の思弁(五遊星、五元素、五臓など)や大宇宙・小宇宙の対応論が中国的「宇宙一体観的」哲学を生み出し、世界を呪術の園に変えた。これには対抗呪術しか役に立たない。呪術が運命を決定するとした道教と、呪術は徳に対しては無力だとする儒教とはここでは向きを異にした。それゆえ儒教徒は内心では軽蔑したけれども、呪術の毀損が自己の権力を危険にさらすことに思えて、実際にその排除に乗り出すことはなかった。

道教は正統の儒教よりも本質的に伝統主義的だった。呪術の救済技術はそうなる以外はなかったのであり、そこから合理的生活方法論が出るよしもない。本来的に倫理的な命令は、後年の道教においては(俗人に対しては)実質上は本質的に儒教と同じだった。ただ道教徒は命令の履行から個人的利益を期待し、儒教徒はどちらかといえば君子の良心を期待した。後者は正/不正、前者は呪術師と同じく浄/不浄の対立を主にしてことにあたったが、それもアクセントの違いといえるものだった。

中国における仏教

大乗仏教が後宮のお気に入り宗派だったのは、とくに女性の感情面に訴える非文献的性格だったからだ。後宮は、宦官が道教の庇護者だったのと同様に仏教の庇護者として現れた。仏教が繰り返された弾圧を生き延びたのは、それだけが葬式を提供しえたことと、輪廻信仰が通俗的来世観の一つとして地歩を占めたからである。皇帝によって仏教が受容された時期には、救済論的な性質を持つことにより西洋のローマ帝国とキリスト教の同盟に似た事態の出現を思わせることもあった。しかし儒教的官僚の抵抗や大弾圧（九世紀前半の「会昌の廃仏」）などにより、他宗派の礼拝と同列の一つとして黙認された礼拝事業の地位に局限された。

この救済宗教意識の矮小な萌芽といえども、風俗史的には影響は大きかった。中国に見られた宗教的教説、個別的な救済追求、応報・来世信仰、敬虔さなどは、ほとんどすべてが仏教から受容したのであり、「同じことは日本にもすっかりあてはまる」（儒教三六五頁）。

総じて中国の仏教は経済心術の面では影響が弱かった。ただし、あちこちの記述からみて、ヴェーバーは、老子の思想や道教の展開に対して仏教が影響を与えたのではないかと想定しているようだ。

3 儒教とピューリタニズム

❖合理性

儒教と道教は「正統と異端」として語られるが、伝統主義の維持に帰着することでは両者は同じであった。「儒教と道教」の最終章でヴェーバーは、この中国的宗教意識を、それと対極的な位置をしめるピューリタニズムと対比して論じた。

この両者を要約的に対比してみよう。まずこの二つの倫理は、ともに非合理的なものに根拠を持っていた。一方は呪術に、他方は超越神の究めがたき決断に。呪術から生じたのは伝統の不可侵性だった。超越神と、また被造物的に堕落し倫理的に非合理的な現世との関係から生じたのは、伝統の絶対的な非神聖化と、現世の倫理的合理化という絶対無限的な使命、つまり「進歩」の合理的な即事象性だった(儒教三九九頁)。したがって、儒教の現世への適応とピューリタニズムの現世の合理的改造、という対照をなす。両者とも自覚的な自己統御(克己)を要求したが、儒教は、あらゆる面で完成された完全な世俗人の品位を維持するため、ピューリタニズムは、神の意志にかなうよう生活態度を組織的に統一するため、であった。儒教倫理は人びとが原生的な、または社会的上下関係からくる人間的(persönlich)諸関係にとどまるのを意図的に放置した。ピューリタニズムの倫理はそうした純粋な人間的関係を疑いの目で見た。

✣経済倫理

ヴェーバーは両者を同じスタートラインに置き、結論的に、両者とも実践的に辿った方向から見て合理的と呼べるし、どちらも功利主義的帰結をもたらした、とする。とはいえ、儒教的合理主義の現世への合理的適応と、ピューリタン的合理主義の現世の合理的支配という対照性が示された。歴史的帰結は知られているので、そこから、営利衝動とか功利主義的な合理主義というものが、それだけでは近代資本主義とは無縁である、と結論づけた。典型的な儒教徒は、自分が文学的な教養を得て、来るべき試験にそなえて修行をつみ、それによって身分的に高貴な暮らしのできる基礎をうるために、自分と家族の貯えを振り向けた。対して典型的なピューリタンは、収入を多くし、消費を低くすることを計り、自分の儲けは、禁欲的な節約強制の結果、ふたたび儲けを得るために資本として合理的な資本家的経営に投資した。経済倫理の違いがここに集約的に表現されている。

✣即事象化（Versachlichung）

これは筆者の訳語。まえに物象化と訳したものである。名詞のザッヘ（Sache）とは、モノやコトのこと。形容詞・副詞のザッハリヒ（sachlich）はモノ・コトに即した、という意味になろう。裁判なら「罪を裁いて人を裁かず」という具合に、対象を客観的に扱うことになる。ザッハリヒカイト（Sachlichkeit）の訳語には即事象性を当てた。即事象化は耳慣れぬ日本語かもしれない。ほかに即物化や没主観化、事象化と訳されることがある。「儒教とピューリタニズム」ではキーワードの一つになっていると見た。

モノ・コトに対比されるのは、人である。モノ・コトに即してというのは、人―人関係、つまり「親子や子弟、君臣、氏族同胞などの関係に固有の感情や情誼」を離れて、ということだ。人間・人柄・人物に関わっていると、事柄を客体として突き放して(没主観化)見ることでなされる合理化を妨げてしまうことになる。だから、儒教世界では「孝」を中心的徳目としているので、この即事象化が人間関係優位の限界に突き当たってしまう。ここでの「人」は、第1章で自覚的に生きようとする人(Person)とはかなり意味合いを異にしている。こちらでは人情味とか、家族的つながりをもったなどのニュアンスを帯びている。語の両義性は、背景に第4章で触れた二つの人間観のあることも関係しているだろう。

いま仮に即事象化でなく物象化と訳してみよう。すると人間味あふれる儒教的世界は物象化されない世界に見えてくる。さすがにマルクスもこれを良しとはしていないから、マルクス派は物象化により起こる錯覚を(「物神崇拝」でなく)「呪物崇拝」と訳した(こともあった)。ここに、望ましい「人―人」関係の摸索につきまとう困難さが歴史的事例で示唆されているのを読むこともできるのではないか。ヴェーバーとマルクスを重ねれば[★2]、ヴェーバーが呪術からの解放を論じたのに対し、マルクスは解放された世界で呪物崇拝が生じる秘密を暴いた、となるだろう。人類の歴史はこの呪術から解放されることによって「前史」を閉じる、というのがマルクスの歴史ヴィジョンだったとすれば、ヴェーバーは近代の再呪術化を不安視していたように思われる[★3]。

テキスト

『儒教と道教』木全徳雄訳、一九七一年、創文社。（儒教）

参考

大塚久雄『社会科学の方法』岩波新書。

註

★1——別の視角からは合理的と見える展開があったことの一端が、青木昌彦『青木昌彦の経済学入門』（二〇一四年、筑摩書房）第三章に示されている。現在の実証史学の成果がヴェーバーの依拠したものの水準を超えているのは当然だ。実証研究の成果との対質は本書では諦めている。

★2——一九三二年のカール・レヴィット『ヴェーバーとマルクス』（柴田治三郎訳、一九六六年、未來社）以来、対比・比較論が多数ある。もちろん本書もこれを意識している。

★3——脱呪術化の一本道という古典的ヴェーバー解釈を批判する形で、近代のさなかに呪術化・再呪術化が進行していることを説くのは、Richard Jenkins (Disenchantment, Enchantment and Re-Enchantment: Max Weber at the Millenium, in *Max Weber Studies*, Vol. 1, 2000) である。

第12章

現世拒否の宗教

1　「中間考察」

✣中間考察の位置価

ヴェーバーの連作「世界宗教の経済倫理」は、前章でみた「儒教と道教」のつぎに「中間考察」を置き、そのあとに「ヒンドゥー教と仏教」を、最後に「古代ユダヤ教」を配している。中間考察とは、現世肯定の宗教（中国）をみたあと、読者は現世否定の宗教の世界に誘われるから、その前に宗教的現世否定ということについて一応のことを説明しておこうという目的で、この位置に置かれたのである。

ヴェーバーはこの連作を、合理主義全体の類型論にしたい（中間考察一〇一頁）と考えていた。それは以下のことを意味した。人がある立場を選び取るときに、目的論的な、ないしは論理的な首尾一貫性ということが強く働くことは知られているし、実際にも確かである。知識人が現世に対する宗教的な意味づけを行なうときにも、この首尾一貫性、無矛盾性が強く意識されたのは当然である。現実にそれが貫徹できたわけではないにせよ、理性は、首尾一貫していること、その意味で合理的であることを追求してきた。人が現世に対して取る態度を内面から支える世俗倫理は宗教倫理に大きく規定されてきたが、この宗教倫理が形成される過程でも、この合理的なるものが働いていた。諸宗教が要請する実践的態度の内面的な首尾一貫性を、いわば類型的に構成することによって、現実に存在した多様な宗教的態度を検討するさいの見取り図が描かれる。

救済追求の諸類型

❖禁欲と神秘論

救済追求には、瞑想的・神秘的な方向と、行動的・禁欲的な方向の基本二類型があることはすでに示した。前者が神的な力の非人格化や内在化と、後者が現世超越的創造神と、それぞれ内面的親和性をもつことにも、幾度か触れた。だが創造神の概念と禁欲的行動が必ず結びつくものではない。初期イスラム教では禁欲は排撃されたし、キリスト教の三位一体論もユダヤ教のヤハウェに比べると現世超越的性格は弱い。だから基本二類型は、神概念だけでなく、宗教的な約束の内容やそこから導かれる救いの途のあり方にも関連している。再度、二類型の定義を見ておこう。行動的「禁欲」とは、神の道具として聖意にかなうように行為すること。神秘論は、瞑想的な救済の所有ということ。所有とは持っていること、つまり状態であり、個々人は道具ではなく容器であり、世俗の行為は現世外での救済の状態を危うくするものとされる。

✣世俗に対する態度の四類型（中間考察一〇四頁）

行動的禁欲は、世俗内で世俗（＝世界）を合理的に形成し被造物的堕落の状態にある人間を現世的職業を通じて陶冶する方向に働く。これに対して神秘論は極端な現世逃避を徹底させる方向に働く。①「現世内的禁欲」と②「現世逃避的瞑想」の鋭い対比がこうして得られる。この対立が緩和されるのは、前者の世俗の禁欲的職業遂行が行為者自身の問題とされて、聖意にかなう救いの業への専念が、むしろ世俗的行為を忌避する方向に高まってゆき、そのため外面的態度においては現世逃避的瞑想に接近する場合、である。これを③「現世逃避的禁欲」と呼ぼう。あるいは、瞑想的神秘家が現世逃避にいたらず、世俗的生活秩序の内部にとどまる場合もでてくる。これを④「現世内的神秘論」としておこう。こうして基本二類型の対立は消失し、両者の中間的形態も生じる。普段は外見に差がなくとも、一定の状況下で基本的論理の相違が行為を異なる方向に導くことはあるだろう。現実にはこうした類型が純粋な形で登場せず、他の要因ともつながってそれらの変種が見られることになる。

✣預言者のカリスマと約束

人はまず実践的に自然に働きかける力を呪術的に得ようとする。そしてカリスマ的資質の覚醒のための呪術や現世を忌避した禁欲により獲得した諸力で現世支配に向かう。だから呪術師は、預言者や救世主の先駆形態である。だが後者におけるカリスマは、あくまで自己の預言者・救世主としての資質を承認させ、服従を得るための手段であることが重要だ。彼らの命令内容は、人びとを救済財の追求へと向けさせること、従って人びとの生活様式の合理的組織化をめざすものである。合理化の進展とともに、信徒を苦難に耐える状態にずっと置いておくことが問題となってきた。だから狂躁や禁欲や瞑想による一時的な、つまり非日常的な救済状態の追求ではなく、持続的な聖化の境地に至らしめること、これこそ救済宗教の目標であった。ここに新たな問題が生じる。

❖預言者・祭司層・大衆

預言者や救世主の宣教による宗教的共同態ができると、必要とされる生活規制(司牧)活動が、カリスマ的資質の少々劣る人びとに任されねばならない。とくに後継者となれば、世襲や役職による司牧者の制度化が進む。規則の支配が始まり、祭司的教権者層と大衆という構図が現れる。だれもが等しく約束の内容を理解したり倫理的要請に正しく応えることなどできない。個別相談にのったり、要請を水割りして示したりする役割が必要とされていた。祭司層の権力は伝統により聖化されてゆく。またこれに対抗して真の預言を理解する者や救世主は、自己のカリスマ的人格を祭司層の伝統的権力に対峙させ、それを打破したり服従させせようとした。預言者と祭司層の対抗図式である。

準備はこれくらいにして、インド論に入ろう。

2　インドのカースト社会

カーストの不可解さ

❖国勢調査

ヴェーバーは、インドでは近代資本主義が初めから輸入物であるが、その内発的形成の欠如と、他の要因と並ぶひとつとしての宗教とが、どう関係づけられるか、という形でテーマを設定する。彼は直近の一九一一年『インド国勢調査』報告書を手がかりに、宗教・宗派別人口動態を調べた。人口の七〇%弱の二億人余が「ヒンドゥー」、六千七百万人弱の二一%が「ムスリム」とされた。この二〇年の間にヒンドゥーは五%ほど減少している。仏教・ジャイナ教などの少数派とその地域分布なども注意深く記されているが、ここでは省略する。ヴェーバーは、国勢調査に関わってインド社会の特質を浮き彫りにする問題が出されたことに注目した。一九〇一年の調査ではカーストの序列を確定しようと試みたが、これが騒動のもととなり、その後は行なわれなかったという。序列はずっと論争対象であって、変わりうるものであり、確定などできるものではなかった。

❖階級と身分

インドはカーストの社会だ、というイメージがある。基本的な四つ、バラモン・クシャトリア・バイシャ・シュードラの名は日本の世界史教科書にも掲載されるほど有名だ。だがこれは一体なんなのか。それを理解するには、まず「身分」という概念を知らねばならない。

階級が、物財や一定の労働資格の所有・非所有によって構成される経済状態の類似した人びとの集まりであるのに対し、身分とは、社会的名誉・不名誉の資質であって、主に一定の生活態度によって規定され、また表示される。名誉は階級状態に付随しうるし、身分仲間の平均的階級状態に規定される。とはいえ逆に、身分にふさわしい生活態度が特定の所有や職業を選好し、その他を排除するという形で身分所属は階級状態に影響することもある。この身分所属には、通婚圏や共同食卓、社交の制限が随伴する。身分には開放的なものと閉鎖的なものがあり、カーストは生得身分、つまり生まれによる帰属が原則なので閉鎖身分である。

以上の原理的な理屈に、ヴェーバーの描く現実のあり方を重ねてみよう。カーストは、それ自体としては部族や職業団体ではなく、地域的領域団体を形成しない。サブ・カーストに分裂しうる。ヨリ大きな社会内部の社会的位置と結合している部分団体であり、ときには職業的な部分団体である。カースト相互間には呪術的距離がある。

✣ヒンドゥー教の不可解さ

もうすでに、すぐに理解できるところと理解困難なところが出てきた。ヒンドゥー教がカースト身分社会の宗教だとするなら、生得的身分決定を原則にすることから、最上位カーストのバラモンの名前からバラモン教ともいわれるヒンドゥー教は、バラモンの宗教としてなら可能だとしても、諸カースト成員からなる教団とか布教など、そもそも不可能な話ではないのか。職業団体的な性格とか、国勢調査で再燃した序列争いや序列変動とは何なのか。この妙な話を解く鍵は、ヒンドゥー教の成立・伝播過程と教理とのうちに求められる。さきに教理の方を、とくにカーストと関わる論点に関して見ておこう。

輪廻と業

❖教説の形成

ヒンドゥー教の教理は、その合理的構成や深遠な救済論を含み持つけれども、教説としてはきわめて寛容であり、「教条（ドグマ）の概念が一般に妥当しないほど」（インド二八頁）だとされる。ただし、世俗の秩序や生活態度に規定的影響を与え、近代資本主義の自生的形成を欠いたインド社会の伝統主義的性格を分かりやすく説明する内容部分については、かなり明確に把握できるだろう。ヴェーバーはこう定式化する。

ヒンドゥー教的宗教心の二つの基本的な前提を否定するヒンドゥーはいない。すなわちサンサーラ（霊魂輪廻）の信仰と、それと結合しているカルマン（因果応報）の教説とである。これらが、そしてこれらだけが、ヒンドゥー教全体の実際の「教条主義的な」教説内容である。しかも、それらは独特な仕方で相互に結合し、現存する社会秩序の、したがってカースト秩序の、まさにヒンドゥー教にのみ特有な一つの神義論となっているのである。(インド一五四頁)

古来、人びとは長寿を願ったが、人間も神々の存在も永遠ではないと考えるようになった。死後の精神の運命に関する観念は、ヘレニズムの古代世界などに広く見られた。また、インドの多様な人種の併存状況があって、叙事詩「ラーマーヤナ」では黒いドラヴィダ人の軍隊は猿の軍隊に模されたと思われる。そこには「霊獣」観念が育っていたであろう。古代のバラモンたちが死後の精神の運命について瞑想したとき、死につつある精神や神を再び別の存在に置くという教説が発生した。そしてその存在を再びこの地上に求め、またそれを霊獣観念と結びつけもした。輪廻転生の要素がこうしてそろってきた。

因果応報(業とも訳される)とは、あらゆる事柄には原因があり、それは因果的な連鎖のなかにある、という合理的なものの見方とも言える。最も単純な形は、善悪の行為は当人がその報いをうける、というものだ。輪廻転生と因果応報が結びつけば、善悪の行為が名誉ある再生/不名誉な再生によって報われる、ということになる。この観念は古代ギリシアにも見られたものだ。

バラモンの合理主義はこの教説に二つの独特な意味づけをなした。第一に、倫理的に意味のある行為はすべて不可避的に当人の運命に効果をもたらし、失効しない、という思想の徹底。第二に、社会内の個人の運命である出生カーストとこの思想の結合。現世で即座に倫理的な報いが実現されないことは残酷な現実である。こうして前世の功徳と罪過が現世を、現世のそれが来世の人の運命を決定するという観念が生まれた。人は限りなき生死の連続のなかで、自らの行為のみにより自らの運命を決定する、これが業の教義の最も徹底した形である。

❖カーストと業

昔からある死者への供養が死者の運命に影響を及ぼすことを意図したとすれば、それは業の教義と矛盾する。それでも祖先の功徳を増して未来の運命を改善するために祈りと供養がなされ、喜捨がなされた。その効果はありえないはず。実のところ、この祖先供養の諸形態である喜捨や記念建造物の建設には、それを行なう個人の、良き再生の願いが結びつけられていた。王侯は来世でも立派な地位で再生したいと願った。不浄カーストの成員は自分なりに、現世でのカースト儀礼に則った模範的生活によって、自分の社会的機会の改善を来世に願った。個人のカースト地位は偶然のものではなく、逃れられない業の因果律と世界・カースト秩序の永久性とが対応する宇宙的構成物の中で、当人の業によって定められた地位なのである。再生により人は「犬の腸の中の虫」に転落しうるし、王妃やバラモンの娘の胎内にも上昇しえた(インド一五八頁)。

上昇再生に必要なことは、現世でのカースト義務(ダルマ)の厳しい実行とされた。こうしてインドでは、忠実に職業義務を遂行することが、ヒンドゥー教の再生約束論と固く結びつけられた。その遂行は、そこから社会教説への展望の可能性など含むことなく、あくまで個人の救済関心に結びついていた。低位のカーストほど儀礼的なカースト義務遵守の正確さによって大きなものを得ることができるから、彼らのうちには革新への誘惑はもっとも少なく、伝統固守は強かった。この土俵では、経済の合理化による伝統主義の打破は不可能だった。

歴史的展開過程

❖基本的構図

ヴェーバーは前近代の社会構成について、とくに支配の観点から以下のような見方を提示している。スケールの大きい比較史的枠組みとして有益なものである。

部族制に内在する純粋家父長制を起点として「家産制支配」が成立（土地配分の不平等が生じる）し、これが部族的規模に広がると、内部に血縁カリスマ的原理のうえに立つ支配氏族が登場し、これに照応してオイコスや隷民制も発生する。またこの部族の他部族支配は家産制国家を生み、家産官僚制の形成が始まる。そして内部の非家産制的支配関係や「血縁共同体」を同化し変形しつつ、諸々の国家形態が歴史上現れた。古代エジプトでは、ファラオのオイコスの優位の下にある徹底した「賦役制国家」となった。中国では、氏族的「血縁共同体」としての村落の強い自治のうえに役得収入に依存する文人官僚層をもつ官僚制国家が成立した。インドは、その両者の中間形態的な身分制（カースト制）

的租税国家となり、村落共同体は租税賦課の単位として機能した。
この構図を念頭においてインドの歴史過程を少し立ち入って見ていこう。

✣布教

アニミズム的宗教意識の部族地域では、支配層がヒンドゥー教徒の上層の生活慣行を模倣しはじめる。食生活や婚姻、低階層との接触中止などとともに、土着の神々の名をヒンドゥー教の神の名に改める。最後に従来の部族司祭を罷免してバラモンを招いて儀礼を執行させ、自らがクシャトリアの血統であることを（一時的な忘却期間があったのちに、という言い訳をはさんで）証明させる。各地で王族（ラージプート、今日のクシャトリアの呼称）の地位を望む君侯たちのために、系譜的伝説が作られたり系図が発見されたりする。バラモン資格を有するといっても名ばかりの下級バラモン・カーストの中には、こうした役目を実践する者がいたし、今もいる。ヒンドゥー教の成立以来、外延的な布教はこのような形で行われてきた。

✣賤民

古代インド以来客員民族（Gastvolk）という現象がある。今日では欧州のロマ（ジプシー）として残っているにすぎぬが、かつては広範に生じていた。定住ではなく流浪という形が主要だったということでもない。むしろ固有の村落居住区にあって、家内工業や部族工業の生産物を他地域に売却したり、収穫農作業や修繕・補助労働などに就いたり、あるいは伝統的な特定産品の地域間交易を独占するといった、発展度の低い部族の形をとることが多い。彼らは村落住民からは余所者とみなされ、村民の権利は与えられなかった。逆に彼らも地域間団体を形成して、村落住民から客員権のみを認められ、特定職業に特化して従事することとなる。周囲からは婚姻と共同食卓から排除され、儀礼的に「不浄」と見なされることも多い。このような制約をもった客員民族を賤民（パーリア）と呼んでおこう。

彼らは「不浄で野蛮な外来の原始諸民族」と「ヒンドゥー教的分類に基づく不浄なカースト」を両極とする多様で流動的な位置にあった。皮革業など社会的に不可欠な機能を担う彼らは、諸階層との独自な接点を持っていたから、一定の儀礼をバラモンに依頼し、「不浄なカースト」としての要件を整えさえすれば見事に部族ごとヒンドゥー化される。部族名がカースト名称となった名残りが各所にみられるという。

❖部族工業

この過程を支配の観点から見直しておこう（インド一六三～八頁）。ある氏族が征服地を占拠すると、彼ら自身も村落に住み、従属民を農業労働者や地代負担者、工業労働者として外圍などに住まわせた。その外側には賤民部族も住み着いた。支配者が土地への権利を独占したのは古代スパルタも同じだが、インドの特質は、征服者と被征服者（シュードラとなる）が集団として対置されたことにある。支配者集団の成員として特定の奴隷への権利を有する、という形ではない。私的奴隷制は意義を失った。征服者は従属民を丸抱え的に支配し、工業部門における特定の部族間職業分化の諸環節をおさえた。そのため、たしかに専門技術をもつ労働者の一部が遍歴したり異郷に集住したりすることで広域の部族間分業が形成されはしたが、都市市場をめざす分業ではなく部族手工業、客員工業として従属下にありつづけた。このようなライトゥルギー的義務を課された業種間の分業関係には、資本家的合理的な経営に向かう可能性はなかった。

✣カーストと職業

工業が「不浄なカースト」、シュードラとして位置づけられた経緯を見てきたが、他の職業・カースト関係はどうであったか。職業観は歴史的に大きく変わった。古代では牧畜、農業と続き、商業、なかでも金貸し業が最低位と見られた。だが後代では商業の社会的地位がむしろ高位におかれた。これには貨幣経済の浸透や都市経済の展開、とくに家産制的君侯の財政的利害からする独占的商業組織の形成などが影響したであろう。西洋の「平民」に相応するヴァイシャ・カーストは、結果的に商業を固有の活動とするカーストと見なされるようになった。上位二カーストに比べると儀礼的・経済的特権を欠くが、下位のシュードラに対しては土地所有への関与で特権づけられている。シュードラ(この場合農耕者)にはこれが明確に否定されていた。所有地を持つ自由農民層は、個別の偶然的条件や支配者の収奪のために早期に没落したが、上述した部族的工業の担い手とは成り立ちからしても儀礼的に差があった。ヴァイシャではありえない彼らは「清浄なシュードラ」と見なされることとなった。

さらに、このあと触れるが、都市的宗教であるジャイナ教と仏教が不殺生を唱えたことの影響もあった。農耕作業に不可避の殺虫という行為が儀礼的に農民を降格させた。だがとりわけ、呪術カリスマから文献的「知識」と「教養」を重視する時代に移っていったことが、そこから遠い生活世界の住民を社会的に低位におく、という抑圧力として働いた。

上位カースト

❖バラモン

カーストとしてのバラモンとは何であるか。元来は呪術師のツンフト的組織であったが、自己の身分的要求を高めて、世襲の司祭政治的な教養カーストにまで発展したもの、としておく。古くは共同体的祭儀に関わったであろうが、世俗支配者の力の上昇とともにバラモンは彼らの個人的な儀礼要求に積極的に応える存在となった。そのためバラモンのカースト組織というものは結成されない。個人として有力者の家庭司祭となり、供犠と教授を任務とし、報酬ではなく贈物を受けること、これが基本形である。実態は報酬だが。その中味としては、貨幣・貴金属や牛などの他、決定的だったのが土地収入を基礎とする地代(レント)贈与、つまり土地の寄進を受けることだった。しかも土地寄進の受領はバラモンのみに許された。バラモンは世襲の受禄者となった。バラモンへの寄進地に免税特権が与えられると、有力者は資産の散逸を防ぐためにも(自己の取り分を確保できる)バラモンへの寄進を加速させた。ヴェーバーはこの家庭司祭の地位を、西洋のかかりつけの医者に例えている。

バラモンは孫が生まれると世帯主から引退し、森の隠者として（理屈上は）生き、禁欲の実践を通して魔力を高め、神格化された「超人」として終わることになっていた。これは呪術師の世界で行なわれた年齢別階層組織の名残りである。

❖クシャトリア

彼らは厳密なカースト秩序の実現以前には、氏族・部族のカリスマに依存した地位を保ち、上は王や副王から下は特権をもった貴族的な村落名望家であった。武装自弁の身分である。仏陀の時代には、教養ある城塞都市貴族の身分集団であったが、後にはラージプートに取って代わられた。後者は八世紀には支配者的地位に上昇し、諸王国の戦士集団として拡大した。当初は有給の騎兵ないし傭兵として王たちに奉仕し、その後は部族を形成したが、その中の傑出したものが「ラージプート」としてクシャトリアに準じたヒンドゥー化を完了している。古代のクシャトリアがバラモンと教養を競い、反バラモン的宗教（仏教）の担い手だったのに対し、ラージプートは基本的に無学で、バラモン的教養の優越性に適応せねばならなかった。また家産官僚制に組み込まれて、王国と協力してヒンドゥー教復活を担った。五世紀以前にさかのぼる系譜は見られない。彼らの非古典的な外婚集団への細分化は有給騎士部族の出自を示す。その九割が北部、とくに西北インドに居住している。

家産官僚制下では、徴税請負人や官職秩禄受領者諸層が土地貸与を受けて地主・貴族化した。これらの人びとや数代続いた傭兵・有給兵士身分も、みな「クシャトリア」と見なされることを要求した。二〇世紀の今日、識字率の低いラージプートは近代的行政や官僚制的経営にほとんど進出せず、こうした部門および弁護士業やジャーナリズム、「学識ある」職業ではバラモンや書記カーストの進出が圧倒的である。

❖バラモン的思惟

身分を示す最古の表現「ヴァルナ」は「色」を意味した。伝承上カーストは色で分けられた。バラモンは白、クシャトリアは赤、ヴァイシャは黄、シュードラは黒であった。その後の制度化に超絶論理が用いられたことは上述した。

インドでは、外面的類型上、異常に人種の異なる諸民族が遭遇したという事実がカースト秩序の発展に大きな意義をもった。個々の発展要因が君主たちの正統性関心・住民馴化関心とバラモンの利害関心との協力関係に作用してカースト制度の強化に導いた。そうした事情が、肌の色に現れた人種の対立を伴う征服地域というインドの特殊事情と重なっていた。自他の呪術的差異化と異人の呪術的忌避は他のどこよりも強かった。

民族間分業、客員民族・賤民民族の成立、客員民族による内陸商業、世襲農村手工業の身分差別、さらにはライトゥルギー的賦課や君主の財政目的の職業拘束の萌芽、こうした要因は古くからのインドの事情によって与えられた。だが、これらの所与の要因を素材として成り立つカースト制度なるものは、徹底したバラモン的思惟の産物である。彼らの影響力がなければこの制度は決してこれほどの支配力を持たなかったであろう。

3　救済の論理

霊智による無常からの脱却

✣救済追求の基本形

儀礼・ダルマの厳守や有徳行為は、再生機会の改善にはなるが、救済には達しえない。救済は、カーストの世界における義務を質的に越えた超日常的な態度、つまり現世から脱出する苦行ないし瞑想によって決定される。これが出発点となる。

救済教説の発展は、呪術的救済状態の合理化と純化を意味した。これは三つの方向に進んだ。第一。呪術的秘力でなく個人的な救済状態、つまり「法悦」の追求。第二。法悦の状態が、文人階層の身分的性格に適合的な無感動のそれを基礎とする一定の形式的性格、つまり聖なる知識である霊智(グノーシス)の性格を得たことによって、霊智の発展は神的存在の非人格化の方向に進んだ。これに対応して宗教的救済は、神秘的合一の形態の追求となった。第三。救済目標と救済方法の合理的な基礎づけたる宇宙論的思弁の成立に通じる、現世の秩序に即した現世の合理的な解釈の追求。インドでは第三の道が特徴だが、いずれも宗教的合理化の過程を示すものである。

✣ヨーガと瞑想

クウェイカー教徒の定式化した「被造物が沈黙するときにのみ神は魂に語りかける」という命題は、インド知識層の瞑想技術の基にもなっていた。古くからの呪術師たちの経験から知られた、呼吸の減速・一時的停止が脳に及ぼす作用としての自己催眠がもたらす情緒状態は、魂の至福の恍惚、それゆえ聖なるものとして評価された。合理的な言語で把握される一切のものから意識を完全に空虚にすること、心臓と肺臓の神経系統を意識的に制御すること、そして自己催眠にまで至ること。このヨーガ(苦行)学派の支持した無感動的恍惚の技術論は、古典的バラモンの救済技術により凌駕されたが、ヨーガの思想的前提は、神的なものの把握が非合理的な手段によってもたらされるべき一つの非合理的な霊的体験であり、この体験は合理的「認識」とは無関係だ、ということである。バラモンにとっては正しい思想と認識が呪術力の源泉とされた。ただし上述のように、通常の合理的認識ではなく、より高度の霊智だけが救済につながるのであった。

主知主義的救済技術の追求する目的は、一、意識を空虚にして、はっきりと感知される「聖なるもの」の空間をつくりだすこと、二、内面的に分離した諸技術を集中的瞑想と結合させ、感覚としてではなく、霊智的知識として経験された状態に達すること、のどちらかであった。両者は鮮明な対立をなすのではないが、古典的バラモンの瞑想は二に傾いていた。

古典的ヨーガは呪術師的禁欲である非合理的な難行苦行の段階を脱しており、方法的感覚禁欲の合理的に体系化されたものだった。この体系化という点で、古典的バラモンの瞑想よりも合理化は進んでいた。だがバラモン的瞑想も、追求された目的が感覚ではなくて知識(ただし霊智という形だが)であるという点では、ヨーガよりも合理的だった。こうしたヨーガ的実践は正統の教説によっても異端として排除されることはなかった。

✣技術論としてのヨーガ

バラモンはクシャトリアとの勢力争いのなかで、権力に固有の法則性を認めた。認めざるをえなかった。そして世俗の諸領域に固有な法があることも認めた。普遍的な、ないしは自然法的な思考は閉ざされ、社会についての抽象的・合理的思弁は排除された。ヒンドゥー教の有機体的社会理論はそうした合理的基準を欠いたために各職業の技術の特殊法則性を基準にその職業のダルマを導出した。建築技術論から論証・論争の技術としての論理学、はては性愛の技術論(カーマスートラ!)に至るまで、生活の個別領域に関する技術論が産み出された。ヨーガも救済の技術論の一つであった。個別科学の展開を促すこの傾向は、人格の完成を理想として専門化を嫌った中国の読書人の指向性とは対照的だ。

✣正統的救済論の展開

インドの救済技術はすべて、永久の輪廻からの脱却、つまり日常生活からの離脱と、それを越えて天国と神の国を含めた生と世界一般からの離脱、という意味をもつ。救済とは、現世の悲惨さや罪深さ、非常さ、不完全さからの脱却ではない。それが繰り返される世界そのものの「無常なること」からの脱却なのであった。日本語では「解脱」がいいかもしれない。

世界は再生と再死の永遠の無意味な「歯車」であり、時間の永遠の中で回転している。この世界にはただ二つの恒常的な実在がみられる。一つは永遠の秩序そのもの、もう一つは、繰り返す再生の担い手と考えねばならぬ霊魂だ。この霊魂は、いかにして業の因果律に、また現世の歯車に巻き込まれることから免れうるか。これこそヒンドゥー教哲学が問題とした、いわば「救済」に関する唯一の課題となっていた。

業と輪廻は共通の信仰となったが、最高の神的なものの非人格性と世界の被創造性には諸説があった。最高神が存在するとして、その存在は、輪廻および業と両立しうるのか。最高神が、苦悩や悲惨、無常を負わされたこの現世を創造し統御することの意味が問題とされた。最高神が自分の楽しみのためにこの世界に命を与えた、という答も出された。慈悲深い神がこんな世界を作ったはずはなく、悪漢だけがなしうることだ、とある学派は答えた。一つの旋回点をなす問題としては、霊魂の数が有限であれば再生の歯車からの救済可能性は(実在の数が減るから)時間的有限性を惹き起こすのではないか、というものがあった。この結論を避ける一貫した教説によると、霊魂の数は無限であり、法悦に達する人の数は限りなく少ない、というものだった。この観念から、救済の徹底した個人主義的傾向、結局は個人だけが自らを助けるという考え方が強まるのだが、そこには同時に、霊魂の数の無限を前に、救済伝道はいかなる意味をもちうるか、ということが問われていた。まさに予定説なみの宗教的孤独がここに現れていた。

原始仏教

救済追求の基本形を思い出してほしい。原始仏教も内実においては変わるところはない。それは知的訓練を受けた、遊行する托鉢僧侶層の宗教的技術論である（インド二八一頁）。彼らは永遠の生命への救済ではなく、永遠の死の安息への救済を追求した。ただし「生前解脱者」としてなのであって、世俗を離れた生の法悦を此岸において享受する、という目標だけを追求した。そのことは、正統派が「救いの確かさ」を与える霊智獲得の結果として現れる法悦状態と考えた「涅槃（ニルヴァーナ）」の本質の探究を、現世的合理的な知識の偏向であり異端と見なすところにまで進んだ。必要なのは心的状態の冷静な調節であり、これが現世と人間とに対するあらゆる渇望からの内面的離脱を保証する。あらゆる人間に共通なことは「すべての意志は存在することを欲している」[★1]という一点のみ。生への意志、渇望、これだけが自我を作っている。個人は死ねば再生しない。霊魂の実質は存在しないか、ら。輪廻による新たな自我は渇望によってのみ作り出される。業因果律を引き起こすのはこの渇望であり、これが悟りを妨げる、とされた。仏教とは、行為における世俗内的動機の一切を絶滅することを特徴とし、集中的な思索と純粋な瞑想との純精神的体系化を徹底したものであった。インド的救済技術論の極致とすらされる原始仏教の創始者仏陀について、ヴェーバーも、「特殊ヒンドゥー教的思想についてまさに莫大な量の教育を受けることなしに、彼の講義や対話についていくことは絶対に不可能」(インド三〇四頁)だとした。

4　教団と大衆

❖ジャイナ教

クシャトリア貴族生まれのマハーヴィーラはジャイナ苦行の創始者とされる。苦行(禁欲)・瞑想・学習によって、完成した苦行者は「涅槃」(のちの生前解脱のこと)に入る。この涅槃状態は存在一般からの解放にまで昇華された仏教の場合と違い、身体からの解放を意味した。一切の罪と欲を捨てた先に、この現世逃避の型は「家庭をもたぬこと」を基礎に据えた。

ジャイナ教もヒンドゥー教も西暦前七〜六世紀に成立をみたから、各派の抗争のなかでそれぞれの教理などの個性が形成されたことになる。ジャイナ教は苦行を共にする職業的僧侶教団の形をとる。古典的規則は僧侶に休みなき遊行の義務を課した。これを核に、僧侶の指導下にある家庭をもつ俗人の共同体が組織された。僧侶の生活と活動を物質的にサポートする俗人と地域(教区)が組織され、遊行は布教に有効だった。僧侶は俗人の教師として生活を規律づけた。なかでも「不殺生」の教えが規則の頂点にあり、その徹底は信徒の農業・工業従事を不可能とした。所有の制限も俗人には重要な戒律だった。必需品以上の所有は禁止されたから、余剰分は寺院などに寄進された。ただ、禁止されたのは富の獲得それ自体ではなく、富の追求やそれへの執着だった。こうして彼らは商業に活動の場を集中させ、政治寄生的営利チャンスには関与せず、かの「正直は最良の策」原則を生きた（インド二六八頁）。ジャイナ教徒商人は流通業に大きな地歩を占めることとなった。さらには銀行業・金融業に特化してゆく。ただし商業資本主義にとどまり、工業の組織化には関わらなかった。

✣仏教

原始仏教もこれに似た状況であった。教会や共同体の設立は本来の論理からして仏陀には不可能事である。現実の教団形成はそれゆえ矛盾ですらある。初期には弟子や俗人への控えめな助言程度であったという。家庭人たる俗人は、遊行者への喜捨による支援が最高の功徳にして名誉となった。だが当初の助言はのちに俗人倫理の形をなす。諸戒律が定式化され、その遵守によって富や名声が、また再生機会の改善も期待された。信徒集団は教団になった。

しかし開祖自身が示した静寂主義と事業活動の二元論には、行為の倫理と瞑想の技術規則の矛盾が残ったままであり、また世俗倫理と僧侶倫理の間には溝がある。こうして後代に俗人用に作られた救済論は「秘蹟的・聖者崇拝的・偶像崇拝的あるいは言語崇拝的な儀礼宗教類型の道」（インド二九五頁）を行くほかなかった。

✤アジア的宗教類型の一般的性格

最後に『ヒンドゥー教と仏教』末尾の一節を引いておこう。ヴェーバーは、アジアの知識人がもっぱら自分自身のための救済を追求したことにより、社会が知識人・教養人階層と無教養な平民大衆とに分裂したことを指摘する。知識人の生活態度は、超日常的なものの追求において模範となる預言者や賢人の範例に向けられた。

平民にとっては、自らの日常を合理的に形成するための倫理的な使命の預言は何も現れなかった。だが西洋において、とくに中東において、それと結合した広範な結果を伴って、かかる預言が出現したことは最高度に特殊な歴史的布置状況によって規定された。これらがなかったならば、自然的諸条件のあらゆる相違にもかかわらず、そこでの発展は、容易に、アジアの道、とくにインドのそれに似た道を進むことになったかもしれない。(インド四七三頁)

その倫理的な使命預言が次作「古代ユダヤ教」の中心テーマとなる。

テキスト

「中間考察」前掲『宗教社会学論選』所収。(中間考察)
『ヒンドゥー教と仏教』深沢宏訳、一九八三年、日貿出版社。(インド)

参考

大塚久雄『社会科学の方法』岩波新書。

大塚久雄「マックス・ヴェーバーのアジア観――とくに彼の共同体理論について」『大塚久雄著作集第七巻』一九六九年、岩波書店。

埴谷雄高「死霊　第七章」一九八四年。

註

★1――ヨーロッパの仏教研究がショーペンハウアーに負うところがあることは別としても、前川輝光(『マックス・ヴェーバーとインド』一九九二年、未來社、二二八〜九頁)はヴェーバーの原始仏教の研究が、ショーペンハウアー/ニーチェ思想の系譜上に成立しうることを説く。前川自身の狙いはヴェーバーのテキストにバラモン・クシャトリア対抗をきちんと析出することである。

第13章　使命預言の宗教

旧約・新約とは、旧い約束・新しい約束のことであり、どちらも聖書である。ヴェーバーはイスラエルの宗教的発展が世界史的意義をもつのは旧約聖書を作り出したことだと記している。だが、神話や伝承の入り混じった旧約聖書を素人が読んでもサッパリ理解できない。それでも古代史研究の成果を学ぶと、それが特異な文書であることが見えてくる。ヴェーバーは当時の古代史研究や旧約学の成果をふまえて「古代ユダヤ教」を書いたから、私たちは、それに触れることで旧約聖書を少しは楽しみながら読めるようになる——かもしれない。本章の効能として多少は意識したことである。

1　課題の確認

前章末尾では、平民の日常を合理的なものたらしめた倫理的使命預言がなかったら西洋もアジア的・インド的な道をたどったかもしれぬこと、だが実際にはそれが「最高度に特殊な歴史的布置状況によって」出現したこと、が示唆されていた。そして西洋と東洋を分けたこの使命預言の登場をイスラエルの宗教的発展にたどること、これが「古代ユダヤ教」の課題とされた。だから、当初に予定されたイスラム教とキリスト教が欠けるから内容としては未完・中断であり、結果として「世界宗教の経済倫理」の最後が「古代ユダヤ教」となったが、東西比較の論理としては一応の完結をみている。

ヴェーバーは論稿の冒頭、インドのカーストとユダヤ人の社会学的比較を行いながら、課題を具体的に設定してゆく。ユダヤ人とはパーリア民族であった。つまり儀礼的に周囲から遮断された客人民族であるが、それだけならインドの賤民諸部族と同じである。両者を分ける三つの重要な事情がまず説明される。一、ユダヤ民族はカースト秩序のないところでパーリア民族となった。二、カースト世界では上位カーストへの再生という救済が見込まれたが、その世界は永遠の秩序として前提されていた。永遠とは「歴史」をもたぬことである。これに対しユダヤ人には、世界の秩序の転換という形での救済の約束が与えられた。しかも彼らの行為とそれにたいする神の反応による革命という、救済の形がまさに歴史的所産として構想されていた。三、その行為には極度の儀礼的厳正が求められていたが、同時にそこには、一切の呪術から解放された、高度に合理的な世俗内的行為の宗教倫理があったのであり、これがアジア的諸宗教のあらゆる救済方法とは異なっていた（ユダヤ一九〜二一頁）。これらのことについて歴史具体的に説明することが「古代ユダヤ教」の課題となる。

ちなみに古代ユダヤ教を前章1節の類型でみると、世俗の生き方の倫理化に向かうので②の現世逃避よりは①「現世内的禁欲」に近いが、達人的宗教意識からすると神秘論を含むところがあり、④「現世内的神秘論」の一変種あたりに位置づくのではないかと思われる。

2　古代史と旧約聖書の世界

古代イスラエルの歴史

✣古代の国際環境

パレスティナ地域は古くよりメソポタミアとエジプトという二大文化中心地の影響にさらされてきた。紀元前三千年期にはアモリ人(西セム族)に、ついで前三千年期終わり頃に台頭したバビロニアの勢力に左右された。だが前一七世紀以前にこの地を永続的に支配することはできず、馬が軍事的に利用されるようになってから、遠隔地征服の遠征が刺激された。エジプトには前一八～一六世紀にヒクソス(セム族)がシリア・パレスティナ方面から侵入して王朝を建て、パレスティナも彼らの攻略をうけた。エジプト第一八王朝を建てたアメノフィス一世はヒクソス人支配を排除し(前一五五〇年頃)、さらにはユーフラテス河までの征服を試みた。王朝の拡張傾向が弱まっても臣下の一部はパレスティナにとどまった。第一九王朝を建てたラムセス二世(ラメス二世とも表記される)は、小アジアから南下したヒッタイト王国の侵攻を受けて戦闘におよび、結果、シリアは分割されてパレスティナはエジプト支配下にとどまった。このラムセス二世治下で、旧約聖書に描かれたモーセ率いる「出エジプト」の出来事（前一二八〇年頃）があったとされる。

その後しばらくはヒッタイト、エジプトの両王国は主に内政的事情から弱体化し、シリア・パレスティナは事実上放任されていた。この地で国際環境の激動が再開するのは前九世紀、新たに興ったアッシリアが軍事侵略を開始したときである。前八世紀にはイスラエルに侵入した。前七世紀からはバビロニア（新バビロン王朝）の侵入があり、エジプトも同時期に侵入してきた。この間、パレスティナの地ははじめアッシリア王朝に徐々に奪われ、一部はエジプトが奪回し、最終的にはバビロニアの領有となった。だがその王朝も、キュロス二世の建てたアケメネス朝ペルシアに前五三九年に倒された。

❖過酷な運命

イスラエル人《びと》がどういうものなのかはよく分からないらしい。ただ、この地の弱小民族の一つとして独自の繁栄を謳歌できる余地は、上記の国際環境の緊張が緩んだ前一三〜九世紀の「中間の時代」にしかなかった。「つまりパレスティナにおいても外国の諸大国から独立した発展が見られたのは、ギリシアでいえばいわゆるドーリア民族の移動が見られた時期に当たり、政治上および商業上の国際的諸関係はひろく一般に衰退を見た、あの中間の時期においてだけだった」のであり、この時代こそ「イスラエル連合の、成立の時代ではないにしても、なんと言ってもその軍事的高揚の時代なのであり、またダビデ王国やついでイスラエルおよびユダの王国の軍事的最盛期に当たるのである」（ユダヤ二七〜八頁)。

エジプトを逃れたおそらくは諸部族の入り交じった集団は、パレスティナに入り、戦闘を繰り返しながら定住と国家形成を行なった。前一一世紀末に最初の王サウルの名が残っているが、軍事的指導者であっただろう。そのあとをダビデが継いで王国が建てられた。その子ソロモンは(前九六一年頃)他の勢力との統一王朝を築き、エルサレムに神殿を建てた(第一神殿)。ソロモンの死後(前九二二年)、王国は北のイスラエル王国、南のユダ王国に分裂した。北王国は前七二一年にアッシリアに滅ぼされた。南のユダ王国は前六世紀はじめにはバビロニアのネブカドネザルの侵入をうけ、第一回のバビロン捕囚(前五九七年)が行なわれた。二度目の侵入では首都エルサレムが陥落し、二回目のバビロン捕囚(前五八七年)となった。ほぼ四〇年後、前述のようにペルシアがバビロン王朝を倒し、イスラエル人は祖国帰還(前五三九年)を許された。このあとエルサレムの神殿建設が着手され、前五二〇(〜五一五)年ころに第二神殿が成った。

ペルシアの支配下にあったパレスティナは、前四世紀後半にはアレクサンダー大王が大遠征でペルシアを倒したためギリシアの支配をうけ、ヘレニズム文化圏に包摂された。大王の没後、後継者争い(ディアドコイ戦争)の結果、プトレマイオス朝エジプトの支配となるが、セレウコス朝シリアとの争いが続き、前二世紀はじめにはシリアの支配となった。

旧約聖書

✣旧約聖書の成立

イスラエル民族史の態をなす旧約聖書ではあるが、そして古くからの伝承・記録を取入れてはいるが、文書はあくまで構成されたものである。編纂は、紀元前六〜四世紀から後一世紀末までの、ほぼ五百年の時間がかかっており、中味のテキスト自体が書かれたのは前二世紀から、古いものは前八〜七世紀までさかのぼるという。だから主要にはバビロン捕囚のなかで、およびそれ以降にまとめられた。担い手については後述する。ヴェーバーは当然、当時の古代史と旧約学の研究成果をもとにしていた。聖書研究では、たとえば、律法(トーラー、モーセ五書)と称される冒頭五章(創世記、出エジプト記、レビ記、民数記、申命記)部分の元になった文書については、神をヤハウェと称するヤーウィスト史料とエロヒムと称したエロヒスト史料があったことが明らかとなっており[★1]、両者の関係も研究されていた。ヴェーバーも両者の違いについてはテキスト第一章一八節でかなり論じている。

これだけのことから、学術的にではなく実践的に言えることがある。ヴェーバーが目をつけた元の史料の違いは、前六〜四世紀の編纂・編集・執筆の時期においても、消すことのできない古い時代の慣習・儀礼や風土の具体的内容が残されていて、聖書のなかに伝えられたことを示している。そしてそれらの内容は、聖書製作者たちによるその後の新たな出来事の、またとくに預言者の活動の意味づけを読み解くさいの手がかりにもなる、ということだ。「古代ユダヤ教」のテキストには、ヴェーバーが「特殊な歴史的布置状況」を解明するときの徹底した姿勢がこうしたところに示されているので、あえて触れておいた。

❖ベリース(契約)

イスラエル宗教発展史の特性はどこにあるか。まずは特異な神観念であろう。「イスラエル」人なるものは、モーセに率いられてエジプト脱出を果たした諸部族の連合体が、自らを宗教的誓約同志共同態[★2]として神と契約(ベリース)を結んだところから始まる。名称自体は創世記(三五章一〇節)に、つまりモーセの生まれるずっと以前に、「あなたの名はヤコブである。しかし、あなたの名はもはやヤコブと呼ばれない。イスラエルがあなたの名となる」という形で登場し、神によって名を与えられたとされた。ヤコブの子が一二部族名になっている。

ヤハウェは戦争神であり、イスラエルの民は軍事連合であった。通例、契約とは神を保証人として人間同士の間に結ばれるものと考えられるが、ここでは、ヤハウェとイスラエルの民との間に結ばれた契約なのである。つまり神が契約当事者なのだ。実態については歴史的な変遷があったことが知られているが、形式的には一二部族の同盟と神との契約なのである。

ここからまずヤハウェの側に、この契約によりイスラエルの民に対する一種の規約履行の義務が負わされることになる。それはイスラエル人の戦勝と繁栄を保証することと考えてよい。

人間の側では、契約主体の同胞的な結束が前提となり、契約違反は神への裏切りということになる。

かくしてイスラエル人にとって神は絶対的な存在でなければならなかった。ヤハウェは人間に律法を与えたから、これを遵守しなければ罰を与えてよいことになる。ベリースには同胞愛の諸規定も含まれていたので、イスラエルの民の同胞的結束は、誓約による団体結成と神との不可分な関係に裏打ちされたものでもあった。

現実の戦争には勝利も敗北もある。また律法を破ったときに必ず罰せられるということでもなかった。ここから、神はいかなる性質をもつものかについての思索が深められた。ヨブ記に登場する神は、悪魔のささやきに耳を貸してヨブを幾度もいじめ、リバイアサンやビヒモスを造ったのは私だとヨブに自己の力と偉大さを主張し、最後は、ヨブの深き信仰に応えていた。当初の戦争神からはかなり離れた形象のようだ。

預言者

✤社会構造

イスラエルの預言者は「禍《わざわい》の預言」をなす者であった。古代社会では諸文明において神託とか預言が一定の役割を果たしたとされているが、それは事実上政治的デマゴーグというべきものであっただろう。したがって預言は支配者の行動を正当化したり、都合の悪い内容ならば無視されたり、というところであった。

イスラエルの預言者の特異な点は、第一に、神が預言者を介して民に告げる、という形が貫かれたことである。あくまで宗教的動機から、しかもときに預言者は自己の意図に反して神の言葉を語らねばならなかった。そして第二に、預言者には平民的支持基盤があったということである。捕囚以前の預言者はイスラエルに訪れる禍を伝えたが、これは、神の下す罰とされる。この後者の点を理解するためには「古代ユダヤ教」全体の理解につながる論点の知識が必要となる。

ヴェーバーは「古代ユダヤ教」をイスラエルの社会構造・社会層の分析から始めている。古来の社会構造は栄華を極めたとされる王国統治下で変質する。まずこのことが基層をなす。戦争の神ヤハウェがなぜ倫理的な律法を民に与えることになったのか、ということに関わってくる。社会倫理的規定が登場する背景は、明らかにこの社会構成の変動である。聖書からうかがえる基本的な社会構成は、単純化すると、戦闘力をもつ土地所有農民氏族（ギッボリーム）および牧羊者氏族と、手工業者・日雇い・楽人ら被保護関係にある客人氏族・部族（ゲーリーム）とから成っていた。これが変質し階層分解が進行する。軍事技術の高度化や債務による没落があって、自由農民が武装自弁できず軍事団体から排除されてゆく。それと対をなして都市定住貴族の所有地拡大があり、自由農民は債務奴隷化した。つまり自由農民が没落し、手工業者・商人を実態とする平民層へと収斂していった。王国は、祖先が逃げ出したエジプト同様の賦役国家化の道をたどりはじめていた。

✣レビ人《びと》と祭司

この社会的没落者を救い保護しようとする態度が、同胞愛の実践である。「中間の時代」が終わり、大国の圧力が増す。そのとき「なぜイスラエルに苦難が降り掛かるのか」の問いには、まずは「神の怒り」の答が用意される。そしてそれは「なんらかの罪の結果」であろうと考えられた。預言者を登場させる前に、平民層の日常的な「どんな罪か、どうすればいいのか」に答えようとしたレビ人と祭司の存在を見る必要がある。レビ人とは、インドのバラモンに対応する職業的身分をなした宗教人で、古くは客人部族の典型的なものであった。実態はおそらくレビ人祭司から平信徒レビ人まで多様であり、バラモンと同様に家庭祭司の需要に応じていた。

彼らは日常生活において、平民の個人的な苦難の相談を受ける立場にあったから、自らの律法の知識に依拠して指示を与えた。つまり司牧活動、「魂への配慮」を業務としていた。相談に来る顧客の問いとそれへの解答の範例を決議論的に固定化していく過程で「罪のカタログ」が生まれ、それに応じて儀礼的・倫理的規定も明確化されていった。この過程で倫理の実質上の内容が刻印づけられたであろう。

レビ人や祭司たちは、支配的ギッボリームに抑圧された社会層の利害を知り、また社会変動・階層分化の実情を知る立場にあり、政治的には支配層への反対派を成したであろう。こうした社会的反対派をいわば共鳴板とすることで預言者の活動が行なわれた。預言者は律法に反した社会状況を告発し、国に禍がもたらされると伝えた。彼らは、既成の倫理を「信条倫理的に昇華」した。彼らがこの倫理の内面化・統一化をはかったことで、同胞愛倫理は、外面的儀礼主義よりも内面的動機のほうを尊重する、という契機を含むこととなった。しかしこの同胞愛は、あくまで「イスラエルの民」という枠を越えることはない。それは「普遍主義的同胞愛」には到らず、そこには「対内道徳と対外道徳」という二元主義原則が存在した。その打破は、ずっと後のパウロの課題となる。——少し先走りすぎた。

❖出エジプトの意味

預言の迫真性という点もイスラエルの特性である。後の預言では、なんといってもバビロン捕囚と帰還がその大きな要因となった。捕囚以前についてはエジプト脱出である。

あらゆる預言者が、神の力の、また神のもろもろの約束が絶対的に信頼しうることに、真のしるしであると考えた事柄、またイスラエルが絶えず神に対して感謝すべき責務のしるしであると預言者が考えた事柄は、エジプトの軍隊の紅海における奇跡的壊滅によるエジプトの賦役義務からの解放なのである。(ユダヤ二九二頁)

幾人もの預言者を通じて、ヤハウェは民にこのことをくどいまでに告げていた。それまで知られていなかったヤハウェがモーセに現われ、出エジプトを期に部族連合としてのイスラエルが成立したのだから、その意味は決定的と言えるものであった。

旧約の編纂

✣祭司階級

禍の預言は的中することによって威信を得る。イザヤやミカ、エレミヤたちの預言どおりエルサレムが陥落し、また預言どおりに捕囚からの帰還が実現した。とはいえ外れた預言も多かったであろうが、それらは忘れられる。ともあれ過酷な運命にさらされるイスラエルの民を、ヤハウェはなぜ助けようとしないのか。

彼らはバビロンにあって捕囚民の教団を形成し、教団の指導の下に儀礼的な法典を制定することにより、異国の地での客人民族としての一体性を儀礼的にも確立した。ここにユダヤ教とユダヤ人が、教団として形成された。外国人からの儀礼的遮断は彼らにパーリア民族の地位をもたらした。この過程を指導したのは祭司階級であろう。彼らは、有力氏族・平民層・客人部族(レビ人を含む)そして預言者という自余の社会的な勢力を圧する立場にあった。捕囚期から帰還後の一連の動きを指導したのは祭司である。ペルシアの支配者もその形を望み、またその方向へと誘導した。

さきの「なぜヤハウェは助けないのか」の問いを正面から受けとめねばならなかったのも、この祭司であった。

この世界の進行について驚嘆する能力こそは、この世界の意味を問うことを可能にする前提条件である。イスラエル人が捕囚前に共通にもっていた、そしてかれらにかような問題提起の機縁を与えた、出来事が何であったかといえば、それは、もろもろの偉大な解放戦争と王国の成立、賦役国家および都市定住文化の成立、諸大国による威嚇、しかしとりわけ北王国の崩壊と、そして忘れられていない栄光の最後の名残りである南王国の、すべての者がしかと目撃せる同一の運命、であった。それから捕囚である。諸解放戦争は戦争の神であるヤハウェの威信を創造した。古いヤハウェ招集軍の担い手たちの社会的零落と非軍事化とは、ヤハウェ主義的歴史哲学伝説を創った。だが神義論のまことに巨大な諸問題は、王国崩壊の威嚇がはじめて投じたのであった。(ユダヤ五〇九頁)

✣神義論

神のいかなる意図によってこの世の出来事が生じるのか。預言の苛烈さは的中の不安を増幅し、また的中して厳しい現実を惹き起こす。そのなかで信仰の共同態の結束が強化され、パーリア化が進む。しかし、ある神(ヤハウェ)がある民を契約相手に選んでおきながら、「敵に対して保護しないばかりか、むしろ侮辱と奴隷の運命におちるのをゆるし、みずからそうさせる、というような場合、そういう神に対してただますます熱烈にすがりつくというのは、まさに空前のパラドクシー」であり、これは「預言者の告知がもった強力な威信以外によっては説明のつかないこと」(ユダヤ八六一頁)であった。正確には預言の的中による威信というよりも、出来事が預言の成就として解釈されたことに基づいていた。
このユダヤ教にとどまらず、現世の不条理について、徹底的に考え抜くことは知識人層の仕事であろう。私たちはすでに儒教とヒンドゥー教においても同様の場面に遭遇した。この知性の担い手の性格特性が「どこからどこへ」救われるのかという宗教的核心問題のあり方を規定するのは当然であろう。

イザヤ書（四四〜四五章）にはこう記されている。

キュロスに向かって、わたしの牧者　わたしの望みを成就させる者、と言う。
エルサレムには、再建される、と言い　神殿には基《もとい》が置かれる、と言う。
主が油を注がれた人キュロスについて　主はこう言われる。
わたしは彼の右の手を固く取り　国々を彼に従わせ、王たちの武装を解かせる。
扉は彼の前に開かれ　どの城門も閉ざされることはない。

新バビロン王国の滅亡とユダヤ人の帰還がペルシア王キュロスの功績であることは確かだ。だがイザヤ書では、イスラエル人の神であったヤハウェが、ペルシアの王をすら自らの司る世界の運行のコマのごとくに扱っているのである。九章ですでに述べたように、ヤハウェは世界の神、ユダヤ教の個別性を越えた、普遍的な存在としてここに立ち現われている。これが世界解釈の一つの帰結であった、といえよう。

もう一つの例を。ペルシアは、本書7章4節でも触れたように、統治下の諸民族の宗教的自治を容れる支配政策を採った。それは王室の宦官であったネヘミヤを帰還させてイスラエルの神殿再建をサポートする、ということにも現れていた。「ネヘミア記」に以下のような記述がある。

総督ネヘミアと、祭司であり書記官であるエズラは、律法の説明に当たったレビ人と共に、民全員に言った。「きょうは、あなたたちの神、主にささげられた聖なる日だ。嘆いたり、泣いたりしてはならない。」民は皆、律法の言葉を聞いて泣いた。……（八章九節）

一方で主は世界の神に普遍化されたが、他方でユダヤの民の中では、神殿復興と都市エルサレム再建の過程において祭司の指導的地位が確立した。そのことは、彼らの観点からの「聖書」作成事業となることの前提であった。

3 パーリア民族

✣ 預言の特異な位置

イスラエルの預言者は此岸的な禍を告知した。律法（トーラー）に従う生活から離れた罰として。この場合の人びとにとっての律法とは、ヒンドゥー教や仏教のような「思想家たちからなる高貴な文識者層の個人的救済探究の努力に発した」(ユダヤ七一〇頁)ものではなく、先に見たような罪のカタログにまで整理されるような日常的な懺悔・贖罪の慣行というレベルのものである。イスラエルの民がトーラーを遵守すべきことは契約による義務なのであった。つまり、日常的道徳を社会的義務として守るという実にシンプルなルールが、特別な「神に選ばれた一民族の倫理的に特別の義務の対象にまでされて、ユートピア的な賞罰をもって厳命されたということは、大きな歴史的パラドキシー」(ユダヤ七一二頁)なのであった。イスラエルの救済は、日常道徳的に正しい行為にかかっていた。

ここから、レビ人のトーラーから受け継がれた日常の倫理的命令内容を守ることは神の計画である禍と救済にかかわるものだ、という極めて実践的な行為動機が人びとに与えられた。そして神に喜ばれる行為とはどんなものかについての思索が展開された。これは、預言者、レビ人、平信徒の共同作業として行なわれたものと受けとめることができる。しかし、ヤハウェはエルサレムの破壊と再建までも行なうであろうという恐ろしい預言とその成就は、上述のレベルの視野を越えたものであり、また逆にこの預言なくしては、上述の日常的倫理規定の合理化や信条倫理的純化も進まなかったであろう。捕囚を契機に当初の政治的同盟から宗教的団体となったユダヤ教団は、一種の終末論的待望に迫られて、自らを古き儀礼的民族共同態の継承者として自覚したのであり、モーセの律法(トーラー)の信条倫理的純化をなしとげた。

およそ復讐欲とか希望というものは、当然のことながらここでも信者たちのあらゆる行動の原動力ではあったが、政治的に壊滅された団体に宗教的結集力というものを与えることができたのは、これらの激情的待望観の満たされる日をやがて自分で体験できるのだ、という希望をすべてのひとに与えた預言のみであった。（ユダヤ八〇〇〜一頁）

ヴェーバーは、この終末論的な告知が古くからの律法の遵守を実践倫理としたことをこのように説明している。ここに「理念と利害の社会学」（本書10章2節）に図式化した例をみることができるだろう。預言の告知内容（＝理念）によって向かうべき方向が示される（＝転轍手）ことで日常的行為に意味づけがなされ、その軌道を物質的・観念的利害関心が行為を推し進めることになる。

❖パーリア化

イスラエルでは、元来は外国人に対する儀礼的遮断が存在せず、宗派団体への発展のときに排他性が必要になってきた、という。たしかに捕囚以前にも、寄留者層（ゲーリーム）を自らの儀礼的秩序の中に取り込むときに、その資格や程度に関して、つまりは儀礼的線引きに関する議論はあった。だが捕囚期の祭司の説教はゲーリームとの間のすべての儀礼的差別を終わらせ、「一つの法」が永遠に妥当するよう命じた。この捕囚期の内部一体化は状況の強制と見ることもできよう。外国人であってもイスラエル人と運命をともにする部族の人びとまでが範囲であることに変わりはなかった。

また新バビロン王国・ペルシア王国の支配により、固有の政治的領土をなくしたため、宗教的・儀礼主義的団体としてのユダヤ人は、自らが今後国際的な居住を進める客人民族となった。このことは政治的領土の理念的価値を儀礼的に固定化し、犠牲はエルサレムでのみ捧げられるべきであり、イスラエルの地には儀礼的に清浄な者のみが住むべきである、とされた。

特異な契約のあり方からして、イスラエルの民は「選ばれた」民族つまり選民であり、この選民思想を基礎に特殊儀礼的・倫理的なもろもろの義務・権利がたてられた。対内・対外の道徳の二元主義は、それ自体としては素朴なものであり、伝統主義的世界のどこにでも見られるものであろう。だがイスラエルでは、この二元主義は「ヤハウェ共同体」のために、明確な儀礼的・倫理的な基礎づけが与えられたのである。対内的には、経済領域においてまず利子取得禁止に鮮明に表現され、ついで社会的保護規定・兄弟愛の信条の規定があった。寡婦や孤児、レビ人(ゲーリーム)に対する保護規定は、律法(トーラー)の各所に繰り返し述べられている。

これが対外的となると、「信仰上の兄弟に対しては厳重に禁止された特定の種類の行為を、信仰上の非兄弟に対してはどうでもよいことだと刻印を押す」(ユダヤ八一七頁)こととなった。インドのジャイナ教徒やクウェイカー教徒が、神なき者との取引でごまかしをせずに、公正で合法的であることが自らに顧客をヨリ多く引きつけた、ということが知られている。だがユダヤ教の経済倫理では、対外関係の倫理的合理化へと導くような救済論的動機・宗教的報償は全く欠けていた。これはズルをすることを勧めたということではない。ユダヤ人の場合、生活態度の中で信仰の確かさを確証する場は、経済活動とか世俗の合理的支配といったことではなかったのである。彼らが捕囚先のバビロンで有能な営利活動を展開したことは知られていた。それはその後も客人民族として現実に関与するかぎりでの有能さであったから、近代資本主義へと結びつくような展開は見られなかった。

❖儀礼主義的遮断

捕囚教団の祭司たちがバビロンで仕上げた「法典」は、教団の儀礼的遮断の遂行を説いた。そこには雑婚の絶対的禁止、食卓共同態の拒否、食事に関する規定(血抜きしない肉を食べない等)とそこから要請される屠殺の儀礼的管理、安息日の遵守とそこからくる軍役拒否、服装の規定などが含まれていた。

こうしてバビロン捕囚教団の主導の下における儀礼的法典の権威的制定と、捕囚民の教団形成とによって、ユダヤ人は「エルサレムに一つの礼拝中心地と一つの中心的教団をもち、また国際的に諸支部教団をもつところの、一つのパーリア民族となった」(ユダヤ八五九頁)のである。しかもパーリア民族となってしまった状況を忍耐強く耐えること、「悪には暴力で抵抗してはならない」が栄光化された。神の御業を信じて試練を引き受けるものが救済者となる。

パーリア民族状況それじしんならびにその従順な忍耐は、その状況が一つの世界史的伝道という意味を与えられることによって、神の前における最高度の宗教的尊厳と名誉にまで高められる。

苦難というものをこの世界の救済に役立つべき手段として熱烈に栄光化したということは、明らかにこの預言者〔第二イザヤ〕にとっては「お前の名を、いつか必ずや諸民族の祝福のことばにしてあげよう」というアブラハムに対する約束を、究極的にかつ彼の流儀において最高度に高めるということを意味しているのである。（ユダヤ八八九頁）

かくして捕囚による外圧的パーリア化は、祭司的知識と預言者的情熱の作業を通して、苦難の神義論を産み出した。ユダヤ人は、自らをパーリア民族として自覚し、組織し、遮断し、人類史的使命を引き受けるにまで至ったのである。

4 「パリサイ人《びと》」について

マックスの死後、妻マリアンネが発行した『宗教社会学論集』第三巻には、「古代ユダヤ教」と付録の「パリサイ人」が収められている。この付録を少しだけのぞいておく必要がある——あくまで少しだけ。その書き出しを見よう。

マカベア時代以来、ユダヤ教に結局最後決定的な特徴を刻印づけたところの、あのまことに重要な変化がユダヤ教に生じた。パリサイ主義の発展、これである。その先駆者はマカベア時代の民族的高揚の時にまでもさかのぼる。まず第一にその運動の中心に位置していたのは、ユダヤの社会的上層をなびかせたヘレニズムに対する反動であった。（ユダヤ九一一頁）

ここには重要な論点がある。つまり、日本人の筆者に限らず、ヴェーバーの同時代人たちがユダヤ人・ユダヤ教について抱くイメージは、ヴェーバーが「古代ユダヤ教」で描いたものと直接つながってはいない、ということだ。「古代ユダヤ教」の後に原始キリスト教およびそれ以降の展開についてもヴェーバーに執筆予定があったことは知られているが、「ユダヤ教」についての記述はこの「パリサイ人」だけ、ということになる。「倫理」論文発表後に起こった「資本主義の精神」をめぐる論争では、ヴェーバー批判の側でユダヤ人の営利活動が引き合いに出されていた。たしかにヴェーバーもユダヤ人の営利観念や営利活動からは近代資本主義につながる経済倫理が生まれなかったことは強調している。だがユダヤ教徒の抱いた、経済倫理を含む社会倫理や宗教意識について、ヴェーバーが積極的に説明したテキストはない、ということなのである。これがのぞいてみる必要性の理由の一半だ。

もう一半は、引用中に「重要な変化」と記されているということ。ヨーロッパ人や、日本人でも専門家なら常識かもしれぬが、そうでない者にとって「ユダヤ教」を具体的にイメージするのはなかなかの困難事である。このさいヴェーバーから少々学んでおこうという気になってもよかろう。

セレウコス朝下のイスラエルでは、マカベア戦争（前一六八～一四二年頃）が起こった。ここでは、エルサレム神殿がヤハウェでなくゼウスを祀るものとなることへの反発を背景にしたもの、とみておけばよかろう。パリサイとは、儀礼的に不浄の人や物から「遠ざかる」人たちを意味した言葉を語源とした。彼らはユダヤ人社会の中で教団形成を行ない、これを中核とする運動を展開して、ユダヤ人居住都市すべてにこの教団の分枝をおいた。彼らは相互に兄弟(ハーベール)として高度な人格的厳正さを要求していたから、祭司に代わる信頼を得ていった。この運動は自分たちをギリシア人からだけでなく、不浄なユダヤ人たちからも遮断したため、パリサイ人の「聖き《きよ》者」対「律法を知らず、また守らぬ無知の者、農民」という対立構図ができた。対立が高じてパリサイ人は自らを儀礼的カーストのごとくにまで遮断するに至った。

遮断は儀礼的に清潔でない祭司やレビ人に対しても及び、そういう人には礼拝の奉仕や食卓共同態、交際すらも拒んだ。これは「倫理」論文のところでみたセクト運動の形である。移動してきた兄弟には当地の共同態に迎え入れて推薦状を用意し、本人の社会的利益をはかった。これは「そもそもゼクテというものがいたるところで(もっとも著しい場合には近世のピューリタンや洗礼派のゼクテの諸領域で)作用を及ぼしたのとまったく同様の現象」(ユダヤ九一六頁)である。この兄弟関係、社会的ネットワークは、マカベア時代以降の離散ユダヤ人が各地の異質な環境世界で儀礼的生活の固持を通じて生き抜いた理由である。

その後、ローマの支配化に入ったユダヤ人は、ローマへの反抗・戦闘(第一次ユダヤ戦争、六六〜七三年頃)を鎮圧され、その過程でエルサレム第二神殿も崩壊した(七〇年)。この崩壊以降、パリサイ人の支配が確立し、ユダヤ教といえばパリサイ派的なるものがその内容として理解されるようになった。

律法について知識をもち、人びとを指導したのはラビと呼ばれる平民的知識人であった。ラビとは本来「我が師」を意味した。ラビたちは一切の神秘主義的救済方法をいかがわしいものと考え、非合理的・熱狂的救済手段を拒否した。個人については律法とその履行のみが考慮された。

……ユダヤ教の聖書に語られている「合理主義」、なかんずく道徳主義的な、しかしまた実践的＝宇宙論的でもある「合理主義」は、おそらくナザレのイエスの物語を例外として、世界中の他の聖典には見ることができないような、直接に大衆的に、そしてまさに決定的に重要な部分において、子供に理解できるように仕組まれていたのである。（ユダヤ九四三頁）

引用文中の「実践的」はプラグマーティッシュの訳語である。この世界の出来事すべてを子供にもわかるように合理的に理解できるように構想する唯一神の実践主義（プラーグマ論）。理解可能性を高めること。教団では、教理や説教、読書、神話、賛美歌などが、信徒の行為動機の合理的形成に資する仕掛けとして用意された。実践的とは、この行為動機の合理的理解に関わる諸条件を主体的に捉える態度のことを表現しているのではないか。教団内のこの理解しやすさの追求は、知識人たるラビたちをも「救済のプラーグマ論の軌道を進ませた」（ユダヤ九四四頁）ほどであった。経済について言えば、富を危険視する思想はなく、安息年や債務免除等の規定が精緻化された。そこには経済生活の秩序形成につながる世俗内的禁欲や性的禁欲は欠けていた。ラビたちの平民的な儀礼の教師という性格は律法解釈の技術を育成した。それは抽象的な法的概念の操作にはむかず、抽象的合理的思考とは反対の具体的決議論の形成に適するものとなったのである。

これをふまえてあと一点だけ加える。ヴェーバーはこう論じた。パリサイ主義の「精神」はユダヤ教全体を規定するもととなったが、それはもはや兄弟関係の精神ではなく、「文献研究の精神として」であった。こうした思惟の特異性の形成には、「一部は旧いラビの伝統による拘束性が、一部はしかし固有の社会学的構造が」（ユダヤ九八〇頁）決定的だった、と。ユダヤ人を特異な人種として、その思考様式までもDNAに由来させるような乱暴な人種理論すら世には存在した。ヴェーバーの作業を少し跡づけるだけでも、そうした理論が似而《エセ》非科学以外の何ものでもないことが分かる。ある社会事象を因果的に説明するためには、かくも周到な歴史的諸条件の検討が必要とされるのである。それは法則的知識を駆使しながらも、必然・偶然と呼ぶことさえはばかられるような諸要因や一度限りの出来事の共働をも考慮するものである。

テキスト

内田芳明訳『古代ユダヤ教（上）・（中）・（下）』一九九六年、岩波文庫。（**ユダヤ**）

参考

内田芳明「ヴェーバー『古代ユダヤ教』について」上掲『古代ユダヤ教(下)』所載。

内田芳明『マックス・ヴェーバーと古代史研究』一九七〇年、岩波書店。

横田理博『ウェーバーの倫理思想――比較宗教社会学に込められた倫理観』二〇一一年、未來社。

遠藤周作『キリストの誕生』一九七八年、新潮社。

註

★1――ヴェーバーの依拠した旧約学者ウェルハウゼンの研究では、モーセ五書とヨシュア記の「六書」が一体のものでなく、最古の層をなすのがエロイスト文書とヤーウィスト文書の合併集成された「イェホイスト文書」であり、アッシリア侵入以前の成立と推定され、第二層がユダ王国ヨシュア王時代の「申命記」、第三層がエルサレム崩壊後の時期に属する「祭司法典」であることが明らかにされたという。牧野雅彦『マックス・ウェーバー入門』(二〇〇六年、平凡社)一四二〜四頁。

★2――邦訳『宗教社会学』はVergemeinschaftungを共同体関係、海老原・中野訳『理解社会学のカテゴリー』(一九九〇年、未來社)はゲマインシャフト関係と訳す。内田芳明訳『古代ユダヤ教』(上巻「凡例」xxxi頁)は明確にGemeinschaftを共同態、Gemeindeを共同体とし、Eidgenossenschaftを「誓約同志共同態」とした。ゲマインシャフトを簡単に共同体とは訳せないのだ。また、教団(制定規則を有する共同体)成員と同じ救済への観念的利害関心を抱く外部の人を想定すれば、筆者は共同態の語でこの人を包摂したいとも思う。日本語の問題ではあるが、最後は内容の厳密な解釈・定義に依るはず。本書では〈体／態〉表記の厳密さを欠いたが、便宜的なものと割り切っておいた。

第14章

『職業としての学問』――意味の覚醒

終章までできてしまった。復習をかねながらこれまで見てきた事柄をまとめるべき場所である。論点はほぼ既出のものだが、やや位置づけを変えて扱ってみたい。「職業としての学問」に問われたトルストイ問題をベースに置いて、いかに生きるべきか、学問になし得ることは何か、ヴェーバーの宗教社会学を見たことからなにか引き出せるか、といった問いを念頭においていただきたい。結論先取り的に記せば、冒頭の「自覚的に生きる」の再確認となるはずである。

1　無意味化の進行

主知主義

❖トルストイ問題

本書冒頭に予告しておいたように「職業としての学問」を最後にのぞいてみよう。ヴェーバーはこの講演で、学生をやや挑発する構えをみせている。ともに、学者としての自らのあり方についての自己診断的な考察も交えている。ここではこの後者と思われる部分に関わって簡単な考察を試みよう。彼はこう問題を提出した。学問は、芸術と違って進歩することを運命づけられている。だから学問研究の成果はいつか凌駕され、時代遅れになっていく。この過程が無限に続く。時代遅れになることは、いわば共通の目的でもあるが、そんなものを営む意義はどこにあるのか。

まずは実践的・技術的目的に資するためだ、と答えることができる。学問は専門分化をとげてゆく。そのなかで発揮される技術的効能が高まることにより、様々な事柄についての技術的統御と予測が可能になる。進歩の果てに、私たちはなんでも「理解できるはずだ」と考えるようになった。コンピューターのクラウド・サービスの仕組みを知らなくても、それを安全だと確信して実際に使うことができる。きちんと学びさえすれば、その仕組みは理解できるはず、である。「欲しささえすればどんなことでもつねに学び知ることができる」、「そこには何か神秘的な、予測しえない力が働いている道理がないということ、むしろすべての事柄は原則上予測によって意のままになる」(学問三三頁)ということ、これこそ主知主義的合理化をとげた私たちの考え方であり、「世界の呪術からの解放」のあり方なのである。

この終わりのない進歩の一コマを担う人間は、ほんの一時的なものだけを、一生の仕事として生きる。そこにどんな意味があるのか。

ヴェーバーはトルストイを登場させて「われわれはいったいなにをなすべきか、またいかにわれわれは生きるべきか」と問わせている。学問はそれに答えることができるのか。

専門分化の進行により、医学は延命技術を高度に発展させた。しかし医学は、「命は保たれるべきである」ことを前提に進歩してきたのであり、「生かしておくべきか否か」などという問いを発することはなく、また答えることもできない。主知主義的合理化は「知ることに意味がある」ということを前提として進行する。同様に芸術の領域でも、「美という価値は存在する」という前提は疑われえないのであって、これを基盤に芸術的(審美的)合理化が進展してきた。だから主知主義的合理化の担い手たる学問に「どう生きるべきか」と問うても、答は出てきそうにない。

❖意味喪失の時代

少し整理しておこう。主知主義化の進行とは、自分の生活条件に関する一般的知識の増大ということではない。むしろ昔の人の方が、薬草やら樹液の効能をはじめとする生活上の様々な具体的知識をもっていたであろう。主知主義化とは、上述のように技術と予測による世界支配が可能である、と考えること、科学と技術にたいする信頼(=信仰)を強めることなのだ。この過程は、どこまでいっても切りがないのである。無限世界の追求、文明の進歩も無限、宇宙の拡大も無限だ。さりとてここに生きる人間の問いはあまり変わらない。「いかに生きるべきか」。

さて、終わりのないものに従事して生きるとなれば、人は、生きるに疲れて死ぬことはあっても、旧約聖書に登場する人物のように「生きるに飽いて死ぬ」などということはなくなる。私たちの場合には、無限進行の中での偶然の終止符としての死でしかない。これは、いわば死の無意味化である。ここに「死とは意味あることとか」と問われれば、「否」と答えざるをえぬ主知主義のジレンマが現れている。ということは、その死をもって量られる生の重みも無くなっている、つまりは「生の無意味化」の進行である。主知主義の進行によって私たちは生きる意味を失ってゆく、そんな言い方すらできそうな状況である。主知主義的合理化による「宿命としての意味喪失」、「いかに生きるべきか」の問いに答えられない学問は無意味ではないのか。トルストイの問いはやっかいである。なんでこうなってしまったのか。

「中間考察」――文化諸領域の合理化

なぜそんな状況が生まれたのかについて、やや回り道しながら考えておこう。12章で触れた論稿

「中間考察」の副題は「宗教的現世拒否の段階と方向に関する理論」とされ、そこで宗教との関係で経済・政治・審美・性愛・知の文化諸領域が取り上げられた。それぞれの文化領域が固有の法則性にそって合理化をとげること、そしてそれらが宗教的領域とどう関係するかについての一般的な考察がなされていた。宗教が生に意味を与えるものであったとすれば、そこでの考察は、他の文化領域の展開がそれとどう関わっているかを見るのには適当な素材となる。

✣宗教的合理化

ヴェーバーはまず、宗教の核心にある救いの要求とは、それ自体が「生の現実の組織的・実践的な合理化の試みの帰結として生まれてきた」とする。これをていねいに説明すると、「この世界の出来事がなんらかの意味をもつはずだ」とすれば、現実の不公正や不平等に対する補償を何らかの形で要求する人びとに満足をあたえることが、合理的思考に課された任務となり、それに答えるべく、いわゆる苦難の神義論として展開される内容が、この合理化の試みの所産だ、ということになろう。言い方を変えると、宗教的合理化はこの合理的思考を内的動力として備えている。前の三章で見てきたように、正当な補償は現世では叶い難いから、彼岸の約束とか世俗外での解決のほうが大きな意味をもってきた。現世の減価である。この展開とともに神観念も整備され精緻化されてゆく。その結果として現世の価値はどんどん低くなる。

死や滅亡が、最善の人や事物にも最悪の人や事物にも分けへだてなく速やかにおとずれるというこの事実は、人びとがひとたび時間の永遠なる持続、永遠なる神、永遠なる秩序などという観念を抱くようになると、現世内部におけるまさに最高の価値ある諸財さえも、無価値なものとしてしまうことになりうる。(中間考察一五四頁)

✣審美の世界

救済の観点からは地上の諸文化財が無価値とされ、むしろ告発対象にもされることになる。これを芸術(審美)の側から見れば、事態は別様に映る。美的なるものは存在し、それを感受できる力能はだれにも等しく備わっているわけではない。そこには特殊な能力(カリスマ)が必要なのだ。それは歴史の中で育まれてきたものでもある。審美的価値のある文化財は、いわば趣味のカリスマに結びつけられている。こう説かれるであろう。

だが、「それら(智力や趣味のカリスマを)培い育てるには、同胞倫理にさからい、自己欺瞞によってひたすらそれに適応してゆくという、そうした生き方を前提とすること」(同一五四頁)は避けられなくなる。趣味的・教養的文化は同胞の分断をもたらすものなのである。

例えば、道徳的ないし法的非難であれば、共通の基盤(人格の同等性)を前提した上での差別であり、理念としての連帯可能性は失われていない。「あなたもそうすべきであり、またそうすることができるではないか」という形の非難となろう。これが「趣味が違う」となると、話は異なる。ヴェーバーはこれを、「教養的・趣味的文化における壁は、あらゆる身分的差別のうちでも、もっとも内面的で、かつ乗り越えがたいもの」(中間考察一五四〜五頁)だ、と記している。その意味で、審美的価値の領域は反友愛の世界、宗教的には告発の対象ともなる世界である。それは、世俗の身分制が解消され平等化が成ったのちの、貴族主義の最後の避難所であり、「福音」「愛」(同胞倫理)の対極に位置する世界である。

✣他の文化領域

審美の世界の例では、人類の遺産ともされる芸術作品が罪責を負わされる論理がもっとも先鋭的に現れていた。だが他の領域でも同じことが言える。共同態の秩序が国家という形を取るようになると、その秩序維持は暴力を不可欠とする。暴力に裏打ちされた権力は、国家理性が許す範囲では正義を名目的に考慮するけれども、たえず内外に対する暴力行為を生み、その不誠実な口実をすら作り出しつづける。だから権力とは「あからさまな、あるいはもっと性の悪い、パリサイ的に表面をつくろった愛の欠如態」(同一五五頁)を意味する。政治だけではない。経済も性愛も同様である。

事象化された経済のコスモス、つまり、あらゆる現世内的文化にとって不可欠な物質的諸財を供給するという営みの最高に合理化された形態も、根底からそうした愛の欠如にとりつかれた構成体にほかならない。いや、形成された世界においては、あらゆる種類の行為がすべて同一の罪におちいっているのだ。表面をとりつくろう昇華された野獣性、同胞関係に敵対するような歪んだ気質、正しい観察能力を狂わせるような幻想的な乱れ、こうしたものが性愛には必ずつきまとう。そして、性愛の振う力が強くなればなるほど、それらもますます強くなり、当事者自身には気づかれぬままに、さらにいっそうパリサイ的にとりつくろわれたものになっていく。(同一五五～六頁)

✣知的領域

倫理的宗教意識を支えた合理的認識も、その発展過程においてはもはや合理的宗教意識の要請を越えた、それとは関わりのない、むしろそうした要請を拒否するような進路に向かう。合理的認識の自律的な活動は、現世内に一つのコスモス(秩序界)を形成する。科学は自然的因果律による秩序界を構成するが、これは宗教の領域に産み出される倫理的応報因果律のコスモスとは対立することになる。科学は「知的誠実さ」の名の下に、われこそは「思考による世界観察の唯一可能な形態である」と主張するようになる。知性もまた、「人間のあらゆる人格的・倫理的な諸資質からまったく独立した、したがって同胞関係に反するような合理的な文化所有の貴族主義をつくり出す」(同一五六頁)のであった。

✣文化ペシミズム

こうした文化所有に宗教の側から倫理的罪過を課せられる論理はすでに見た。ヴェーバーは、これに加えてこの「文化所有」に無意味化という事実がまとわりついている、とした。現世において文化所有をめざし、自己完成を遂げようとする生き方そのものが、その文化なるものを支える究極的価値の意味が失われてゆくことにより、不確かなものとなってゆく。

自己完成には終わりがない。また文化総体の発展の中で個人がなしうること（貢献や所有）はますます僅かな部分となってゆく。個人の死は偶然以上のものでなく、その人にとって意味ある終末に達したかどうか、何の保証もない。上述の「意味喪失の時代」である。これは宗教的思考からすると死が意味を失ったことから帰結したことであり、「死の無意味化こそが、ほかならぬ『文化』という条件のもとにおいて、生の無意味化を決定的に前面に押し出した」（同一五七頁）事態なのだ、とされた。

このように見てくると、「文化」なるものはすべて、自然的生活の有機体的循環から人間が抜け出ていくことであって、そして、まさしくそうであるがゆえに、一歩一歩とますます破滅的な意味喪失へと導かれていく。しかも、文化財への奉仕が聖なる使命とされ、「天職」（Beruf）とされればされるほど、それは、無価値なうえに、どこにもここにも矛盾をはらみ、相互に敵対しあうような目標のために、ますます無意味な働きをあくせく続けるということになる、そうした呪われた運命におちいらざるをえないのである。（同一五八〜九頁）

一九世紀後半にヨーロッパに広まった文化ペシミズムの思潮を背景におけば、ヴェーバーのこのトーンが分かる――などと言ったところで理解が深まることはなく、それで済ますわけにもいくまい。本書で扱ったアイテムを用いて解釈を試みよう。

宗教的脱呪術化がカルヴィニズムでその頂点に達した、という話をみてきた。神の意志はおしはかれぬものだ。人は救いの恩恵を信じて現世活動にはげむほかはない。だがその後も合理化は進行する。とりわけ主知主義化は世界観察の、ひいては世界解釈の一手独占を僭称しはじめた。それは現世の意味づけを神に求めない「世俗化」として進む。生の意味づけは、各自の選び取った世俗の活動領域のなかで、その領域に固有の価値を認めることで可能になると同時に、合理化の進行は宗教を非合理的な価値領域として小部屋に押し込めることに成功した。私たちはこれを個人主義と称して、自らの自由な主体的価値選択を善きこと、望ましいことと考えるようになった。だがそのように生きることは、どんな尺度で善しとされるのか。他人の目からすれば、当人の自由な価値選択にとやかく言うべきではないから、その生き方は非難されはしないが、さりとてとくに共感すべきものでもない。だが人は他人から承認されたいという強い願望を抱いて生きる。他人から賞讃されることもなく、無限進行の進歩の一コマを担う自負すら定かにもちえぬままに生きて死ぬ。合理化の果ての意味喪失は「文化」の運命なのか。

とすれば、このこと自体、キリスト教の立場からは被造物神化の極致とされ、知恵の実を喰らい原罪を負った人間世界のありようの負の側面とされるのかもしれない。ここでいったん切り上げる。この宗教史的観点にはのちほど戻ることにしよう。

2　職業としての学問

✣学問にできること

研究者としてのヴェーバーは、「どう生きるか」には答えられなくても、学問にできることはある、とした。なにができるか。まずは、現実の生活で外界の事物や他人の行為を予測し支配するための技術的知識を提供すること、これは学問のなせる貢献である。次に、ものごとの考え方およびそのための道具を知りそれに習熟する、ということが挙げられる。そして第三に、人に明晰さを得させる、ということが挙げられた。明晰さを得させるというのは、所与の目的に対する手段という技術的知識とはことなり、採りうる諸価値間の関係を明確にして人がどの価値につくのかを明晰に自覚させることである。したがって人は、この明晰さによって自己の行為の究極的意味について責任を負うことができるようになるのである(学問六一〜四頁)。本書ではすでに7章2〜3節で論じたことだが、ここでもその趣旨が説明され、これが学問になしうることの限界であることも強調されている。

✣ヴェーバー自身のこと

学問はそうだとしても、では、人はどう生きるべきか、という問題は依然として答えられていない。

合理化の果てに無意味化した生に意味を取り戻す生き方をどこに求めるか。まず、可能性の問題として取りうる立場を考えてみよう。職業としての学問を語る立場にあったヴェーバーにとって、知性の犠牲を伴う価値選択はありえないであろう。講演の末尾で彼は、革命の熱波にさらされ、分析的知識でなく魂を揺らすような体験を求める学生たちに向かって、「自分の仕事に就き、そして『日々の要求』に――人間関係のうえでもまた職業のうえでも――従おう。このことは、もし各人が自己の人生をあやつっているデーモン（守護神）を見いだしてそれに従うならば、じつに単純なことである」（学問七四頁）と呼びかけていた。これは学生に対してであるとともに、ヴェーバー自身の覚悟であるようにも感じられる。

だが、知的誠実さのみを頼りに自らのデーモンに就くためには、どれだけの内面的葛藤を抑え込まなければならないだろうか。

ヴェーバー自身がなしたことは、西洋合理化過程の因果的解明、つまりいかなる事情の連鎖があってこの西洋世界がもたらされたのかの説明であった。そしてそこではっきりしたことは、この世がすっかり呪術から解放されてしまい、世俗化の進行のなかで特定の価値的立場が特権的地位を占めることがもはやできなくなった、ということである。これは価値の相対化であり、さらにいえば非西洋の世界観が西洋のそれと等価であるような状況である。西洋近代の文化世界に生きるヴェーバーが知的興奮すら覚えながら行なったであろう作業は、西洋近代の規範性の剥奪という結果になった。これは、いわば自己生体解剖的なこと、自己のアイデンティティをつきつめるような局面を伴う作業であったに違いない。その結論が、表見的には多元論の世界の出現であった。正確には価値多元論である。諸価値は自己の妥当性要求をそれぞれ訴えるから、これは多神論の世界であって、しかも「神々の争い」とならざるをえない。

ただ西洋近代の規範性の剥奪にとどまるならば、なにも「無意味化の進行」とまでは言わずともよかろう。しかし西洋文化が普遍的な意義と妥当性をもつと考える者にとっては、これは確たる価値的立場の喪失を意味することとなり、意欲的に生きようとする人には「神々の争い」、諸価値の葛藤状況の出現となる。選び取った価値の普遍妥当性は拒まれている。魂の平穏を望むことは容易ではない。採りうる途はおそらくは二つ。あくまでこの状況に耐えることが一つの道たりうる。あるいはこの状況を、世界のあらゆる生起が「ただ存在し、生起するだけ」であって無意味さの「永遠回帰」なのだと見定めること、であろう。

後者は、12章でのぞいた仏教の立場となるであろう。事実ヴェーバーの個人史研究のなかでは、彼が原始仏教に共感をよせていた、という指摘もある。だが仏教ではあくまでカリスマ的資質がその個人のみの救済に向けられる。しかも現世を逃避することによる救済であった。ヴェーバーには、理解可能であり共感できるものであっても、自ら選び取る生き方にはなりえない。

では前者はどうか。これは、実例としてはギリシアの軍事貴族に典型的な宿命(モイラ)信仰に重なるように思われる。研究史上でこの立場が重視されるのは、それがヴェーバーの宗教社会学の構想や方法にまで関わる論点を含むと考えられたからである。ヴェーバーにおけるニーチェの跡をたどった研究は、ヴェーバーの想原からテキスト上の表現にいたるまで、きわめて大きなニーチェの影響が確認できる、とした。ここでの文脈にそって簡単に紹介しておく。

戦士と祭司の対抗

✣古代史の図式

本書11章で触れたように、古代中国では、戦士的系譜をもつ者が戦士の資格で帝位に就いたのは王莽の新王朝（八～二三年）においてのみであった。孔子の古典編纂の時期にはすでに戦士的要素は慎重に排除されたという。だから、古代中国の支配は、倫理的秩序を体現する官僚制的福祉国家とその頂点に立つ儀礼執行者としての天子、という形をかなり早期に模範像と定めたのであろう。この非軍事化を進めたのはもちろん教養ある読書人層だった。

古代インドのクシャトリアは、まだその地位がバラモンの下位に定められてはいなかった。本書12章にみたように、両者は覇を競っていた。ヒンドゥー教の成立期にまで下ると、クシャトリアは儀礼化されたカースト秩序のなかでバラモンの下に置かれることとなる。マハーバーラタの一部「バガヴァット・ギーター」の主人公、王子アルジュナの物語は、骨肉相争う戦乱のなかで雄々しく運命に立ち向かう戦士がクリシュナ神の化身とかわす対話である。そこはいまだバラモンの統制の及ばぬ世界であって、運命を恨みつつも戦士としての品位をもち覚悟をきめて戦闘にのぞむアルジュナが最後には祝福をうける、というストーリーが展開する。

中国でもインドでも、初発にあった騎士的・戦士的要素が祭司権力（中国では読書人）によって覆い隠されていった、というわけである。古代における国家官僚制機構の整備は安定的経済運営を求めて住民をライトゥルギー的に編成してゆく。ヴェーバーの古代史研究でのキーワードの一つであるライトゥルギーとは、「対国家奉仕義務」とも訳されるが、国家的需要に応じて人間を必要な作業（労働給付・現物納付）に縛る体制である。古代エジプトで、のちにイスラエル人となる集団もこの編成に組み入れられていたであろう。

完全に発達したライトゥルギー国家と呼ぶ場合、ヴェーバーの念頭にあったのは、高度な組織性を発揮する祭司身分が、官僚の教育を通して行政官僚機構を掌握し、軍事貴族＝戦士市民の政治的自律性を死滅させてしまった体制のことでした。（山ノ内靖『マックス・ヴェーバー入門』一九九七年、岩波新書、一八四頁）

……ヴェーバーは、比較的史実を追いやすいイスラエルを舞台として、オリエント一般で起こった社会構造変化のモデル像を提示しています。初期には優位を保っていた軍事貴族＝戦士市民が、やがて祭司階級と結んだ王権によって圧迫されてゆき、ついにはその自律性を失ってしまうというプロセスが明らかにされているのです。この生きつく先が、オリエント的ライトゥルギー国家であることは、言うまでもありません。（同書一八八頁）

ここから人の生き方に関わる面だけを抽出するとしたら、普遍的救済に向かう祭司層と「運命的な不確実性に立ち向かおうとする社会層としての騎士的・戦士的市民層」の対抗（同書一六七頁）ということになるだろう。そして後者の展望は古代史においてはどこでも閉じられることとなった。

❖例外的なギリシア

それでも、騎士的市民層が唯一その可能性を現実に表現したところがあった。世俗的文化を開花させたギリシアのポリスである。『古代農業事情』のなかでヴェーバーは、それが例外的な出来事であることをきちんと指摘している［★1］。

軍事王政の軍事的門閥〔戦士層と読め！〕は、オリエントにおいては結局どこにおいても王の官僚制と神政政治との同盟軍に屈したのであるが、ギリシアにおいては王と祭司にたいして優位を占めたのであった。今や市民的・農民的な重装歩兵層は、祭司権力が貴族に隷属させられたところでは、祭司権力やとくにあらゆる宗教的・伝統的な裁判にたいして反対の利害に立ったが、このような重装歩兵が勝利したことはすべての神政政治的動向の敗北を決定的にした。（渡辺金一・弓削達訳『古代社会経済史』一九五九年、東洋経済新報社、二三三頁）

武装自弁の市民兵士が祭司権力に対して優位を占めたギリシアにおいてのみ、古代世俗文化の開花する余地が与えられた。ヴェーバーはこれを、英雄詩において神々を無遠慮にあしらったホメロス時代の遺産とみなした。このギリシアの戦士的市民層の生んだ精神文化に対するヴェーバーの共感は疑いえぬところである。こうして先の二つの可能性のうちの前者、ギリシアの宿命信仰は、ヴェーバーの採りうる途としては残るかもしれない。

❖知性の犠牲

とはいうものの、ヴェーバーが宗教的献身には「知性の犠牲」が不可避となると説いていたことを想起せざるをえない。この騎士的宿命信仰、運命的な不確実に立ち向かう生き方にも「知性の犠牲」が伴うのではないだろうか。学者としてのヴェーバーが学問に可能な最後のこととして「知的誠実さ」を言うとしたら、ここに論理ではないなにかが働かないと、立場としては一貫しないのではないか。

技術論的批判と目的論的批判を併せた「学問(科学)にできること」を徹底することが「知的誠実さ」の内実だとしたら、「自分の仕事に就き、そして『日々の要求』に――人間関係のうえでもまた職業のうえでも――従おう。このことは、もし各人が自己の人生をあやつっているデーモン(守護神)を見いだしてそれに従うならば、じつに単純なことである」と学生に説いてよいのだろうか。目的論的批判を完遂したのち、選び取るべき価値が定まったら、それに指向した一連の「なすべきこと」が意識にのぼるであろう。そのなかで、まずできるところから始めよう、というのか。これは理想論である、学生にしてみれば。だがヴェーバーにとっては、そうなのかもしれぬ。意味喪失の時代に、ヴェーバーは自己の行為への意味づけ可能な「主知主義」を選び取った、というのであれば、そうであろう。もしそうであるなら、筆者はそこに、一種の締観の色調を帯びた「賭け」のようなものを感じてしまう［★2］。聞いている学生の立場では、「要するに勉強しろ、ということなんだな」と受けとめるのが正常だろう。

3 人類愛——普遍性を追求すること

いかに生きるべきか。答などない。そもそも、そんな問いを他人に発してその答にしたがって生きよう、などという人がいるだろうか。あるいは、そうした類型的な問いが現実にあったからこそ、苦難の神義論が産み出されたのだ、とするほうがスマートかもしれない。ここはひとつ学問の「知的誠実さ」に立ち返り、ヴェーバー宗教社会学の世界をのぞいてきた成果を生かそうとするのが本筋というものだ。

着目すべき論点を以下の二点に絞ろう。いずれも本章からである。恣意的と感じるむきもあろうが、最後なのでおつきあい願う。

第一。「中間考察」に説かれていたが、文化諸領域の合理化がもたらしたこと、それは現世を愛の欠如態にしてしまったことだ。諸領域の固有法則性の発動は、相互の緊張関係を生む。中間考察では宗教との関係で諸領域を設定していたから、他領域は宗教的領域に害をなすことが予想されるので、これはいわば当然ともいえる結果、トートロジーと思えるかもしれない。だが読み手としては、ヴェーバーが宗教の核心の一つに同胞愛を置いていたと受けとめてよかろう。そこから私たち読者は、勝手に問題を構成して考えることができる。

いまの私たちは、これを特定宗派の信徒間の同胞愛と受けとめることはできない。旧ユーゴスラビア崩壊のとき、カトリック教徒・正教徒・イスラム教徒三者間の対立が殺しあいにまでなった。そのさいにイスラム諸国からの資金的援助があったことは有名だが、それは暴力的対立を鎮めるためのものではなかった。同胞愛は、そうした個別原理に支えられた集団に限られないものとして考えなければならないだろう。それは普遍的なもの、人類愛となるしかない。宗教対立や国益対立の現実世界を前にして、それはまるで綿菓子みたいに甘い話だ、と受けとめられるのは承知の上である。

あらゆる問題が利害関係者の個別利益・個別権益保護の立場で論じられるというのは、常識で理解できる。特殊利害を一般的利害に変換してもろもろの主張がなされることも常識の範疇である。そこに人類普遍の契機はどう織り込まれているか。この観点を欠いてはならない、と言いたいだけである。

第二。同じく「中間考察」の一節。「『文化』なるものはすべて、自然的生活の有機体的循環から人間が抜け出ていくことであって、そして、まさしくそうであるがゆえに、一歩一歩とますます破滅的な意味喪失へと導かれていく」とあった。原罪を負った人間の宿命としておけるだろうか。ここからも勝手に問題を構成しよう。

意味喪失もなにもあったものではない。生きる場それ自体を失いつつある人たちが今の世界に暮らしている。文化を築いてきた人類は、環境汚染と気候変動による生活の場の喪失に苦しんでいる。エコロジー研究から発せられる警鐘は重い。「自然と人間の調和」ではなく、「人間という自然存在の生きる場の確保」というところまで事態は深刻化した。温暖化防止についてみると、二〇一四年、米中が態度を変え始めたというニュースがあった。京都議定書をはねつけた米国もテーブルに着くことを表明し、先進国の責任しか言わなかった中国も自国の排ガス増加率にブレーキをかけようと表明した。だが自国中心主義のアメリカ人が今の水準を低める生活にシフトするなどありえないし、国際的合意など意に介さぬ国家としての中国が一人当たりで先進国なみの排出量に近づくまでは低下を口にすることなど考えられない。この二大国は個別利害を譲ることはできず、人類に背を向け続けるであろう。

文化的営みをつづける人間が自然の有機体的循環から抜け出たものだとするヴェーバーと同様、若きマルクスも『経済学・哲学草稿』において「自然、すなわち、それ自体が人間の肉体でない限りでの自然は、人間の非有機的身体である。人間が自然によって生きるということは、すなわち、自然は、人間が死なないためには、それとの不断の交流過程のなかにとどまらねばならないところの、人間の身体であるということなのである」と記していた[★3]。マルクスとヴェーバーに限ったことではないが、自然に排除されない人間の在り方を構想しなくてはならない。これも誰もが認める、あたりまえのこと、であろう。

以上の二つを重ねてみよう。筆者の勤務する法人では、ツバル国の高校生を日本に留学させるという事業を行なっていた。海面上昇をおさえてツバルの国土喪失を避けることは必要ではあろうが、どのくらい可能か。それよりも、土地が無くなると仮定して、その国民をどの国が何人受け容れるかを決める方が先ではないのか——別の南米の島では二〇一四年夏に住民受入れが実際に行なわれたとの報道があった。この議論を導く観点は何だろうか。効率？　それとも人類愛？　ちなみにこの事業について知っているかを学生に聞いたところ、だれも知らなかった。

対立する諸利害を調整するためになされる対話や合意形成の技法については、倫理学や政治学などで様々に検討されている。国際的合意のための試みも続いている。だからここで、人類愛が大事だ、とか、地球環境は致命的水準だ、などと言ってみても、分かりきったことの繰り返しにしかならない。解決にはそのための技術が必要である。思想史研究がそんなことに資するはずもない。問題の所在を明晰に理解すること、思想史のような学問にできるのはそこまでである。人間という生き物総体に関わる観点という極めて抽象的なものではあるが、それをどう具体化するかは、「要するに勉強しろ、ということなんだな」と受けとめたあなたが、ヨリ現象に近い個別分野を学んで考えればよい。

じつはこの単純なことが「生の意味づけ」につながっている。なんのために学ぶか。あなたが生きるうえでそれはどんな役割を果たすことになるか。ささやかな目標を定めて努力する、このあたりまえの日常を大げさな人類史的観点から意味づけるなどということは、およそ必要のないことだ。それでも小さな葛藤はたえず生じてくる。ひとつひとつ解決しながら歩んでゆく。そして、ときにこの歩みがどこに続いてゆくのだろうかと考え、ときに振り返ってみる。そのとき、歩みの延長線上になにを想定するだろうか。通例はささやかな個人的なことがイメージされるだろう。それを大切に思って歩み続ける。それでいいのである。そしてその生き方が周囲の人たちに拒まれるよりは受け容れられる方が生きやすい。受け容れられるということは、そこに共感が働くからだ。拒まれたら、説得したり反省したりする。そのプロセスが自己形成である。アイデンティティの確立とか自覚的生き方というのは、こうした過程によってもたらされる。その過程で、普遍的なものと自己との関係を問う局面が必ずおとずれる。ヴェーバーに言われずとも学んできた知識や技法がそこで役に立とう。科学（学問）の目的論的批判機能もおおいに役立つはずである。

本章サブタイトルを「意味の覚醒」としたが、学問がその手助けとなりうる、という以上のものではなかった。でもそれは小さなことではない、と思っている。

テキスト

「中間考察」前掲『宗教社会学論選』所収。（**中間考察**）

尾高邦雄訳『職業としての学問』一九八〇年、岩波文庫。（**学問**）

参考

山田正範「ヴェーバーの社会科学方法論」住谷・小林・山田『人と思想　マックス＝ヴェーバー』一九八七年、清水書房。

金子公彦「〈資料紹介〉マックス・ヴェーバーの宗教社会学における「序論」と「中間考察」の改訂」『横浜市立大学大学院生論集——社会科学系列』二〇〇二年。

遠藤周作『イエスの生涯』一九七三年、新潮社。

註

★1——内田芳明『マックス・ヴェーバーと古代史研究』（前出）四一〜四六頁も参照。

★2——これは本書では意図しないヴェーバー論の入口となる。牧野雅彦『学者の職分——マックス・ヴェーバー『職業としての学問』を読む』（二〇〇五年、慧文社）は示唆に富む書であるが、構成が、とくに終章が「ヴェーバー物語」として展開されており、本書とは別の道を歩んでいる。

★3——山ノ内靖『マックス・ヴェーバー入門』はフォイエルバッハ＝マルクスとニーチェ＝ヴェーバーという哲学＝社会科学の対になるセットを基礎にして、この論点を取入れている。そしてそこから「受苦者の連帯」を抽出し、新たな「マルクスとヴェーバー」関係の考察をもくろんでいる。

付論

経済学者ヴェーバー小伝

合理化の果てに生きる人間の自由の可能性を探ったヴェーバーは、近代国家と資本主義企業体制を分析目標に据えていた。彼は経済学教授として教壇に立ったが、現在、社会学者として扱われているのはなぜか。このことは、彼の経歴を作品史的に追っていけば了解できる。

カール・エーミール・マクシミリアン・ヴェーバーは一八六四年四月二一日、政治家の父と信仰深き母の間に中部ドイツのエルフルトで生まれた(一九二〇年六月一四日ミュンヘンにて没)。その五年後にベルリーン郊外に移り住んだ一家には父の知人たちが出入りし、読書家で早熟だった少年マックスは、弟のアルフレートとともに、政治活動の特質を「具体的に」教えられて育った。

彼は、当時の社会科学系大学教育の一般的な形にしたがって法学から始めた。商法研究で学位を取得し、裁判所実務を経験する。大学で師の代講を行うなど、法学者としてのキャリアが見込まれていた。その彼が、社会政策学会の農業労働調査事業に関わり、詳細な報告書をまとめた。さらに大会報告も行って、農政学の分野で注目され、このことがフライブルク大学への招聘につながった。この当時、穀物先物取引をめぐって社会的な混乱があり、政府は国会で取引所法改正を実現させ、法施行の準備に専門家委員会を予定し、事前の暫定委員会にヴェーバーも呼ばれた。先物取引を擁護するヴェーバーは、これに反対する運動の批判の的とされた。反ヴェーバー・キャンペインは功を奏し、彼は本委員会には選ばれなかった。ベルリーンでの活躍の途を断たれたヴェーバーだが、一八九七年にはハイデルベルク大学教授に招聘された。ここでの講義要項から彼の経済学講義の概要を知ることができる。

この頃、精神的疾患が発症し、以後、鬱状態が周期的に彼を悩ませた。原因については、父の母に対する態度を叱責した後に父が死亡したことを重視する「オイデプスの悲劇」説や遺伝的要因に見る説などあるが、前述の中央での活躍の可能性を断たれたことを一因と見る説もある。大学では講義をもたぬ名誉教授となった。症状が軽くなると彼は爆発的な生産性を発揮する。一九〇四年にヤッフェ、ゾンバルトとともに『社会科学・社会政策アルヒーフ』の共同編集者となり、以後、この雑誌が彼の研究発表の主たる場となり、「社会科学・社会政策における認識の客観性」、「プロテスタンティズムの倫理と資本主義の『精神』」、ロシア革命論、「工業労働の心理物理学」、中国・インド・古代ユダヤを扱った連作「世界宗教の経済倫理」などが掲載された。

社会政策学会での活動も続けられたが、この「学会」とは邦訳名称であり、「協会」とする場合もある。ヴェーバーは、この組織の調査・研究活動に関して、「どうすべきか」という契機が混在して「どうであるか」という事態の正確な認識を歪めがちとなる傾向に不満を感じていた。その結果、より学問的な認識を追求して別にドイツ社会学会を設立するグループと活動をともにし、一九〇九年の学会設立となった。とはいえ彼はここでも「評価的科学」に傾く潮流と対立し、創設メンバーではあったが一九一二年には委員会から抜け、最終的には学会を脱退した。

一九世紀末の有力な経済学手引書で四版をかぞえた『経済学ハンドブック』の編者シェーンベルクと出版社は、その改訂を考えていた。編者は出版社主パウル・ジーベックを介して農業政策の項にヴェーバーの協力を求めてきた。一九〇八年に編者が死去し、パウルはヴェーバーを編集者としたい意向を伝えてきた。この二人の協力によって経済学史上に名の残る「社会経済学綱要」(GdS)出版企画が始まり、一九一四年にはオーストリア学派のヴィーザーによる「社会経済の理論」やシュンペーターの『経済学史』(岩波文庫)を含んだ第一分冊刊行となった。この企画では、内容構成から執筆者選び、交渉と原稿の依頼・催促、校正にまでわたる大車輪の活躍をみせたヴェーバーだが、自らも幾つかの項の執筆を予定していた。執筆者が得られなければ自分で書くつもりの項もあった。それらを一瞥すると、「経済と社会」「近代国家と資本主義」「農業における資本主義の限界」「労働者階級の本質と社会的状態」「資本主義の内的転換の諸傾向」などがあり、農業論と並んで資本主義の本質にせまるテーマが見られる。ここに見られるように、学界での認知の面でも本人の関心領域からしてもヴェーバーは経済学者であった。

研究の中味については労働者文庫の一冊として書かれた『取引所』(邦訳は未來社刊)から始めるのがよかろう。取引所は投機の世界であり、金融資本家が体制を支配する機構だ、というイメージがあった。ヴェーバーはこれを打ち消し、穀物先物取引の具体例をもとに、経済の運営には合理的な予測、つまり計算可能性が重要だ、と説いた。先物市場では数ヶ月後の価格が定まるから、生産企業では将来の合理的な原価計算が可能になる。彼は、大衆相手の詐欺まがいの業者を取引所会員から排除し(参入条件を厳しくし)て、ベルリーンの取引所の信頼を高めることを狙った。証券取引においても同様にすることで、ロンドンやパリが有する欧州の金融センターの地位を自国にもたらそう、というナショナリスト・ヴェーバーの意図もそこにはあった。この合理性の貫徹する経済体制を彼は資本主義と呼ぶことになる。この呼称は一九世紀後半には用いられ始めていたが、経済体制をさす学術用語として一般化するのは一九〇二年にゾンバルトが『近代資本主義』を発表して以降のことであり、この出版をうけてヴェーバーも前出「資本主義の『精神』」論文を一九〇四〜五年に発表し、これ以降資本主義という語が定着してゆく。

資本主義の精神とはなにか。それは、生活全般を規律化して営利を追求することは倫理的に良いことだ、とする一つの精神的態度(エートス)である。営利追求は歴史とともに古く、華僑や印僑、ユダヤ人商人などがそのたくましさで知られてきた。だが、世の楽しみを禁欲して生活を方法的に統御し、営利追求を自己目的とするような生き方は、どの歴史的時代にあっても、いや現代にあっても、不合理な生き方と見られるのではないか。簡単に言えば、経済的に成功したら、余生は安楽に過ごす、というのがむしろ分かりやすい。自己目的となれば休息や引退がない世界である。ヴェーバーは、近代の合理的な資本主義という経済システムが成立するにあたっては、貨幣経済の浸透や資本蓄積、簿記の発達、生産技術の発展といった外的条件の他に、この人間の内面的な契機、つまり資本主義の精神というエートスが一定の社会層に担われることが条件であった、と説いた。そうでないと、なぜ資本主義が西洋近代に成立したのかは説明できない、というのである。ヴェーバーがこの資本主義の精神の歴史的生成を禁欲的プロテスタンティズムの職業倫理から説明したことはあまりにも有名である。

カルヴァンの予定説は、全能の神の前では人は無力であり、死後の魂が人の業《わざ》により救済にむかう(業による救済)などというのは全能の神への冒涜であり、生まれたときから、いや生まれる前から死後の救済か破滅かは決められている、と説いた。これは宗教的教理の展開から生まれた特異な教説である。信者はこれをどう受けとめたか。生きている間に死後の救いの証しを求めたいと願うであろう。ここから独特の行動主義が生まれた。救われているとすれば、倫理的規範にもとる行いはしないはず、というわけで、自己のすべての行為を方法的に倫理化しようとする。とくに中小の営業者は自己の経済活動を徹底的に合理化した。手にした富も安楽のために消費することを控え、地上に神の栄光を現わすために再投資して勤労に励んだ。こうして世俗の一切の享楽を禁欲し、営利活動にいそしむことが神に嘉《よみ》せられる道であり、その道を外れずに生きることこそ自己の救いの証しとなる、という職業倫理が生まれた。営利の倫理的陶冶である。つまり、信者の社会経済的利害関心と宗教的合理化の産物とが選択的親和関係を結び、禁欲的プロテスタンティズムの倫理というエートスが生まれた。その核にある世俗内禁欲が宗教的熱狂の冷めた後に資本主義の精神となって、近代的な合理的経済人の内面を支えることとなった。アダム・スミスが『道徳感情論』で示した、中小の営業者にとっては「正直は最良の策」である、という言の歴史的背景の説明でもある。

では禁欲的プロテスタンティズムがないところでは資本主義の精神は成立しないのか。これをテーマとしたヴェーバーの研究は連作「世界宗教の経済倫理」として発表された。取り上げられたのは中国(儒教と道教)、インド(ヒンドゥー教と仏教)そして古代ユダヤであった。結論から言えば、当然そこに資本主義の精神は成立しなかった。この問題構成はよく欠如理論だとして批判されるが、近代西洋人ヴェーバーから見ればこう問うのは自然であろう。むしろヴェーバーの関心は、非西洋の宗教的合理化にあった。神が正しいことを説明する「神義論」は宗教ごとに異なる展開をたどる。この神義論の合理化に焦点が当てられた。ヒンドゥー教では、カースト(ヴァルナ)ごとに定められた世俗倫理に従って生きることが、再生のときに上のカーストに生まれる条件とされる。これは「かつてそうであり、これからもそうすることが倫理的に善である」という伝統主義のエートスの地盤となる。だがいまの自分の不幸が前世のあり方の結果だとすれば、自分の不幸と神の正しさとは両立する。すべての現実は因果的に説明できるのであって、ヴェーバーはこの輪廻の思想を最も合理的な神義論だとしている。彼はこうして「合理性」「合理化」がおよそ一つではないことを強調した。多様な基準から合理性が言えるのであり、合理化は多様な方向に向かいうる。

『宗教社会学論集』第一巻の序言で彼は、近代西洋人としての問題設定を「ほかならぬ西洋という地盤において、またそこにおいてのみ、普遍的な意義と妥当性をもつような発展方向をとる――少なくともわれわれは好んでそう考えるものだ――文化的諸現象が姿を現すことになったのか」と記した。ヴェーバーを西洋中心主義者とする批判の早計さは、彼自身の言葉で宥められている。

社会政策学会ではヴェーバーの提案により工業労働調査が行われた。上記のような人間の宗教的内面的動機がどのように行為を押し進めるかという問題とは逆に、工場の機械のリズムに合わせた労働行為が人間にどんな影響を与えるか、という研究である。これはクレペリンに代表される実験心理学（自然科学）と経済学の協力の試みでもあった。彼自身も実地調査に当たり、作業曲線などの計算をずいぶんと行った。機械＝外的条件の刺激が心理物理学的なブラックボックスともいえる人間に影響した結果、どうアウトプットされるか、と見ればよい。自分が操作する機械の大きさや運転速度が影響して疲労や単調感を生み、無意識に作業遅延をおこしたり、不良品が多くなったりする。職種により勤続期間が異なることも分かった。この研究は産業心理学として現在に続いているが、ヴェーバーはその草分けの一人であった。そしてこの心理物理学的研究からヴェーバーは無意識的な行為（行動）という範疇を得た。

GdSへの寄稿は、『経済と社会――経済と社会的諸秩序・諸力』となって死後に出版された。ヴェーバーは一九一四年以前の早期草稿を後に全面的に書き改めようとし、基本概念の変更まで行った。寡婦マリアンネは亡き夫の初期草稿と、死の直前に分冊として出すことになった後期分とを合わせて二部構成の作品として出したため、後に『経済と社会』編纂問題が起こったが、今では二部構成が誤りであるとされている。やや瑣末とも思えるこの件が問題となるのは、それがヴェーバーの本意を探るときのテクストに関わるからであるが、ここでは基本線のみをたどる。彼は、社会的秩序の形成を行為のレベルから説明する。社会現象が因果的に説明されることで理解可能となるのは自然現象と同じだが、違うのは、前者が社会をなす個人の行為の関連からなっており、人は行為の動機を理解することができる、ということである。ヴェーバーはこの動機理解をもとに、行為の連鎖から団体・秩序の形成を説き、しかも経済・法・宗教・支配といった文化諸領域でその領域固有の展開があることを示した。この作業のなかで彼は、これが自己に独自の「社会学」となることを自覚したのである。固有の展開はそれぞれの領域の「合理化」として描かれた。『経済と社会』は理解社会学の試みであり、ここから彼は社会学者とされることになった。日本でも早期草稿が『法社会学』『宗教社会学』『支配社会学』として翻訳出版されている。

経済領域については、後期稿である『経済と社会』第二章「経済行為の社会学的基礎範疇」があり、これを「経済社会学」章と呼んでおく。われわれはここにヴェーバーの合理性理解の基本問題を読み込むことができる。彼が行為を、目的合理的・価値合理的・感情的・伝統的の四つに分類したことはよく知られている。経済的行為は基本的に目的合理的であるが、他の動機の混在もよくあることだ。労働過程での動機理解不能な無意識的行動もある。さらに合理性の方向も、市場のルールにそった形式的合理性を重視する立場と、結果の平等をよしとする実質的合理性の立場では大きく異なる。また企業活動の形式的合理性の進展は証券化をもたらし、証券市場の発展の中で経営外部（株主）の利害の活動余地を広め、その結果として投機が進み、パニック・恐慌をもたらすことにもなった。形式的合理性の進展が市場システムの機能障害という実質的非合理性を生む、という合理化のパラドクスである。証券化と経営外関与者はヴェーバーのとくに重視した点である。また彼はこの章の中で、社会主義共同経済では生産財の市場価格が成立しないから、実質的合理性を追求する経済運営は形式的合理性を基準とする効率を落とすという意味で非合理的であると指摘して、経済計算論争の基本問題を提示していた。

最後に、合理化のパラドクスの一つの受けとめ方について記しておこう。合理化とは、様々な価値基準から言えることであり、相互に対立するものもある。また諸々の合理化が各領域で足並みをそろえて進行するわけでもない。社会現象は、そこにある諸要素間に選択的親和性が働くときに新たな展開を見せることになる。歴史は必然とも偶然とも言えるが、いわば蓋然性の世界なのだ。その要素の中で、人間が特定の内容を自覚的に志向する行為に注目しよう。行為は、目的合理的であれ価値合理的であれ、自覚的な動機がある場合にのみ、自由なものである。観察者に理解不能な動機に発する行為を自由とは言わない。特定の価値実現の追求においては予測不能の、その意味で偶然の障害が現われる。だが経験科学の知見はその予測不能の程度を下げてくれる。障害を承知したうえで、それでもなお、と歩み出せるのか。ヴェーバーの問題設定や概念構成をみてゆくと、それらはたしかに「西洋合理化過程」を主題としたものではあるが、同時に、合理化の進行の中に生きる人間の自由の可能性を探っているように感じられる。経験科学者としての範囲内で自由のありようを可能な限り示そうとしていたと見れば、これをヴェーバーの「自由のプロジェクト」と呼んでみたい。彼の「経済社会学」章にはこうした読み方を可能とする叙述が満ちている。

あとがき

たまたまヴェーバー生誕一五〇周年の年に、以前より話のあった立教大学経済学部叢書の企画が実現することとなったため、本書はそれにあわせて執筆されたものである。書き終えて、舌足らずのところや、理解が充分でない部分、数多の生硬な表現など、反省すべきことが多くあった。これが実力だと受け容れるしかない。読者諸賢のご批判をあおぐ所存である。

作業を終えて感じたことはいろいろあるが、その一つに、筆者はヴェーバーを「思想家」としてよりも「社会科学者」として受けとめていると実感した、ということが挙げられる。それゆえ彼の仕事は乗り越えられるべき運命にあるはずだが、じつはいまだにヴェーバーの着想や方法の全貌が明らかになっていないのではないか、という感想をもった。ヴェーバーの業績の中にはなんでもある、ということでは決してない。けれども、読み手の関心の水準に合わせて、しかるべき論点が顔を出してくれるということが、この先もまだありそうなのだ。ヴェーバーの著作は、現代の諸問題にどう答えるかのヒントをそこに求めるのではなく、答を探す／出すときに考慮すべきことがらの多くについて、すでにアイディアを出している、そういう滋味あふれるテキストとなっているようだ。

だから本書にふれた読者には、ここをあくまで入口として、ヴェーバーの著作に直接あたってみることをお薦めする。同僚諸氏も口にする「大学の講義は入口である」の言は、ここでも当てはまる。本書付論は『エコノミスト』のシリーズ「温経知世」の「vol. 60 マックス・ヴェーバー」(二〇一二年一二月一一日号掲載)の原稿作成用に書いた元稿(長版)をほぼそのまま用いた。切り詰めた掲載用短版では本書の補充には不十分なので元稿を使った次第である。

いくつかの論点を扱う際には、これまで筆者が交流をもった方々の見解や論点提起を考慮する、いや考慮せざるをえない局面に陥った。うまく消化できていないことだらけであるが、例えば古川順一氏の「原罪」(『経済学史研究』五三巻一号、二〇一一年、での拙著への書評)や金子公彦氏の「愛」、榊田みどり氏の「運動」(理論の理屈に抗する里山資本主義論につながるような現場の理屈)などは、筆者も重く受けとめている。皆さまに感謝するとともに、これからも考えてゆきたい。

本書の刊行には唯学書房の村田浩司氏にお世話になった。企画から校正まで筆者の都合に合わせた慌ただしい進行となってしまい、申し訳なく思っている。感謝申し上げる。

二〇一四年一一月

小林　純

| さ行 |

◈ 語句リスト ◈

通読後に記憶に残していただきたい語句にその重要登場箇所の頁数を付した。エリート/マスなどセットにして理解すべき語句は一方にまとめた。

人　名

用語・事項

◈ 著者略歴 ◈

小林 純（こばやし・じゅん）

1950年生まれ、立教大学経済学部教授。

新潟県立高田高校卒業。東京都立大学経済学部、立教大学大学院に学ぶ。

高千穂商科大学講師・助教授、立教大学助教授を経て2000年より現職。

著書

『マックス＝ヴェーバー　人と思想』（共著）清水書院、1987年。

『経済史』（共著）東京堂出版、1998年。

『研究室のたばこ―― 経済思想史の周辺で』唯学書房、2011年。

訳書

ビーサム『マックス・ヴェーバーと近代政治理論』（共訳）未來社、1988年。

テンブルック『マックス・ヴェーバーの業績』（共訳）未來社、1997年。

トライブ『経済秩序のストラテジー』（共訳）ミネルヴァ書房、1998年。

マックス・ヴェーバー講義

2015年1月31日　第1版第1刷発行

※定価はカバーに
表示してあります。

著　者――小林 純

発　行――有限会社 唯学書房

〒101-0061　東京都千代田区三崎町2-6-9　三栄ビル302
TEL　03-3237-7073　　FAX　03-5215-1953
E-mail　yuigaku@atlas.plala.or.jp
URL　http://www.yuigaku.com/

発　売――有限会社 アジール・プロダクション

装　幀――米谷 豪

印刷・製本――中央精版印刷株式会社

ISBN978-4-902225-93-8 C3030